An Introduction to Community Psychology

コミュニティ心理学入門

植村勝彦【編】
Uemura Katsuhiko

ナカニシヤ出版

まえがき

 21世紀に入って，心理学にも変化の兆しがみえるように思われる。20世紀の臨床心理学に代表されるような人間観，つまり，人間は無力で弱いものであり，支えられなければ生きていけないものであり，したがって，人のもつネガティブな側面に注目し，それを治療し，改善すること，またそのための方法を開発することが心理学の使命であるとする，いわば受動的な存在として人間を見る視点とそれに伴う心理学観に，異が唱えられ始めているように思われるのである。
 すなわち，人間は本質的に強く，有能で，価値ある存在であり，主体的に生きることができる力を潜在的に蓄えており，したがって，人のもつポジティブな側面に注目し，その成長を支援し，さらに促進させるようにすること，またそのための方法を開発することこそが21世紀の心理学の使命である，とする心理学観である。この視点の転換は，最近の心理学のキーワードによっても確認できる。曰く，コンピテンス，レジリエンス，エンパワメント，ストレングス，ウェルビーイング，そして極めつけは，ポジティブ心理学（運動）だろう。
 コミュニティ心理学は，今日ようやく主流となりつつあるこうした心理学的人間観を，20世紀の中葉以降にいち早く取り込み，周辺の心理学，とりわけ臨床心理学との差異化への苦闘を強いられながらも，その独自性の維持のために頑張ってきた。今日，地域コミュニティはもちろんのこと，学校や職場，病院，さらにはインターネット上の仮想空間など，さまざまなコミュニティの中で生起している多様な社会問題について，コミュニティ心理学は積極的に取り組み，発言し，実践する姿勢を強くもっている。本書第1章で紹介しているように，今日のコミュニティ心理学がその理念とし，目標とするものの中にこれらの心理学的人間観は含まれており，人々の幸福と安寧を求めて，社会の変革を目指す志向性と，そのための市民への心理学の開放を，その根底に流れる思想としている。
 一方，社会の流れも，コミュニティ心理学が描くものに，徐々にではあるが

近づきつつあるようにみえる。例えば，いじめによる不登校の児童生徒が，学区を越えた転校をすることが認められるようになったし，刑事裁判で犯罪被害者や遺族が被告人質問をしたり，証人尋問や独自の論告・求刑ができるよう制度改革が進んでいる。あるいは，性同一性障害に悩む人の戸籍の性別変更も認められるようになった。これらは，コミュニティ心理学の理念でいえば，代替物の選択であったり多様性の尊重，社会的公正やエンパワメントということになろうが，人と環境の適合性を求めてのこうした動きは，これからも後退することはないであろう。

　本書は，こうした新しい時代にふさわしいコミュニティ心理学を読者に伝えることを目的として，「教科書」であることを意識して書かれたものである。したがって，最新の成果や知識を披瀝するというよりは，この分野で世界の先頭を切っている，現代のアメリカのコミュニティ心理学をベースにおいて，今日の日本の「コミュニティ」を照射する形をとっている。

　目次をご覧いただけばおわかりのように，教科書という性格上，コミュニティ心理学の全貌を取り込んだものとはなりえていない。ただ，用意した9章仕立ての各テーマは，今日のコミュニティ心理学の中心をなすものばかりであり，各章の章頭には，内容の理解を促進するよう，その章を象徴するエピソードを用意した。そして，内容の記述には，できる限り丁寧であることを心がけたつもりである。また，研究例をより詳細に紹介することを目的として，「調査研究」や「実践研究」「事例研究」の囲み記事を用意し，「キーワード」，さらには「課題」を各章末に課すことで，それへ解答することから，自覚的な理解を促すことも試みている。

　読者は，章を追うごとに，新しい心理科学としてのコミュニティ心理学が志向するものを学び取ることだろう。そして，願わくは，諸兄姉が，コミュニティ心理学の考え方やアプローチの仕方を理解し，賛同するにとどまらず，さらには，ささやかながらも，日本の多様なコミュニティの変革を求める実践につなげていただけることを，期待して止まない。

2007年5月

編　著　者

目 次

まえがき　i

第1章　コミュニティ心理学とは何か　1
1節　コミュニティ心理学の歴史的背景　3
（1）コミュニティ心理学前史　3
（2）コミュニティ心理学の誕生　4
（3）コミュニティ心理学の現在　5
【事例研究】アメリカ・コミュニティ心理学会（SCRA）使命声明　6
2節　コミュニティ心理学の定義　7
（1）コミュニティの概念　7
（2）コミュニティ心理学の定義　8
3節　コミュニティ心理学の理念と目標　10
【調査研究】American Journal of Community Psychology に掲載された特集記事　16
4節　コミュニティ心理学の研究法　17
（1）伝統的な研究法　17
（2）コミュニティ心理学で用いられるその他の研究法　18

第2章　人と環境の適合―生態学的アプローチ―　23
1節　「人と環境の適合」のパラダイムと生活者の視点　25
（1）パラダイムとしての「人と環境の適合」　25
（2）必要とされる生活者の視点　27
【実践研究】オストメイトへのトイレ場所地図の提供　29
2節　「人と環境の適合」をめぐるシステム論・生態学の視座　30

(1) マレルの理論：システム論の観点　*31*

　　　(2) バーカーとウィッカーの理論：生態学的心理学の観点　*33*

　　　【調査研究】精神病院のリロケーション効果に関する生態心理学的研究―移転前後の病棟における自然観察調査から―　*35*

　　　(3) ブロンフェンブレナーの理論：生態学・システム論における階層性の観点　*36*

　　　(4) ムースの理論：環境場面の雰囲気の観点　*37*

　3節　人と環境の「心理・社会的適合」に向けて　*39*

　　　(1)「心理・社会的適合」について　*39*

　　　(2) 介入のレベル　*42*

　　　(3)「人と環境の適合」の回復・増進とコミュニティ心理学のアプローチ　*43*

第3章　予　防 …………………………………………………………………… *47*

　1節　予防についての簡単な歴史　*49*

　2節　予防の類型　*52*

　　　(1) 一次予防，二次予防，三次予防　*52*

　　　(2) 普遍的予防，選択的予防，指示的予防　*54*

　　　(3) 全コミュニティ型予防，マイルストーン型予防，ハイリスク型予防　*55*

　3節　予防方程式　*56*

　4節　予防プログラムの例　*57*

　　　(1) 幼児・児童期　*57*

　　　(2) 小・中学生期　*58*

　　　【実践研究】中学校におけるいじめ防止プログラムの実践とその効果　*60*

　　　(3) 高校・大学生期　*61*

　　　(4) 成人・老年期　*63*

　　　【調査研究】特別養護老人ホーム介護スタッフのバーンアウトの予防　*65*

　5節　予防の倫理的問題　*66*

第4章　ストレスとコーピング …………………………………… 71
1節　ストレス研究の簡単な歴史　73
（1）生理学的ストレス理論：セリエの汎適応症候群（GAS）　73

（2）社会精神医学的ストレス理論：ホームズとレイの生活出来事と社会的再適応　75

（3）心理学的ストレス理論：ラザルスの認知的評価とコーピング　77

【実践研究】医療・看護場面におけるストレスマネジメント：リラクセーション外来の効果　79

2節　コミュニティ心理学的ストレス理論：ドーレンウェンドの心理社会的ストレス・モデル　80
（1）ドーレンウェンド・モデルの概要　80

（2）ストレスフルな生活出来事　83

（3）ストレスフルな出来事に影響を及ぼす個人的要因と環境的要因　84

（4）状況的媒介要因と心理的媒介要因　84

（5）一時的なストレス反応の先にあるもの　85

3節　コーピング　86
（1）コーピングとは何か　86

（2）プロセスとしてのコーピング　86

（3）コーピング方略の分類　87

【調査研究】中学生における友人関係ストレスのプロセス　89

（4）ストレッサー・ストレス反応・コーピングの測定　90

第5章　危機介入とコンサルテーション ……………………………… 95
1節　危機理論　97
（1）危機状態　97

（2）危機状態にある人の特徴　98

（3）危機介入の歴史　99

（4）危機介入法　99

（5）危機介入と心的外傷後ストレス障害　100
　　　【事例研究】大阪教育大学附属池田小学校事件における危機介入　101
　　　（6）危機介入の事例　102
　　　【調査研究】ドメスティック・バイオレンス　被害者のための危機介入　105
　2節　コンサルテーション　107
　　　（1）コンサルテーションの定義　107
　　　（2）コンサルテーション関係　109
　　　（3）コンサルテーションの種類　110
　　　（4）コンサルテーションと協働（コラボレーション）　111
　　　（5）コンサルテーションと協働の事例　113

第6章　ソーシャルサポートとセルフヘルプ　119

　1節　ソーシャルサポートの定義と尺度　121
　　　（1）ソーシャルサポートの構造と機能　121
　　　（2）ソーシャルサポートの尺度　122
　2節　ソーシャルサポートの影響　124
　　　（1）ストレス・プロセスに関与しないソーシャルサポートの影響　125
　　　（2）ストレス・プロセスへの関与を通したソーシャルサポートの影響　126
　　　（3）ソーシャルサポートの否定的な影響　128
　　　（4）ソーシャルサポートが効果を示す条件　128
　　　【調査研究】中国帰国者における実行されたソーシャルサポートの精神健康への影響　129
　3節　ソーシャルサポートを用いた援助　130
　　　（1）個人心理臨床での活用　130
　　　（2）ソーシャルサポートの増加を目指すプログラム　130
　　　【実践研究】サポート・グループが術後乳がん患者に及ぼす効果　132
　4節　セルフヘルプ　133
　　　（1）セルフヘルプとは　133

　　　　(2) セルフヘルプ・グループとは　*134*

　　　　(3) セルフヘルプ・グループの機能　*135*

　　　　(4) 専門家によるセルフヘルプ・グループへの援助のあり方　*137*

第7章　エンパワメント ……………………………………………… *141*

　1節　歴史的考察　*144*

　2節　エンパワメントの定義と発想の転換　*145*

　3節　3つの次元におけるエンパワメントと実践例　*148*

　　　　(1) 個人の次元　*148*

　　　　(2) 組織（グループ）の次元　*149*

　　　　(3) コミュニティの次元　*150*

　　　　【実践研究】コミュニティ・エンパワメントを意図したグループ・エンパワメントの実践　*152*

　4節　エンパワメントの要因と経過　*154*

　　　　(1) エンパワメント・アプローチの3大要因　*154*

　　　　(2) 市民参加とエンパワメントの経過　*154*

　　　　【調査研究】保健婦のエンパワメントの構造と規定要因の分析　*155*

　5節　批判と課題　*156*

第8章　コミュニティ感覚と市民参加 ……………………………… *161*

　1節　コミュニティ感覚　*163*

　　　　(1) コミュニティ感覚とは何か　*163*

　　　　(2) コミュニティ意識の研究　*167*

　　　　(3) 実証的研究　*169*

　　　　【調査研究】コミュニティ意識とまちづくりへの市民参加　*171*

　　　　(4) コミュニティ感覚がもたらす予防的介入への示唆　*172*

　2節　市民参加　*174*

　　　　(1) 市民参加とは何か　*174*

          (2) 実証的研究　*176*

          【事例研究】環境ボランティア活動参加への動機づけ　*177*

第9章　理論と実践の協働 ……………………………………………………… *183*

  1節　新しい問題の噴出　*184*

          (1) 中高年および青少年における自殺問題　*184*

          (2) ハラスメント問題　*186*

          (3) ホームレス問題　*188*

  2節　コミュニティ心理学が目指すもの　*189*

          (1) コミュニティ心理学と伝統的臨床心理学の相違　*189*

          (2) 章頭の論文をコミュニティ・アプローチで検討する　*191*

  3節　コミュニティ心理学における研究と実践の協働　*192*

          (1) アクション・リサーチ　*192*

          (2) 協働的研究のプロセス　*192*

  4節　研究と実践の協働の実際　*194*

          (1) 中高年および青少年における自殺問題　*194*

          【事例研究】非自発的失業者の再就職プロセスにおける課題とその支援─早期退職制度による退職者の事例から─　*195*

          (2) ハラスメント問題　*198*

          (3) ホームレス問題　*199*

          【調査研究】ドメスティック・バイオレンス被害者に対する援助についての研究─「危機アセスメントモデル」の構築を目指して─　*201*

あとがき　*207*

事項索引　*209*

人名索引　*211*

執筆者紹介　*215*

第1章
コミュニティ心理学とは何か

植村勝彦

不登校生徒と適応指導教室

　私が家庭教師をしているＫ子は，中学２年生の不登校生徒である。在籍の中学校からの紹介（指導）で，この市の教育委員会が設置している「適応指導教室」に通っている。ここに通えば出席日数に算入され，在籍の中学に通っているとみなされ，卒業ができる制度である。

　ただ，お母さんやＫ子の話からすると，この教室は，一応の時間割はあるようだが，いわゆる「勉強」をする場ではなく，好きなことをやって時間をつぶしていればよいところのようである。専従の先生が３人派遣されて子どもたちの面倒を見ており，あとボランティアの大学生が１人いて遊びや相談相手になっているということである。小学生も中学生もおり，毎日通ってくる子がいる一方で，来たり来なかったり，途中でいなくなったりと，さまざまな通学スタイルのようである。トランプなどの室内ゲームをしたり，ドッジボールをする子がいるかと思えば，１人だけで好きなことをしている子，勉強をしている子など，子どもの様子もさまざまで，先生も強制的に何かをさせることもせず，自由にやらせているようだ。

　Ｋ子は，週２回の家庭教師に私が行く日は，この教室には通学していないようで，週３日程通っているとのことである。家族は，サラリーマンの父，パートをしている母，高校２年の姉の４人構成で，姉は妹のことには理解を示している様子だが，父母には強い焦りがあり，高校には是非とも進学させたいので，勉強が遅れないようにということで，大学生の私が雇われたわけである。

お母さんによれば，K子が不登校になったのは小学校5年のことで，2学期に，クラスのグループ学習の作業で，些細なことから仲間につまはじきされたことがもとでいじめられるようになり，冬休みを境に登校しなくなったという。小学校はそのまま通学せずに卒業し，同じ学区内の中学に入学した。小学校の時にK子をいじめた生徒たちも同じ中学に進学しており，入学した4月は何とか通ったものの，次第に足が遠のき，家にひきこもるようになった。そしてしばらく経った1年生の3学期始めに，学校からこの適応指導教室を紹介され，見学した後で，本人も納得して通うようになったということである。

　私がK子と接していて感じたことを言うと，これまでも家庭教師をつけたりして，それなりの努力の結果の現れだと思われるが，学力的には，回復不能なほど劣っているとは思えない。ただ，教えていてもあまり反応が無く，質問してもほとんど答えないので，じれったくなることがたびたびある。とはいえ，私の言うことは素直に聞いてくれる。家族以外と話をすることはほとんど無いようだし，適応指導教室でも友達というほどの子はいないようだ。機嫌がよいと趣味・関心事や好きなタレントの話もしてくれるが，総じて寡黙で覇気が無く，何事にも自信が無さそうなことがよくわかる。

　思うに，いじめがもとで人間関係に怖れや苦手意識が芽生え，要するに，対人的スキルが未熟のまま今日に至ったのではないだろうか。そして，そのことで自信喪失しているのではないだろうか。私は家庭教師だから，勉強のお手伝いをすれば役割は果たしていることになるのだが，大学の心理学科で学んでいる者として，私に何かできることがあれば，進んでお役に立てれば，と思うのだ。

　児童・生徒の不登校やいじめ，怠学などの学校・教育問題，育児不安や児童虐待，夫婦間暴力などの家族・家庭問題，非行や援助交際，10代の妊娠などの青少年問題，ひきこもりやニート，フリーターなどの青年のキャリア支援問題，高齢者や障害者などの在宅介護・福祉問題，ストレスやうつ，リストラなどの職場問題，精神障害者やHIV感染者などの社会復帰支援問題，犯罪や災害などの被害者支援問題，ホームレスや暴力，薬物乱用などの都市病理問題，ゴミや近隣騒音などの環境問題，過疎・過密，まちづくりなどの地域問題，留学生や外国人居住者との異文化共生問題など，今日のさまざまなコミュニティをめぐる社会問題は枚挙にいとまがない。

章頭の事例も，そうした緊急を要する社会問題の一例であるが，単一の視点や方法では解決は難しく，多面的で長期的な介入を必要とするだろう。同じことは上述した問題群にも当てはまり，いずれの問題も，その根は複雑で多岐にわたっている。

コミュニティ心理学は，こうした今日的社会問題に，従来の心理学の枠を超えた新しい発想と切り込み方で取り組み，対処しようとする姿勢を強くもっている。もとより，これらの問題が，コミュニティ心理学のみで解決できるものではないにせよ，社会変革を目指すことへの希求には並々ならぬものがある。

本章は，こうしたコミュニティ心理学の特徴を，コミュニティの概念やコミュニティ心理学の定義，その理念（哲学）と目標，および研究方法の面から紹介することにあるが，まずは，コミュニティ心理学が今日の位置を占めるに至った経緯を，簡潔に歴史的に振り返ることで始めよう。

1節　コミュニティ心理学の歴史的背景

(1) コミュニティ心理学前史

コミュニティ心理学の誕生は1965年であるとされるが，そこに至るまでには，さまざまな歴史的背景があった。その主だったものを，時系列的に紹介しよう。

1) 職業としての臨床心理学の登場　アメリカにおいて，第二次世界大戦で戦場から帰還した傷病兵の40％が，専門的治療を要する何らかの精神障害を有しており，それに対して精神科医は圧倒的に人的に不足していた。そこで，アメリカ医学会は，アメリカ心理学会に協力を要請し，大学でアカデミックな心理学の教育を受けた後，精神病院などで臨床的訓練を受けた者を，精神医療に携わる準医学的マンパワーとしての臨床心理学者として，医師の指導のもとで患者を治療するという医師に準ずる役割を与えた。これにより，臨床心理学が職業として認知されたが，当初は医師の管理下にあったことや，イギリスの心理学者アイゼンク（Eysenck, H. J.）が，精神分析をはじめとするあらゆる心理療法は効果がない，との批判を投げかけたこともあり，一部の臨床家にとっては，自らの活動に対して日頃から感じていた疑問が確認される形とな

り，コミュニティ心理学誕生の1つのきっかけを作った。

　2）地域精神保健運動の展開　　精神障害者が大量に存在しているにもかかわらず，収容する病院も治療する医師も不足している状況を，連邦政府は放置しておくことができなかった。1963年，ケネディ大統領は「精神障害者と精神遅滞者に関する教書」（大統領教書）を発表し，それに基づき，その年12月に**地域精神保健センター法**が議会を通過した。この法律は，全国に「地域精神保健センター」を設置し，そこですべての人にすべての精神保健サービスを利用可能にするというもので，第三の精神医学革命と呼ばれた。その考え方は，精神障害の社会的決定要因に狙いを定め，地域社会環境およびそこで生活する人々への介入を通して，障害を予防することを追求することにある。こうして，従来地域社会から孤立して精神病院で行われていた精神医学的援助が，病院に設置されたセンターで行われるようになり，障害者は脱施設化の名のもとに地域社会に戻り，医師や臨床心理学者も地域の中で仕事をするようになった。コミュニティ心理学が生まれる大きな原動力となった動きである。

　3）公民権運動と教育的機会の公平性　　1950年代から60年代にかけて，アフリカ系アメリカ人が公民権を求めて行った運動は，公民権法の制定や人種差別撤廃を前進させ，これを機に黒人，女性，その他のマイノリティの権利主張や擁護が活発化した。また，貧困層やマイノリティの子どもの教育水準の向上を目指して，補償教育として有名な「ヘッドスタート」が開始されるなど，市民参加やエンパワメントといった，コミュニティ心理学の中核をなす理念を生む結果となった。

(2) コミュニティ心理学の誕生

　これらの力学のすべての結果として，コミュニティ心理学は，1965年5月，ボストン郊外のスワンプスコットでの「地域精神保健にたずさわる心理学者の教育に関する会議」，通称**ボストン会議**で誕生した。39名の地域精神保健に関わる臨床心理学者が集合したこの会議の当初の目的は，精神障害者および精神保健の問題に対して，従来のクリニックという密室から飛び出し，地域の中で役割を遂行するために臨床心理学者がもつべき知識や技術の教育・訓練をどうするかということであった。しかし，会議を通して次第に内容が変質し，参加

者たちは，地域精神保健運動を確認するだけではない，もっと多様な問題の存在を認識し始めた。

後述する，表 1-1 のボストン会議でのコミュニティ心理学の定義にみられるように，彼らは，コミュニティ心理学の使命はもっと幅広いものだと認識した。すなわち，治療以上に予防を強調するとともに，個人が生活している社会システムを標的にし，社会変革の努力に参加する。また，貧困，人種差別，都市の過密やスラムといったコミュニティのさまざまな問題に対して，心理学者が独自に貢献していくべきであると自覚し，精神障害者だけを中核とする地域精神保健を超えた土俵として，「コミュニティ心理学」の領域を設定したのである。

つまり，コミュニティ心理学者の取り組む対象は，**地域精神保健**や地域精神医学が取り組む対象よりはもっと広い領域であり，また，病気を治療することだけでなく，それ以上に，健康な人をも含めた人々のさらなる健康増進に寄与することであり，さらにまた，人だけでなく，人を取り巻く環境に対してもっと積極的に働きかけていき，コミュニティ側の変革を引き出すべきだ，ということであった。

(3) コミュニティ心理学の現在

1965 年のボストン会議から 10 年の後，1975 年にはテキサス大学でオースチン会議が開かれた。ここでは，コミュニティ心理学の新しい概念と方法論に基づく，大学での教育モデルが提出された。この会議の共通のテーマは，「人と環境の適合」であり，医学モデルに依っていたこれまでの姿勢から，より独立した成長促進モデルへと前進している。

また，研究対象も，当初の精神障害者や精神保健に限らず，さまざまな社会問題に取り組まれるようになってきている。この背景にはベトナム戦争の影響があることは明らかで，この戦争を契機に噴き出した，ありとあらゆるアメリカ社会のネガティブな問題が対象となってきている（例：ゲイ・ホームレス・薬物乱用・DV・エイズ・10 代の妊娠・幼児虐待）。

その間，1967 年には，アメリカ心理学会（APA）の第 27 分科会としてアメリカ・コミュニティ心理学会（SCRA）が設立され，1973 年には学会機関誌

American Journal of Community Psychology が発刊された。この分野はその後も成長し続けており，2001年の夏に，SCRAは，多様性へのこの分野のコミットメントを強調し，1つの国際的な分野としてコミュニティ心理学を認識するために，使命綱領を改定している（【事例研究】参照）。

一方，わが国では，1975年以来続いてきた「コミュニティ心理学シンポジウム」が発展的に改組され，1998年に「日本コミュニティ心理学会」が設立された。また，これと時を同じくして学会機関誌『コミュニティ心理学研究』が刊行され，学会の年次大会も行われて現在に至っている。

【事例研究】 アメリカ・コミュニティ心理学会 (SCRA) 使命声明 2001年9月26日

アメリカ心理学会（APA）の第27分科会であるコミュニティ心理学会（The Society for Community Research and Action: SCRA）は，理論，研究，社会活動の進歩に貢献しようとする国際的な組織である。その構成員は，コミュニティや集団，個人における健康やエンパワメントの向上，および問題の予防に取り組む。

以下に，SCRAの指針として4つの大原則を示す。

1. コミュニティ研究と活動には，人や場面の多様性への明確な尊重と配慮が求められる。

2. 人のコンピテンス（有能さ）と問題は，その社会的，文化的，経済的，地理的および歴史的な文脈内での人を見ることによって，最もよく理解することができる。

3. コミュニティ研究と活動は，多元的な方法論を用いる研究者や実践家，およびコミュニティの構成員らによる，1つの積極的な協働の産物である。

4. コンピテンスやウェルビーイング（安寧）を促進する場面を育成するためには，多元的なレベルでの変革のための方略が必要である。

われわれは，これらの価値を共有するすべての人を歓迎するものである。

出典：Jenifer K. Rudkin 2003 *Community psychology: Guiding principles and orienting concepts*. Prentice Hall. p. 15.

2節　コミュニティ心理学の定義

(1) コミュニティの概念

　コミュニティ心理学では「コミュニティ (community)」を，もともとの意味の「地域社会」に留まらず，学校や会社，病院，施設，あるいはまたその下位の単位である，クラス，職場，病棟などもコミュニティと捉えており，学校コミュニティとか職場コミュニティという呼び方をしている。また，これら可視的なものだけではなく，例えばHIV患者の会など各種サークル，さらに最近では，サイバースペース（電脳空間）上に創り出される無数のバーチャル（仮想）コミュニティ，いわゆるインターネット・コミュニティをも視野に入れたものとなっている。

　かつては，「地理的コミュニティ」，すなわち，ある一定の場所に生活しているという生活環境を共有することから生まれる，いわゆる地域コミュニティに関心が置かれたが，交通・通信手段の発達や人々の流動性の高まり，経済やサービスのグローバル化やネットワーク化など，急速な変化とともに人々の生活様式も大きく変化し，町内や部落などの物理的範域に基づく地理的コミュニティは，その現実的意味や役割をもちえなくなっている。それに代わる，あるいは補うものとして，今日では「関係的コミュニティ」が重きをなしてきている。それは，物理的な場所の広がりの大小を問わず，生活する人々にとって，共通の規範や価値，関心，目標，同一視と信頼の感情を共有していることから生まれる，社会・心理的な場に基づくコミュニティであり，そこで行われている相互作用に実践的に介入していくことが可能な，**機能的コミュニティ**を指している。

　上述の各種コミュニティも，こうした視点で捉えられているものであり，サラソン (Sarason, 1974) は，コミュニティを定義して「人が依存することができ，たやすく利用が可能で，お互いに支援的な，関係のネットワークである」と述べている。

(2) コミュニティ心理学の定義

　コミュニティをこのように概念化したうえで、それでは、コミュニティ心理学とはどういう心理学なのであろうか。表1-1は、コミュニティ心理学の誕生のきっかけとなった「ボストン会議」での定義から、ほぼ10年ごとのものを列挙したものである。

　歴史的背景のところで述べたように、当初のコミュニティ心理学は、精神障害者に対する地域精神保健を中核とした領域への関心から出発したが、今や大きくシフトして、章のはじめにも例示したように、各種コミュニティの中で発生する多種多様な問題が、コミュニティ心理学の研究と実践の対象となってきている。したがって、それを受けてのコミュニティ心理学の定義も、時代とともに変化していることが読み取れる。

　コミュニティ心理学は、人間の行動を生態学的視座から捉えることを、その当初より一貫して掲げている。この視座は、すべての行動は、その人が置かれている文脈との相互作用の中で生起すると考えるもので、レヴィン(Lewin, 1951)の有名な公式である $B = f(P, E)$、つまり、人の行動 (B) は、人 (P) の側の要因と、その人を取り巻いている環境 (E) との相互作用によって決定される、という考え方を心理学の中に定着させるだけでなく、この考え方に基づいた心理学を積極的に展開しようとしている。

　ボストン会議での定義が、人の行動が環境(社会体系)との相互作用によって生起することを強調していることは、この間の事情をよく表している。この視点をさらに明確に表現したのがザックスとスペクター (Zax & Specter, 1974) の定義で、人の行動は常に環境の力によって影響を受けるという、環境のもつ影響力の大きさを強調するものとなっている。今日、コミュニティ心理学が、人の要因と同等、もしくはそれ以上に環境(物理的・社会的・文化的・人的)の要因を重視するのも、この定義に導かれる点が大きい。

　一方、日本にコミュニティ心理学を紹介し、その先頭に立って基盤を築いてきた山本(1986)は、主に個人の健康と安寧の視点から、問題解決のために人と環境の適合性を図る方略を求めて、参加しながら研究する姿勢を強調している。

　20世紀末から21世紀に入ると、社会はいよいよ複雑と混迷を極め、多種多

表1-1 コミュニティ心理学の諸定義

◎ボストン会議（Bennett, C. C. et al., 1966）
「コミュニティ心理学は，個人の行動に社会体系が複雑に相互作用する形で関連している心理的過程全般について研究を行うものである。この関連を概念的かつ実験的に明瞭化することによって，個人，集団，さらに社会体系を改善しようとする活動計画の基礎を提供するものである。」

◎ Zax & Specter（1974）
「コミュニティ心理学は，人間行動の諸問題に対する1つのアプローチである。そのアプローチには，人間行動の問題は環境の力によって生成され，また，その環境の力によって人間行動の問題が軽減されるという，環境の潜在的寄与を強調している。」

◎山本和郎（1986）
「コミュニティ心理学とは，様々な異なる身体的心理的社会的文化的条件をもつ人々が，だれもが切りすてられることなく共に生きることを模索する中で，人と環境の適合性を最大にするための基礎知識と方略に関して，実際におこる様々な心理社会的問題の解決に具体的に参加しながら研究をすすめる心理学である。」

◎ Duffy & Wong（1996）
「コミュニティ心理学は，集団や組織（そしてその中での個人）に影響を与える社会問題や社会制度，およびそのほかの場面に焦点を合わせる。その目標は，影響を受けたコミュニティ・メンバーや心理学の内外の関連する学問との協働（コラボレーション）の中で作り出された，革新的で交互的な介入を用いて，コミュニティや個人の幸福をできるだけ完全にすることである。」

◎ Dalton, Elias, & Wandersman（2001）
「コミュニティ心理学は，コミュニティや社会への個人の関係に関わりをもつ。コミュニティ心理学者は，協働的研究や活動を通して，個人やコミュニティや社会にとっての生活の質を理解し，高めようと努める。」

様な社会問題が噴出するようになって，そうした課題に単一の学問や研究者だけでは対応できなくなっていることを受けて，協働（コラボレーション）の視点が導入されてくることとなった。ダッフィとワン（Duffy & Wong, 1996），およびドルトンら（Dalton, Elias, & Wandersman, 2001）の定義はそのことを明瞭に示しており，協働による積極的な介入を志向することで，コミュニティやそのメンバーの生活の質を高めることに価値を見いだそうとしているといえよう。

このように，コミュニティ心理学は，人か環境か，という二者択一の考え方をとるのではなく，人も環境も取り込んで，両者，とりわけ環境に働きかけることで両者の適合を図ること，しかも，次節に述べるように，短所や病理の修復に目を向ける以上に，長所や健康のさらなる増進に焦点を当てるのが，コミュニティ心理学の特徴である。

3節　コミュニティ心理学の理念と目標

　コミュニティ心理学の定義が，時代によって，また研究者によって，その力点の置きどころに相違がみられたように，コミュニティ心理学が時代の要請に即した社会問題の解決を志向していることから，その視点が多様になる結果，コミュニティ心理学が目指す目標や理念，さらには関心対象もまた，時代や研究者によって多様なものが取り上げられることになるのも，むしろ当然といえよう。

　そうした中で，今日のコミュニティ心理学にとって，理念や目標として大方の承認を受けているテーマのうち，以下にその主だったものを紹介しよう。

　1) 人と環境の適合を図ること　酸欠状態のどぶ川でアップ・アップしている金魚を掬ってきて，浄化装置の付いた水槽に入れたところ，金魚は運良く回復して元気になった。しかし，この金魚を再びどぶ川へ戻せば，また病気を再発させるだろう。これは，臨床場面のたとえ話である。どぶ川（環境：日常の社会生活場面）でもがいている金魚（人：クライエント）を水槽（クリニック）で治療して蘇生させても，戻っていく環境がもとのままでは，根本的な解決にはならない。川の改修（環境の改善）をしてこそ，金魚は安心や健康や幸福を得られるのである。

　先に，コミュニティ心理学の定義のところで紹介した，レヴィンの公式を否定する研究者は1人もいないにもかかわらず，これまで心理学は，もっぱら人の方に注目して，人を操作する（環境に人を適応させる）ことで対処することに力を注いできた。しかし，何十年もの社会生活の中でできあがった性格や能力や価値観・生き方は，そう簡単に変えられるものではない。それよりも，その人を取り巻いている環境（物理的・社会的・文化的・人的）を変える方が，

現実的で容易な場合も多いだろう。もちろん人の方も，変えられるところは変える努力は必要であるが，環境に人を一方的に適応（adjustment）させるのではなく，**人と環境の適合**（fit）を図ることこそが重要である。コミュニティ心理学は，「人」とともに，それ以上に「環境」に注目する姿勢をとる。

章頭の事例の不登校（行動）は，どのような人の要因と環境の要因の結果であるか，「適応」と「適合」の観点から考えてみると理解が深まるだろう。

2） 社会的文脈の中の存在としての人間という視点　　上の金魚の例もそうであるが，われわれ人間は，浄化水槽のようにクリニックや実験室のような，人工的でシンプルな環境の中で生活しているわけではない。患者としてクリニック（単純な人工的環境）に来ても，治療を終えて一歩外へ出れば，例えば，その人には家へ帰れば妻も子どももおり，会社へ行けば仕事も人づき合いも待っている（複合状態の日常的環境）。

つまり，われわれは，家族や学校や職場，地域社会，さらにはさまざまな社会制度のもとでの，多様で多重な現実環境の中で，お互いが生活しているということである。こうした複雑な社会システムの中に位置する存在，つまり，**社会的文脈の中の存在**という視点で人の行動を把握し理解したうえで，生起している問題に対して現実的な判断や対処をしなければならないということである。

章頭の不登校生徒は，どのような社会的文脈の中に存在しているのであろうか。

3） 人が本来もっている強さとコンピテンス（有能さ）を重視すること
自然治癒力とか再生医療が注目されているように，人（生物）には元来回復力が備わっており，強くて有能な存在である，という人間観にコミュニティ心理学は立っている。

心理学は，歴史的に人間の弱さと問題点に焦点を合わせてきており，病んでいる部分や脆弱な部分を治療したり修復しようというのが，医学モデル（修理モデルともいう）に影響を受けた臨床心理学の考え方である。これに対して，コミュニティ心理学は，人のもつより健康な部分や強い部分に働きかけることで，コンピテンス（有能さ）を発揮・向上させることに重きを置こうとする**成長発達モデル**を採用する。コンピテンスとは，人が環境と相互作用する中で，問題を効果的かつ正確に処理する能力のことをいうが，これはつまり，人の病

理性よりも健康性に焦点を当てる考え方である。
　章頭の不登校生徒に対しては，どんな面を引き出したり，働きかけることでこれが可能になるだろうか。

　4）エンパワメント（力の獲得）という考え方　　**エンパワメント**とは，「個人や家族やコミュニティが，自ら生活状況を改善することができるように，個人的に，対人関係的に，あるいは政治的に力を増していく過程である」(Gutiérrez, L. M.) と定義されるように，何らかの理由でパワーの欠如状態（powerlessness）にある個人や集団やコミュニティが，自らの生活にコントロール感と意味を見いだすことで力を獲得するプロセス，および結果として獲得した力をいう（川田，2000）。

　結果としてのエンパワメントを捉える視点として，個人のレベルでは，肯定的な自己概念，自己効力感，自己決定能力，自己コントロール感などの獲得が，集団レベルでは，個人レベルの結果に加えて，コミュニケーション頻度の増加，リーダーシップ技能の向上，責任感の増強が，さらにコミュニティ・レベルでは，地域イベントへの参加の増加，選択肢の多さ，支援の回数の増加，などがその目安となっている。自らの力でこうしたものを獲得することを，コミュニティ心理学では重視している。詳しくは第7章に紹介される。

　章頭の事例（個人レベル）をエンパワーするには，どういうことが考えられるだろうか。

　5）治療よりも予防を重視すること　　病気であれ問題行動であれ，発生してしまってから対応することで問題解決するよりも，問題が起きる前に介入することで，未然に防ごうという発想である。

　まだ起きてもいない問題に手間や暇やお金をかけるのは，対象が漠然としていることもあって一見無駄なようにみえるが，費用効果（必ずしも金銭面だけの効果ではない）を実際に分析してみると，非常に有効であることが明らかにされている。

　予防にもいくつかの考え方があるが，健康な人を健康なまま保つための予防が，最も望ましい姿であることはいうまでもない。詳しくは第3章で紹介されている。

　章頭の事例には，どういう予防の視点が考えられるだろうか。

6) **人の多様性を尊重する姿勢**　コミュニティ心理学は，多様性というものについて1つの認識をもっている。すなわち，人は他者と異なっていてよいという権利をもっているし，その異なっているということは，劣っているということを意味するものではない，ということである。人の多様性を確信すると，生活の仕方や，世界観や，社会的取り決めについて，いろいろなスタイルがあるという認識が生まれる。民族，人種，職業，性，障害・病気，ライフスタイルなどにおける多様なグループが，コミュニティにもたらす多様なアイディアや経験の豊富さは，社会の主流の部分ではないものの，われわれの社会の真の豊かさを特徴づけている。それはいわれなきラベリング（レッテル貼り）や差別，偏見を避ける力にもなる（Duffy & Wong, 1996）。

7) **代替物を選択することができること**　前項で述べたように，多様性の理念を認めるならば，さまざまな社会資源は，それゆえ，これらの異なる人々すべてに，等しく分配されるべきであり，受給者もまた，受け身の姿勢ではなく，そのサービスの企画に参加し，自らがサービスを選択するパワーが求められることになる。

そのためには，特定の個人や集団に適したサービスを提供できる選択肢を開発したり，サービスへのアクセスをしやすくするような工夫が重要になる。たった1つのサービス場面が，誰にとっても最善のものとはならないことは明らかである。

章頭の事例は，伝統的なサービス（公立学校）の代替物（適応指導教室，あるいはフリースクール）を示しているが，多様性を尊重し，代替物が十分に機能するには，必要・十分な条件整備（容易なアクセス，教育・支援体制，アフターケア，法制度，その他）が求められる。

8) **人々がコミュニティ感覚をもつこと**　コミュニティが成立するためには，そこに集う人々が，それを自分たちのコミュニティであると認識し，愛着をもち，維持・発展させていこうとする意欲が必要である。これは，「われわれ意識」とか「コミュニティ意識」「コミュニティ精神」「コミュニティへの所属感」などさまざまな言い方で表現されてきたが，サラソン（1974）は「コミュニティ感覚」と呼び，今日のコミュニティ心理学では定着した用語となっている。

サラソンはコミュニティ感覚を,「他者との類似性の知覚,他者との相互依存関係の認知,他者が期待するものを与えたり,自分が期待するものを他者から得たりすることによって,この相互依存関係を進んで維持しようとする気持ち,自分はある大きな,依存可能な安定した構造の一部分であるという感情」と定義している。

コミュニティ感覚がメンバーの間で強く意識されているほど好ましいコミュニティである,ということが多くの研究や観察で明らかにされている。詳しくは第8章に紹介される。

章頭の事例でいえば,学校コミュニティ感覚,あるいはクラス・コミュニティ感覚が,本人を取り巻く人々(生徒・担任・父母)の間に希薄であったことが,不登校を生んだのかもしれない。

9) 他の学問や研究者・実践家との協働(コラボレーション)　協働(collaboration)とは,一緒に(co-)働く(labor)ことを意味する言葉で,「協働」と訳されている。その意味するところは,「システムの内外において異なる立場に立つ者同士が,共通の目標に向かって,限られた期間内に互いの人的・物的資源を活用して,直面する問題の解決に寄与する対話と活動を展開すること」(亀口,2002)である。コミュニティ心理学が対象とする問題は,現代社会が抱える多様でこみ入った,単独で解決するには難しい課題であることが多く,したがって,近接の学問や研究者,あるいは多様な知識や技術をもつ専門家や現場の実践家の力を借りなければ,適切に対応・解決できないという現実を踏まえたところから生まれた理念である。詳しくは第9章に紹介される。

章頭の不登校の事例でも,臨床心理学の専門家1人に問題の解決を期待することはできない。教育,心理,福祉,医療,法律,その他の学問・研究者・実践家・ボランティア・行政マンの協働が必要不可欠である。

10) 社会変革を目指すこと　ダッフィとワン(1996)はその著書で,「コミュニティ心理学の目標の1つは,研究で武装して**社会変革**を引き起こすことである」と述べている。ただ,この勇ましい表現も,その本質は,昨日よりは今日,今日よりは明日の方が,少しでも生きやすく,住みやすい社会に変えていこう,とするところにその意図がある。コミュニティの質を高める方向に向けた変革(change)のために,コミュニティ心理学は何ができるのか,を絶

えず問う必要があることを強調した理念といえよう。
　章頭の事例に対して，コミュニティ心理学はどのような社会変革に寄与できるだろうか。

　最近の国内外の研究者が提示したこれらの理念は，ラドキン (Rudkin, 2003) が同様の発想に基づいて幾人かの研究者の挙げるテーマを総括したうえで，「コミュニティ心理学への案内となる5つの原理」としてまとめたものに含まれよう。すなわち，①研究や理論や実践は，ある価値システムの中で発展する，②人は，個人が生活しているたくさんの水準の社会的文脈を理解することなくして，個人を理解することはできない，③多様なグループ，特に公権を奪われたグループの視座に敬意が払われなければならない，④人の生活上の有意味な改善は，時として社会変革を要求する，⑤研究や理論や実践は，欠陥モデルよりも，むしろ強さモデルを通して最も前進する，というものである。
　このうち，①と⑤について簡潔に解説しておこう。前者は，研究における「価値（観）」の問題である。コミュニティ心理学は，前節の「定義」にも明らかなように，従来の心理学のように「モデル検証のための」研究ではなく，「問題解決のための」研究や実践を志向する心理学である。特に社会問題といわれるものには，必ず価値が伴っているので，研究の「科学的中立性」を守ることは当然としても，社会問題には「価値的中立性」はないものといえる。誰のために，何のために，どういう立場に立って，研究や実践を行うのか，という価値の表明が求められることになる。
　後者は，研究における「人間観」の問題である。コミュニティ心理学は，人間の弱さやネガティブな面に目を向けて「修理する」のではなく，人が本来もっている強さやポジティブな面を，さらに「成長・促進する」ことを目指す人間観に立っている。
　ちなみに，アメリカ・コミュニティ心理学会の機関誌である *American Journal of Community Psychology* が，その発刊以来取り上げてきた特集記事が【調査研究】である。ここからも，コミュニティ心理学の理念や目標をかいまみることができよう。

【調査研究】 *American Journal of Community Psychology* に掲載された特集記事

地域精神保健センターにおける趨勢の発展	1978 6 (2)
援助過程	1978 6 (5)
ストレスフルな生活出来事	1979 7 (4)
精神保健における一次予防の研究	1982 10 (3)
コミュニティ心理学の訓練	1984 12 (2)
子どもの環境と精神保健	1985 13 (4)
農村の精神保健	1986 14 (5)
コミュニティ心理学における組織的視座	1987 15 (3)
スワンプスコット会議記念シンポジウム	1987 15 (5)
コミュニティ心理学と法	1988 16 (4)
アジアにおけるコミュニティ心理学	1989 17 (1)
市民参加，ボランティア組織，コミュニティ開発	1990 18 (1)
予防的介入研究センター	1991 19 (4)
セルフヘルプ・グループ	1991 19 (5)
予防研究における方法論的問題	1993 21 (5)
文化現象と研究の企て：文化に根ざした方法論を目指して	1993 21 (6)
沈黙の階層のエンパワメント	1994 22 (4)
エンパワメントの理論，研究，適用	1995 23 (5)
生態学的アセスメント	1996 24 (1)
子どもと青年の一次予防プログラムのメタ分析	1997 25 (2)
農村場面における予防研究	1997 25 (4)
有色女性：二重のマイノリティ地位への挑戦	1997 25 (5)
コミュニティ心理学による HIV/AIDS 予防	1998 26 (1)
コミュニティ心理学における質的研究	1998 26 (4)
青年のリスク行動	1999 27 (2)
予防科学：第Ⅰ部・第Ⅱ部	1999 27 (4/5)
予防におけるマイノリティ問題	2000 28 (2)
フェミニズムとコミュニティ心理学：第Ⅰ部・第Ⅱ部	2000 28 (5/6)
コミュニティ連合体づくり：現代的実践と研究	2001 29 (2)
若者のメンタリング	2002 30 (2)
コミュニティ社会心理学の概念的・認識論的側面	2002 30 (4)
解放の心理学：抑圧に対する反応	2003 31 (1/2)
レズビアン，ゲイ，性転換者のコミュニティ：理論，研究，実践の結合	2003 31 (3/4)
パート雇用とその社会的コスト：新たな研究動向	2003 32 (1)
実験社会的イノベーションと普及	2003 32 (4)
コミュニティ研究と活動の過程	2004 33 (3/4)
親密なパートナーの暴力研究における理論的・方法論的イノベーション	2005 36 (1/2)
コミュニティ・リサーチと活動における多様性挑戦の物語	2006 37 (3/4)

4節　コミュニティ心理学の研究法

　心理学が真に「科学的」であるということは，伝統的で，厳格な研究アプローチによってのみ可能である，と時に考えられている。しかし，それは事実ではない。実際，そのような見方は，科学の真の性質を誤解している。研究される現象にとって，ある方法が不適切であるならば，その方法を盲従的に適用することは，けっしてよい科学ではない（Orford, 1992, p.148）。

　オーフォード（Orford, 1992）はこう述べて，コミュニティ心理学はその特色あるアプローチのゆえに，他の心理学の領域よりも，もっと多くの研究法を利用しているし，加えて，他の学問分野から最近心理学に輸入されてきた研究アプローチ群を，特に利用する傾向があるとして，疫学，ニーズ・アセスメント，準実験計画法，プログラム評価，事例研究法，質的研究法を取り上げている。ここでは，そのうちのいくつかを簡潔に紹介する。

(1) 伝統的な研究法

　心理学の伝統的な研究の方法論は，大きくは相関的方法と実験的方法に分けられる。後者はさらに，標本をランダムにサンプリングできるか否かによって，実験計画法と，準実験計画法に分けられる。これらの特徴をまとめたものが表1-2である。

　相関的方法は，自然な環境下の2つないしそれ以上の変数間の連関や関係を調べるものである。研究のもとでの積極的な操作はとらず，従属変数と独立変数の区別は，たとえ理論的には述べられていたとしても任意なものであり，因果関係は決定できない。連関の度合いは，その最も単純な形においては相関係数で表される。質問紙を用いた調査研究の多くがこれに該当する（研究例：杉岡・兒玉，2005；石盛，2004；植村，1998）。

　コミュニティ心理学の分野で研究される変数の多くは，実際的および倫理的理由から，実験的に操作することは難しい。同様に，研究参加者も，常にランダムにグループ分けすることは難しい。**準実験法**は，このように，実験条件や統制条件に，もともと参加者をランダムに割り当てることができない（非等

表1-2 科学的研究法の3つのタイプの特色 (Duffy & Wong, 1996)

	相関的方法	準実験的方法	実験的方法
疑問のタイプ	関心対象の変数は相互に関係しているか？	研究者が完全にはコントロールしていない独立変数が，従属変数ないし研究結果に影響するか？	その原因を提出した独立変数と従属変数との間に関係はあるか？
用いられる場面	研究者が独立変数を操作することが不可能である時に，説明的研究に用いられる。	研究者はコミュニティ心理学ないしその他どこかで，現実生活への介入のインパクトを評定することを望む。	研究者は独立変数を支配している。そしてその研究の中の交絡変数の数を最小化することができる。
利　点	データ収集が好都合。ある倫理的ないし実際的問題を回避できるかもしれない。	原因-結果関係についての情報を提供する。より現実的世界への介入のアセスメントを許す。	原因-結果関係を実演する能力。交絡変数を支配し，代替の説明を閉め出すことができる。
欠　点	原因-結果関係を確定することができない。	交絡変数を支配することの欠如。強力な原因推定ができない。	実際的理由であれ倫理的理由であれ，ある種の疑問は実験的には研究できない。人工的手続きを導くかもしれない。

価）場合の1つの妥協的な実験法で，非等価事前-事後統制計画法と呼ばれ，実験群への介入の前後での値を，介入のない統制群の前後の値と比較する。ランダム化が可能な，事前-事後統制計画法と呼ばれる実験法（研究例：石丸，2005）とは区別される。なお，準実験法では，実験群のみで，統制（比較）群のない場合もある（研究例：久田ら，1998）。

(2) コミュニティ心理学で用いられるその他の研究法

ある母集団における疾病や心理的問題（例：うつ病，薬物乱用）の広がりの割合や強さの研究は疫学と呼ばれ，発症数と有症数という2つの現象の立証を考慮に入れている。発症数は，ある一定の期間，普通は1年以内に，ある母集団の中で新たに障害を得た人数であり，一方，有症数は，母集団の中で，ある特定の時点に，その障害をもっている人の総数である。発症数は，有症数より

も予防的介入の効果にとってより敏感な指標である。発症数が増大していれば，問題は大きく広がっており，減少していれば収束しつつあり，現象のための介入が成功していることを表している（Orford, 1992）。

予防や介入の活動が有効かつ効率的であるためには，重要な問題に関与している個人のニーズを理解することが重要である。ニーズ・アセスメントとは，ある問題の重要度を明らかにしたり，あるいは，その問題を取り扱うのに役立つ資源と関連している問題群を調べたりすることで，プログラムや介入のニーズがあるかどうか，また適切なものか，を決定する1つの方法である。調査法は，ニーズ・アセスメントに対する最も科学的なアプローチであり，ニーズの認知をアセスメントするために，ランダム・サンプルが電話や面接でインタビューされる（Scileppi et al., 2000）。

プログラム評価は，「ある特定の目的をもった社会・コミュニティ介入プログラムに関しての実施状況や結果情報を系統立てて収集し，より効果的なプログラムに向けてそれらの情報を活用すること」（笹尾，2006, p.112）と定義される。プログラム評価には，プログラム計画，プログラムの実行と監視，プログラム結果という3つの一般的なタイプがある。計画はニーズ・アセスメントに基づいており，介入プログラムの概念化と計画法の適切さが評価される。実行と監視の評価は，そのプログラムが，プログラム活動との関係の中で提供ないし消費される資源（例：お金，スタッフ）がどのように用いられるか，また計画どおりに進行しているかの程度を測定する。結果の評価は，そのプログラムの効果の研究であり，参加者が参加した結果として受け取った利益（例：スキルの増大，行動の修正）を同定する（Scileppi et al., 2000；研究例：藤後・箕口，2005）。

フィールド（現場）研究と呼ばれる方法の中で，代表的なものが参加観察法である。「調査者自身が，調査対象となっている集団の生活に参加し，その一員としての役割を演じながら，そこに生起する事象を多角的に，長期にわたり観察する方法」（三隅・阿部，1974, p.147）と定義される。人間は皆特有の文化の中で生活しており，その文化の外側から自然観察しているだけでは理解できない行動がいくらもある。調査者（観察者＝研究者）が集団に参加することを通して，人々の欲求や思考，その集団に内在する規範や価値観を体験し，生

態学的な妥当性の高い現象把握を目指す方法である（研究例：大西，2001）。その中でも，研究参加者（情報提供者）が自身の経験について語ったことを，研究者の言葉に翻訳することなく記述することを認めているものを，エスノグラフィといって区別することがある（研究例：落合，2003）。

それ以外にも，事例研究と総称される，少数の対象者への半構造化面接を中心に用いる方法が多用されている。事例研究は，個々の事例の中には普遍的な要素が存在する，という視点に立っている。まとめ方には多様なものがあるが，少数の対象からの結果の一般性・普遍性を確保するためには，取り上げられる事例が典型性を備えていることが期待される（研究例：加賀美，1999；景山・石隈，2001；高橋・久田，2002；渡辺，2004；菅井，2006）。

> **キーワード**
> 地域精神保健センター法　ボストン会議　地域精神保健　機能的コミュニティ　人と環境の適合　社会的文脈の中の存在　成長発達モデル　エンパワメント　予防　社会変革　準実験法　プログラム評価

◆課　題

①章頭の事例に対して，若きコミュニティ・サイコロジストとしてのあなたなら，本章で取り上げた「コミュニティ心理学の理念と目標」を用いて，どのように実践しようとしますか。どれか1つに絞って，実現可能な具体的な方針を含めてまとめなさい（K子は，K男でもよいし，家族構成も，姉ではなくて兄でもよい）。

②あなたの身の周りに実際に存在する，コミュニティ心理学が関与できる社会問題を1つ取り上げ，その事例や現象を詳しく説明したうえで，①と同様の観点から，実現や改善可能な具体的方策を考え，提案しなさい（複数の理念に基づくものでもよい）。

③本章で文献として紹介されている研究例を実際に読み，要約したうえで，研究法としての観点から考察を加えなさい。

引用文献

Bennett, C. C., Anderson, L. S., Cooper, S., Hassol, L., Klein, D. C., & Rosenblum, G. (Eds.) 1966 *Community psychology: A report of the Boston conference on the education of psychologists for community mental health.* Boston University Press.
Dalton, J. H., Elias, M. J., & Wandersman, A. 2001 *Community psychology: Linking individuals and communities.* Wadsworth.
Duffy, K. G., & Wong, F. Y. 1996 *Community psychology.* Allyn & Bacon.（植村勝彦監訳 1999 コミュニティ心理学：社会問題への理解と援助 ナカニシヤ出版）
久田 満・広瀬寛子・青木幸昌・一鉄時江・田中宏二 1998 短期型サポート・グループ介入が術後乳がん患者の Quality of Life に及ぼす効果 コミュニティ心理学研究, **2**(1), 24-35.
石丸径一郎 2005 性的マイノリティにおける受容体験と自尊心—カミングアウトの効果に関する実験的検討— コミュニティ心理学研究, **9**(1), 14-24.
石盛真徳 2004 コミュニティ意識とまちづくりへの市民参加—コミュニティ意識尺度の開発を通じて— コミュニティ心理学研究, **7**(2), 87-98.
加賀美常美代 1999 大学コミュニティにおける日本人学生と外国人留学生の異文化間接触促進のための教育的介入 コミュニティ心理学研究, **2**(2), 131-142.
景山ゆみ子・石隈利紀 2001 ドメスティック・バイオレンス被害者に対する援助についての研究—「危機アセスメントモデル」の構築をめざして— コミュニティ心理学研究, **4**(2), 119-131.
亀口憲治 2002 概説／コラボレーション—協働する臨床の知を求めて— 亀口憲治編 コラボレーション 現代のエスプリ, **419**, 5-19.
川田誉音 2000 無力化の意味とエンパワーメント—ある家族介護者の思いを交えて— 伊藤克彦・川田誉音・水野信義編 心の障害と精神保健福祉 ミネルヴァ書房, pp.53-66.
Lewin, K. 1951 *Field theory in social science.* Harper & Brothers.（猪股佐登留訳 1956 社会科学における場の理論 誠信書房）
三隅二不二・阿部年晴 1974 参加観察法観察（心理学研究法 10）東京大学出版会 pp.139-181.
落合美貴子 2003 教師バーンアウトのメカニズム—ある公立中学校職員室のエスノグラフィー— コミュニティ心理学研究, **6**(2), 72-89.
大西晶子 2001 「外国人労働者」のストレス対処と相互援助組織の役割 コミュニティ心理学研究, **4**(2), 107-118.
Orford, J. 1992 *Community psychology: Theory and practice.* John Wiley & Sons.（山本和郎監訳 1997 コミュニティ心理学：理論と実践 ミネルヴァ書房）
Rudkin, J. K. 2003 *Community psychology: Guiding principles and orienting concepts.* Prentice Hall.
Sarason, S. B. 1974 *The psychological sense of community: Prospects for a community psychology.* Jossey-Bass.

笹尾敏明　2006　プログラム評価　植村勝彦・高畠克子・箕口雅博・原　裕視・久田満編　よくわかるコミュニティ心理学　ミネルヴァ書房　pp.112-115.
Scileppi, J. A., Teed, E. L., & Torres, R. D.　2000　*Community psychology: A common sense approach to mental health*. Prentice Hall.（植村勝彦訳　2005　コミュニティ心理学　ミネルヴァ書房）
菅井裕行　2006　学校コンサルテーションによる特殊教育教師の専門性支援―視覚聴覚二重障害教育を担当する教師を支援した事例―　コミュニティ心理学研究, **9**(2), 134-148.
杉岡正典・兒玉憲一　2005　滞日日系ブラジル人の抑うつ症状と文化的所属感およびサポート・ネットワークの関連　コミュニティ心理学研究, **9**(1), 1-13.
高橋美保・久田　満　2002　リストラ失業が失業者の精神健康に及ぼす影響　コミュニティ心理学研究, **5**(2), 85-99.
藤後悦子・箕口雅博　2005　子育て支援ボランティア養成プログラムを受講したボランティアの変容―自己効力感とネットワークに焦点をあてて―　コミュニティ心理学研究, **8**(1/2), 5-22.
植村勝彦　1998　ボランティア活動への参加‐非参加を規定する態度要因―女子青年の場合―　コミュニティ心理学研究, **2**(1), 2-12.
渡辺由己　2004　介護老人保健施設における心理コンサルテーションの役割―多職種チームケアに注目した事例研究―　コミュニティ心理学研究, **7**(2), 110-121.
山本和郎　1986　コミュニティ心理学：地域臨床の理論と実践　東京大学出版会
Zax, M., & Specter, A. S.　1974　*An introduction to community psychology*. John Wiley & Sons.

第2章
人と環境の適合 ―生態学的アプローチ―

北島茂樹

児童少年相談センターと勤労体験支援事業

　福岡県水巻町は遠賀川河口の，人口31,000の町である。北九州市という100万都市に近いため，近年では，ベッドタウン化が進んでいる。

　この町に「児童少年相談センター」が設けられたのは2001年である。学級崩壊や非行，不登校といった問題の相談が学校側から，また，不登校ないしひきこもりの相談が保護者側から，寄せられてきた。協議・調整を含む校長・教員・保護者への対応をはじめ，児童生徒本人に対するカウンセリング的な関わりや，居場所としての同施設の開放などを，職員3名はこなした。

　立ち上げから2～3年が経ち，センターが抱えるようになった問題の1つは，義務教育年限を超えて（16歳以上）もなお，ブラブラとしている少年たちのことであった。少年たちは，非行・不登校とさまざまではあったが，これまでの関わりを通じて，センター職員とは信頼関係ができており，時として話を聴いたり雑談したりと，支援関係を続けていたが，展開は見いだせないという手詰まり状態にあった。

　当時，センターの中心職員の1人は，自己能力研鑽のため，各種カウンセリング講座を受講していた。そこで，キャリア・カウンセリングやインターンシップなどのキャリア支援のことを学び，これを生かす方策はないかと考えるようになり，関係の行政部署（民生課）や，理解を示してくれそうな町会議員に対して，問題意識を共有するために奔走した。

　幸いにもこの努力は功を奏し，『水巻町勤労体験支援事業』が承認され，水巻

町在住の中学校卒業後 20 歳未満で，進学または就職をしていない者を対象とする，勤労体験を通したキャリア支援事業の仕組みが作られた。事業実施要綱によれば，上述の資格者で，自身が勤労体験を希望する者は，町に申請・登録をし，町長がこれの派遣許可を行う。これを受け，体験計画が協力事業者の意見や当人の適性を勘案し作成される。勤労体験者には，1 日 2,000 円（1 月最高 4 万円）の就業体験支援金が町から支払われる。

協力事業者の確保が問題であったが，町内の 6 事業者から手が挙がった。事業者にとっては，人手の点では助かる話ではあるが，その一方で，体験者のせいで店の信用を失う可能性もあるなどリスクを伴う。また，指導を行うことは，責任と手間もかかる話であった。

初年度は，緑化（造園）事業所（2 件）とそば屋・和風レストラン・商工会青果部（各 1 件）で実施された。勤労体験者として派遣された者は 5 名（A：17 歳女性（不登校），B：16 歳男性（不登校／非行），C：16 歳女性（不登校／非行），D：16 歳男性（不登校），E：17 歳男性（非行／不登校））であった。

初年度の体験状況について，「内向的な性格であったが，体験を通して自信がもてるようになり，そのままアルバイト雇用された」「朝 6 時に起床して職場に向かうため，規則正しい生活が戻り，夜遊びをしなくなった。また，同じような境遇だった先輩と出会い，彼をモデルとして，その仕事に必要な資格取得を目指し始めた」「体験を通して仕事の面白みを覚え，別の店ではあるが，自ら電話して修行中」「飲食店では自分に好き嫌いがあったら客に料理は出せない，と店主に諭されて何でも食べるようになる。また，アルバイト料で初めて自分で自転車を買ったこと，一部を父親に渡したことを嬉しそうに指導員に話す」「当初はためロで困ったが，細かい注意を繰り返すうちになおってきた」といった報告があがってきている。

伝統的な個人心理臨床では到底得られないような多くの成果を，この取り組みは上げ始めている。

出典：小野　元　2006　子どもたちの新たな門出を支援する試み　産業カウンセリング第 36 回全国研究大会講演集，23．これに基づき，筆者（北島）が細かい聞き取りを行い，まとめたものである。

コミュニティ心理学の理念と目標について，第1章3節で基本的なものが列挙された。中でも，**人と環境の適合**は，コミュニティ心理学の教科書や著書では真っ先に掲げられるコンセプトであり，1965年のボストン会議から今日に至るまで，研究・実践の中核的位置を占め続けている。

「人と環境の適合」が，コミュニティ心理学において，なにゆえに主導的なコンセプトであり続けるのか，人にとって環境はいかなる「特性」をもっているのか，こうした特性理解のためにはどのような視座が必要なのか，人と環境の間の「適合」とはどのようなことをいうのか，さらには，「適合の回復や増進」に向けてどのような方向の取り組みが考えられるのか，この章では，これらのテーマについて解説する。

こうした理解が深まってはじめて，「コミュニティ心理学的介入」や「コミュニティ・アプローチ」と呼ばれる実践に，確かな根拠と道しるべが与えられ，実り多い成果がもたらされる確かさも高まると思われる。

1節　「人と環境の適合」のパラダイムと生活者の視点

(1) パラダイムとしての「人と環境の適合」

第1章における「どぶ川の金魚」，あるいは北島（2006）の「窮屈な犬小屋」のたとえ話にわかりやすく示されているように，「人と環境の適合」は，生活の中で生じる諸問題を，人と環境の相互作用ないし関係の結果としてみようとするものである。

心理学を学んだことのある人ならば，**レヴィン**（Lewin, 1951）**の方程式**：$B = f(P, E)$（行動は，個体と環境という2つの要素の関数である）を思い起こすであろう。紫陽花の花の色が土壌の質によって変化するように，人間の行動も置かれた環境によって影響を受ける。個人としては尊敬できるような人柄をもっていたとしても，属する組織の体質や集団規範などの圧力によって，社会的に不適切だと指弾される行為に至る事例は枚挙にいとまがない。潜在的には優れた資質をもっている子どもが，家庭環境によって能力が開花しないままに終わったり，場合によっては，パーソナリティ上の障害や歪みを生じることもある。

こうした視点は，心理学の分野についていえば，発達心理学や社会心理学などでは普通の視点であり，目新しいものではない。しかし，伝統的な臨床心理学にとってはそうではなかった。

　各種のカウンセリングや心理療法は，個人の精神内界の力動や，個人の行動・能力・パーソナリティといった，個体（P）の要素に焦点を当て発展してきた。環境（E）の問題が指摘されることはあっても，エピソード的な取り上げか，補足的な説明として触れられることがほとんどであった。しかし，組織ストレスに苦しむ勤労者たち，学校のいじめや人間関係で心を痛める児童・生徒たち，家庭状況の歪みに無抵抗の叫びをあげる子どもたち，地域の無関心さの中に疎外を余儀なくされるパワーレスな人たち，といったように，環境由来で生起する心理・社会的問題は実におびただしい。また，純粋に個体由来の問題だと言い切れる場合でさえ，地域・学校・職場・家庭などの受け入れや支援次第では，こうした人たちは，より適合的に生活できることを，われわれは経験的に知っている。

　「人と環境の適合」は，パラダイム（思考の枠組み）としての働きをもっている。先のたとえ話では，金魚や子犬へのアプローチだけでなく，どぶ川の改修や犬小屋のサイズを大きくすることに向かう努力を，私たちに気づかせてくれる。地域における心理臨床をはじめ，福祉・教育・医療・法律などのヒューマンサービスに携わる実践家にとって，このパラダイムは，示唆に富んだものであり，時には刺激的ですらあった。それは，人（あるいは人々）の抱える問題を，個人的原因のみに帰属させることなく，地域・学校・職場・家庭の問題として捉え直し，広く対策を講じていくことを促すものであったからである。例えば，精神保健領域の取り組みでいえば，収容施設の物理構造面や運営方法の改善，中間施設，デイケアやナイトケア，地域における住民や行政からの各種のソーシャルサポート，セルフヘルプ・グループ，地域相談体制の充実といったような，多様な処遇・支援サービスが考案され，創出されてきたが，これらはこうしたパラダイム適用の成果であるといってよい。

　人と環境の適合のパラダイムについて，オーフォード（Orford, 1992）は，次のように言及している。「パラダイムの転換といった大げさなものではない。なぜなら，レヴィンが提起した図式を，現場の問題解決や心理臨床に誠実にあ

てはめる努力にほかならない。…コミュニティ心理学は（臨床心理学のもつ）個人主義的バイアスを修正することを目的としており、常に人々を彼らが全体の部分でありつつ、影響を与えられる社会的場面システムという文脈の中で考えることを目指している」と。一方、こうした控えめな態度と対照をなすような、鋭い言及もみられる。ラパポート（Rappaport, 1977）は、「被害者責め（状況が原因で引き起こされた被害を、それが被害者本人のせいであるとしてとがめる事態）」の事例を引いて、「不適切なレベルでの介入（ここでは個人へのアプローチを指している）をすると、問題の重要な原因（ここでは環境）を無視してしまう危険を冒し、さらには、それが問題のさらなる部分をつくりかねない」と述べ、臨床心理学における個人偏重傾向のもつ危うさに対して、強い警告を発している。

人と環境の適合というパラダイムは、臨床心理学や地域精神保健、地域での福祉・教育などの実践活動をする人にとって、その影響は決して小さなものではなかったのである。

(2) 必要とされる生活者の視点

コミュニティにおける心理・社会的問題の改善と解決に、人と環境の適合というパラダイムが不可欠であることは理解できたとしよう。しかし、環境はいろいろな間口と奥行きを備え、人間の生活全体に影響を及ぼしている。思考の枠組みとして片付けてしまうには生々しく、かつ、複雑である。

山本（1995）は、環境について理解し、コミュニティ心理学的な取り組みをなそうとするとき、人々の営む生活を**生活システム**として捉える視点をもつことが重要である、と指摘している。山本は、「生活システムとは、そのシステムを維持する基本的機能を遂行するために発生する生活課題や要求を、生活環境から得られる生活手段や生活条件・状態を媒介にして充足する過程である。そのとき、生活課題・要求は生活者の欲求ヒエラルキーや価値志向によって多様化するし、また生活者のライフサイクルによって変化を起こす。さらに生活課題・要求を満たす生活手段や条件・状態の選考に生活者のライフサイクルが媒介となっている」と述べ、図2-1を掲げる。

そして、生活システムの維持に必要な基本的機能として、次の6つを示して

第2章 人と環境の適合 ―生態学的アプローチ―

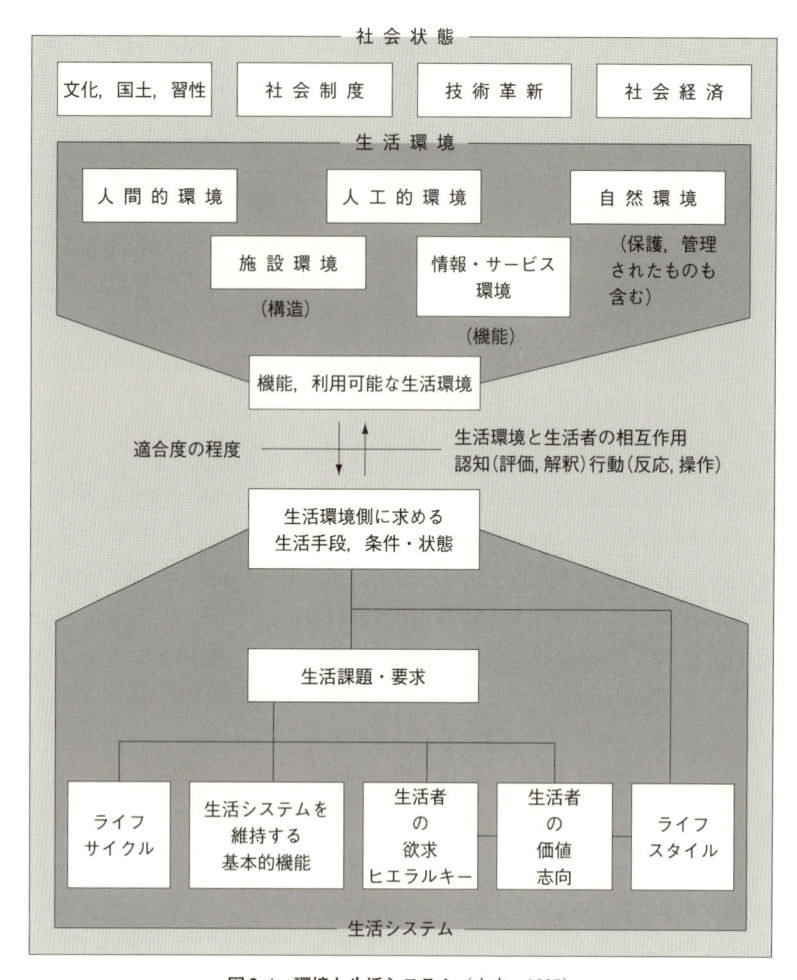

図2-1 環境と生活システム (山本, 1995)

いる。

①外部環境システムから資源・情報・サービスを取り入れる機能(例：生活費の獲得，生活必需品・生活財の購入，情報獲得(テレビ・新聞・雑誌・インターネット)，コミュニケーション手段の維持(電話・Eメール)など)。

②外部環境システムとの関係の維持機能(例：サービス関係との関係維持,

外部環境からの侵入・侵害に対する防衛（防犯，プライバシーを守る，騒音・熱・風を防ぐ手段）など）。

③生活システムにとって必要でないものを排出する機能（例：ゴミ処理・糞尿処理など）。

④取り入れた資源・情報・サービスを整え分配する機能（例：家の中の家事（台所仕事・掃除・食事・洗濯），子どもの勉強など）。

⑤生活システム内部を調整し，必要なことを決定する機能（例：一家団らん・家族会議・夫婦間の対話・責任者の決定・リラクセーション・睡眠など）。

⑥生活の資源や情報を貯蔵しておく機能（例：貯金，冷蔵庫，物置，本箱，たんすなど）。

時として，心理学関係の研究者・実践家たちは，適合－不適合について，心理的な側面を強調しすぎる傾向がある。しかし，人と環境の適合は，まさに生活全般に関わる問題であることを，改めて認識する必要があるだろう。こうした生活の基本にかかる適合の土台があって，心の問題の改善・解決が進むし，こうした認識によって，一段と多様かつ適切なサービスの展開を，われわれは考案していくことができるのである。

【実践研究】　オストメイトへのトイレ場所地図の提供

　オストメイトへのマップづくりの取り組みが，九州大学医療技術短期大学部（現九州大学医学部保健学科）でなされたことがある（村田，2002）。オストメイトとは，大腸がんや膀胱がんの手術を受けることによって，人口肛門や人口膀胱を造設している人たちのことであるが，排泄などの日常生活において問題を抱えるため，買い物など外出が億劫になりがちである。日本オストミー協会が1996年に会員を対象として実施したアンケートでは，旅行や外出ができなくなったといった回答が多く寄せられている。オストメイトたちは，最低限でも，洋式であり，両手が自由に使えるよう荷物置き棚が備えてあるトイレを探さねばならない。

　この短期大学部では，教員指導の下，学生やその友人80名で，駅やデパート・店舗が集中する中心街の16施設，計250箇所のトイレを，オストメイトにとっての使いやすさの観点から調べた。具体的には，設定した3つの指標（①優しさ，②快適さ，③便利さ）にそって，便座の形態，荷物置きや手すり，洗浄場所，ベビーシートなどをチェックして回り，トイレ施設を5段階に評価し，それを建物地図上に落とした。そして，オストメイト用のトイレ・ガイ

ドとして,オストメイト協会などを通じて配布した。オストメイトたちはそのマップを重宝がった。

　情報に関係なく,オストメイトたちが使いやすいトイレは,施設として物理的に実在するが,情報がなければ,結果的には存在しないのと同じである。この事例は,使いやすいトイレへ,オストメイトたちをアクセスしやすくした取り組みである。それは,基本的な生活機能としての排泄面に目を向け,それに関係する施設環境のもつ情報的側面へ取り組むことによって,人と環境の適合を改善した事例といえる。

　さらには,このようなトイレ評価の試み自体が,トイレ設置や改築の際に参考にされ,地域社会におけるよりよい公共トイレづくりを促す実践活動の一面をもったことにも気づいておきたい。

出典:村田節子　2002　トイレ弱者の立場から見た公的空間の排泄環境の整備と基準化に関する研究　三菱財団事業報告書

　環境的側面については,①物理・空間的,②施設的,③経済的,④道具的,⑤対人・家族・組織・社会的,⑥知識・技術・情報的,⑦歴史・文化的,⑧自然,などといった分類もありうる。いずれにしても,人は環境のこうした複雑さと重層性の中に生活しており,こうした事実への注目を**文脈の中の存在としての人間**と表現する人たちもいる。コミュニティ心理学の実践者は,環境のもつ複雑さを理解し,分け入り,生活者の視点からの取り組みをしていかなければならない。

　章頭の事例は,生活システムのどういう側面への取り組みだったと考えられるだろうか。

2節　「人と環境の適合」をめぐるシステム論・生態学の視座

　人と環境の適合について理解するには,人と環境の相互作用を含む,複雑さと重層性に向かい合うことが避けられない。しかし,その複雑さと重層性に対して,どのように向かい合い,それをどう扱っていくかは,必ずしも簡単な作業ではない。そこにはシステム論や生態学などの助けが必要になる。

　人と環境の適合に関するコミュニティ心理学の理解を前進させるうえで,役立ってきた理論のうち,システム論ないし生態学の視座を含むものをいくつか紹介しよう。

(1) マレルの理論：システム論の観点

　コミュニティ心理学の発展初期において，人と環境の適合の問題の理解に理論的枠組みを提供した研究者の1人は，マレル（Murrell, 1973）である。彼は，コミュニティにおける人や人々の生活，そして，そこでの心理・社会的な不適合の生起と改善について，システム論の観点から理解を進めた。**システム論**は，複数の要素が相互に関係し合い，全体としてまとまった機能を発揮している要素の集合体を，理解・分析するための枠組みを提供しようとする。合目的性，要素，相互依存，上位-下位関係，自己保存，全体性などを主要な構成概念とする。

　人と環境の適合を考える場合，環境の典型例は，職場・学校・家庭・病院・その他の社会システムであろう。人は社会システムの中で仕事をし，生活を送る。社会システムは，その目的達成や存続・発展のために機能を果たさねばならず，そこに所属するメンバーに対して，課業や役割を果たすよう要求する。人は当該システムのメンバーであろうとする限り，システムのこうした要求に応えなければならない。これに対して，人も，それ自身が欲求・期待・価値・能力を有する存在であり，社会システムへ各種の要求をし，期待もする。社会システムが可能な限りの応答をしなければ，人は不満を抱き，やる気をなくしたり，場合によっては当該システムを離れ，社会システムの存続自体が危機にさらされるようなケースも起こるだろう。

　こうしたことについて，マレルは，**問題領域とシステム・アサインメント**の概念を通して，「適合の良さ」を検討している。「問題領域」は，その人にとって関心のある取り組みの領域を指しており，欲求の概念に似ているが，欲求が個体の純然たる内的状態を意味するのに対し，問題領域は，人が当該の環境と交渉（相互作用）しなければならないときの関心領域であるとしている。生存・親和・統制・達成の4つの下位領域を仮定している。そして，問題領域に取り組む一連の行動を「問題解決」と呼んでいる。これに対して，「システム・アサインメント」というのは，社会システム内で個人が占めている特定の場所または位置（ニッチ）のことであり，システムによって容認され，期待され，強化される行動を含んでいる。役割の概念に似ているが，マレルは，社会システムがもつ固有の特徴ある要素をも含みうる概念だ，と強調している（例

えば，都会のA市と田舎のB町の教育委員会では，メンバーシップやその地域の慣習などで，姿勢や機能が異なることがある）。そして，特定の社会システム内での個人のシステム・アサインメントと，特定個人の優先する問題解決の間の一致度が「適合の良さ」にほかならない，とみるのである。

事実，社会システムの中では，「この職場では能力発揮ができない」「私のクラスメートたちは，人が困って助けを求めているときに無関心である」「この役割は，自分には責任が重過ぎる」「あの社員は仕事をしていない」「あの生徒はルール無視がひどいので困る」などの表明や訴えは，日常的になされる。メンバーが，社会システム内の立場で経験する各種の葛藤や軋轢，不平・不満，社会的ストレスは，これらの間の適合の悪さの現れとみることができる。

コミュニティ心理学の実践者が，人と環境の適合の改善を目指す取り組みをするとき，問題領域，問題解決とシステム・アサインメントとの間の一致を目指すという方向性に気づいておくことは有益である。職場領域における取り組みとしてよく知られる，小集団自主管理活動は，システム・アサインメントを拡大ないし柔軟にすることによって，適合が増進された事例とみることができる（北島，2007）。マレル自身も，社会システムを変革する有力な手法として，アサインメントの拡大やメンバーの参加機会の増大に言及している。

個人は複数の社会システムに属しているという事実，そして，個人によって問題領域の優先順位が異なるという事実は，理解の仕方や取り組みを複雑にする。例えば，コミュニティ心理学の実践者が，社会システムの変革に向けて介入しようとするとき，特定個人のことだけを考えるわけにはいかない。社会システムには，いろいろな志向性と立場をもった人々（ポピュレーション）がいて，すべての人を満足させるような変革はありえない。したがって，適合の改善に向けての社会システムへの介入計画は，そのさまざまな問題やシステムの特徴を，事前に把握しておく慎重さが求められる。このことに関して，マレルは，**予備分析**を提案している。予備分析には，①問題領域の識別，②ポピュレーションの優先体系，③集団特性，④システムの要件，⑤ポピュレーションと社会システムの不調和の識別，⑥ポピュレーションの満足，といった事項の把握・査定が含まれる。

章頭の事例における，青少年たちの優先的な問題領域とは何であったのだろ

うか。センターの従来業務が目指した適合と，センターの新しい取り組みが目指した適合を比較してみよう。

(2) バーカーとウィッカーの理論：生態学的心理学の観点

　バーカー（Barker, 1968）は，心理学研究に発展をもたらした実験室や観察場面の研究方法は，あまりにも人為的なものであり，より自然な事態での人間行動の理解が必要であるとして，生態学の手法を採用する必要性を強調した。**生態学**は，有機体が気候・地理・物理的な自然の生活環境の中で，どのような適応を果たしているかを探求する生物学の一分野であり，資源，階層，相互作用，移行，競争，共生，分布などを代表的な構成概念とする。

　バーカーは，人間の活動生態を観察・記述する基本的単位として「行動場面」を考えた。**行動場面**は，生活諸場面から識別・選定される必要がある。それは，人間にとってのリアルな物理的・社会的な環境であり，①境界を有すること，②態度や動機といった心理学の構成概念を超えて触知可能であること，③人・物・ことを含む種々の要素により構成され，かつそれらが「シノモルフィック（類似形態的）な関係」（活動と物が矛盾なく適合しているような関係）をもつこと，④構成要素間には相互依存的な結びつきがあること，⑤行動場面プログラム（事業や活動計画など）をもっていること，⑥メンバーは交代可能であること，⑦生きているシステムとして自己調節機能をもっていること，を要件としている（行動場面の識別方法については，バーカー（1968）やウィッカー（Wicker, 1984）の著書に譲る）。

　例えば，学校の授業場面は１つの行動場面である。それは，教師・生徒といった人的要素，教室・机・椅子・黒板・VTR機材といった物理的・道具的要素，時間割・授業内容といったプログラム的要素から構成され，これらの間の結びつきと相互依存（作用）関係を通して展開される。教室は他と隔てる境界である。固定式の机・椅子は，教師と生徒はいつも正対することを強いるし，可動式のものであれば，正対・班別・車座など構成は柔軟なものとなる。教師は講義や資料などを通して教え，質問を生徒に投げかけ，課題を与える。生徒は，講義に耳を傾け板書を書き取り，教師に質問し，課題に答えようとする。朝の一定時間に始業し，午後の一定時間に終業する。時間が不足する場合，補

講措置がとられることもある。

　物理的配置関係やプログラムが安定したものであれば，そこでのメンバーたち（教師や生徒）は誰であれ，似たような行動パターン（定立型）をとるようになる。心理学は，どちらかといえば，人の自由意志や逸脱行動の方に関心を払う傾向があるが，この行動場面の理論は，人間の日常行動に，直接的で持続的な影響力をもつ，環境の実相の方にわれわれの目を向けさせる。

　行動場面理論が威力を発揮するのは，行動場面が目的を達成できなくなったり，そこで問題が頻繁に起こるようになるときである。停滞している授業場面をいかに活性化させるか。混雑で客が苛立ち，従業員も疲れきってしまうような業務場面をいかに改善するか。町のことに無関心となっている住民たちの活動参加場面をどう工夫していくか。行き詰った相談活動をどう効果的にしていくか。行動場面の理論は，「人・物・こと」といった人間活動の場の基本的構成と，それらのダイナミックな関係からの検討を可能にしてくれる。

　例えば，章頭の取り組みは，地域において，非行や不登校の子どもたちが新しい行動場面を経験することで，大きな成長変化が芽生えた事例と考えることができるだろう。相談室といった既存の行動場面では，将来的な意味での出口を見いだせずにいた子どもたちが，就業体験といった新しい人・物・こと（プログラム）の間におけるシノモルフィックな関係，ひいては行動の新しい定立型を経験することで，社会人としての行動様式を学び，仕事をして給料がもらえることの喜びを感じ，人生のモデルに出会い，自分自身の可能性に出会った過程として理解できる。

　行動場面においては，プログラムがあり，それらを遂行する人々がいる。プログラムを円滑に遂行するのに必要とされる人手が，①適正，②不足，③過剰であるかによって，行動場面のスタッフや参入者の心身の状態も異なってくる。こうした観点からの研究は，「人員配置理論」として知られている。バーカーとガンプ（Barker & Gump, 1964）は，必要な学校行事やクラブ活動をこなすうえで，慢性的に人員不足状態にある生徒数の少ない小規模高校と，これらが適正人員状態の中規模高校，そして，これらが人員過剰状態にある大規模高校について，行動場面の数や参加人数，役割，満足感などを調べ，比較している。人員不足状態にある小規模高校の生徒たちは，より多くの行動場面に参

加し，責任ある役割を果たし，満足感も高かった。
　しかし，人員不足状態は，スタッフにおいては業務過重感やストレス，客においては疲労感などを生み出し，事故発生の原因となることもある。ウィッカー（1984）指導のもと，4人の大学院生たちが，アメリカ・カリフォルニア州のヨセミテ国立公園（年間の観光客が275万人を超え，7月と8月だけでも約100万人の来園者がある）におけるサービス行動場面の混雑状況について調査を実施し，『混雑の解消のための方策』（Wicker & Kirmyeyer, 1976）として公園事業団に提言を行った研究などは，ユニークである。

【調査研究】　精神病院のリロケーション効果に関する生態心理学的研究
　　　　　　―移転前後の病棟における自然観察調査から―

　精神病院の全面改築・敷地内移転の機会を利用して，移転前後の病棟における患者行動の変化，患者と医療スタッフの相互行動の変化を比較した，自然観察研究（箕口ら，2000）を紹介しよう。
　この病院は定床数659で，病棟数11（閉棟5，開棟5，専門1）であった。建替工事は1996年から開始され，1999年2月に完成している。病棟移転に伴う大きな環境変化は，①病室・ナースステーション・食堂ホール等の配置構造が病棟間で統一されたこと，②ガラス窓や鉄製ドアで仕切られていたナースステーションに，食堂ホールに通じる受付カウンターが作られたこと，③食堂ホールに隣接して，壁で仕切られた喫煙室が作られたこと，④すべての病棟が「男女混合」となったこと，であった。
　研究対象となったのは，そのうちの2つの病棟（男女混合開放棟→A棟，男子開放棟→B棟）である。観察が行われた行動場面は，食堂ホール（観察者3〜4名）とナースステーション（観察者2名）で，患者やスタッフの行動と会話をその場で逐語的に記録するという方法が用いられた。観察1セッションを30分として，1日3セッションが実施された。
　まとめられた観察記録は，KJ法を用いた分類検討を経て，4つのカテゴリー（相互行動①：接近行動（患者からスタッフへの接近・会話），相互行動②：援助行動（スタッフから患者への働きかけ），独立行動①：自発行動（患者の主体的行動），独立行動②：孤立行動（患者の孤立・没頭行動））に再分類され，データとされた。
　これらの行動カテゴリーの生起頻度について，移転前後で比較したのが下表である。移転が，A・Bの両棟ともに，患者からスタッフへの接近行動の増加をもたらしていること，また，B棟の患者の食堂ホールにおける孤立行動の著しい減少をもたらしていることがわかる。スタッフからの援助行動は，A棟ではナースステーションにおいて，B棟では食堂ホールにおいて，移転後に増加

していた。

観察された移転（リロケーション）効果は，物理的環境の変化（施設配置構造が変わったこと）と社会的環境の変化（すべて男女混合棟になったこと）によって少なからずもたらされた，とここでの研究者たちは考えている。

表　A棟・B棟における行動カテゴリー別頻度（箕口ら，2000）

行動カテゴリー	A棟 ナースステーション		A棟　食堂ホール		総計	
	移転前	移転後	移転前	移転後	移転前	移転後
相互行動（接近）	20 (24%)	29 (32%)	63 (28%)	68 (35%)	83 (27%)	97 (34%)
相互行動（援助）	16 (19%)	26 (29%)	35 (16%)	16 (8%)	51 (16%)	42 (15%)
独立行動（自発）	45 (53%)	22 (24%)	95 (42%)	91 (47%)	140 (45%)	113 (40%)
独立行動（孤立）	4 (5%)	14 (15%)	32 (14%)	20 (10%)	36 (12%)	34 (12%)
行動カテゴリー	B棟 ナースステーション		B棟　食堂ホール		総計	
	移転前	移転後	移転前	移転後	移転前	移転後
相互行動（接近）	6 (18%)	16 (28%)	14 (12%)	33 (16%)	20 (13%)	49 (19%)
相互行動（援助）	18 (55%)	26 (45%)	10 (9%)	38 (19%)	28 (19%)	64 (25%)
独立行動（自発）	8 (24%)	12 (21%)	61 (52%)	103 (51%)	69 (46%)	115 (44%)
独立行動（孤立）	1 (3%)	4 (7%)	32 (27%)	28 (14%)	33 (22%)	32 (12%)

出典：箕口雅博・高畠克子・高橋　直・浅井健史　2000　ある精神病院のリロケーション効果に関する生態心理学的研究—移転前後の病棟における自然観察調査から—　日本コミュニティ心理学会第2回大会発表論文集，14-15.

(3) ブロンフェンブレナーの理論：生態学・システム論における階層性の観点

「上位-下位」，あるいは「ミクロ-マクロ」の階層性は，生態学やシステム論における主要概念の1つである。こうした観点から，コミュニティ心理学関係の著書・論文に引用されることの多いのが，ブロンフェンブレナー（Bronfenbrenner, 1979）のモデルである。彼は，人間生活を取り巻く社会的環境について，4つのレベルを想定しており，次のとおりである。

①ミクロ・レベル：標準ベースで，個人が直接的で対面的な相互作用をもっている環境（例：家庭，学級，学校，職場集団，クラブなど）。

②メゾ・レベル：個人が直接参加している複数のミクロ・システム間の結びつき（例：家庭-学校（三者面談や保護者会），病院-患者の家族など）。

③エクソ・レベル：個人は直接参加するわけではないが，個人や個人が参加するミクロおよびメゾレベルのシステムに影響を及ぼす環境（例：子どもにとって親の働く職場，教育委員会，行政の方針など）。

④マクロ・レベル：優勢なイデオロギーや社会構造を決定する大きなスケールの環境（例：労働市場，景気，文化，政治など）。

このレベルを活用して，地域の子育て支援の活動や制度を整理したり（武田，2006），大学における学生相談の拡大的な取り組みを提案したり（吉武，2005），スクールカウンセラーが視野におくべき範囲を生徒の目線から示したり（逸見，2003）している。各レベルは同心円の形で図解されることが多いが，クロスして結び合う「入れ籠状のシステム」として理解することが大切である。

なお，この理論は，もともと児童発達に関する理論として生まれていることにも注意を払っておきたい。それまでの発達理論があまり目を向けようとしなかった，社会環境と子どもの関係に光を当て，子どもにとっての環境との関係の進展・拡大，およびその経験の内在化の中に発達をみようとしたのである。子どもは，母親→遊び友達→小・中・高校（勉強，友人，サークル）→大学（寮生活，自治会，アルバイト，ボランティア，資格・免許，専門知識）→職場・家事（社会・組織の規則，経済的自立，仕事や家庭のパートナー，子育て）といったように，重要な関わりの範囲を拡大していく。このことは，各レベルのさまざまな要素を，自己の内部に徐々に組み込んでいく過程にほかならならず，**生態学的移行**と呼ばれている。生態学的移行は，生活出来事を機会に行われることが通常である。

章頭の取り組みは，問題を抱える青少年たちに，生態学的移行が試みられた事例と考えることもできよう。

(4) ムースの理論：環境場面の雰囲気の観点

人と環境の相互作用の結果は，環境場面の雰囲気（ないし社会的風土）となって現れてくる。もし，こうした状態の把握が可能であれば，環境を理解する助けとなるだろう。ムース（Moos, 1974）やクロンカイトら（Cronkite et al., 1984）は，環境場面に対する知覚を集めて（各個人の反応を平均化するという手法），**環境場面の雰囲気**や社会的風土に関するプロフィールづくりを試みている。

病棟雰囲気スケール（WAS）に始まり，家族・職場・学校・刑務所などさ

表2-1 8種類の環境場面における知覚された社会風土の次元 (Moos, 1974)

環境の種類	関係性の次元	個人的発達の次元	システム維持と システム変革の次元
治療場面			
病院とコミュニティ プログラム	連携 援助 自発性	自治 現実的な態度決定 個人的問題の態度決定 怒りと攻撃性	秩序と計画性 明瞭性 コントロール
統制的な組織場面			
相互関係的な組織	連携 援助 表出性	自治 現実志向性 個人的問題志向性	秩序と計画性 明瞭性 コントロール
軍隊の一団	連携 同輩の結合 士官の援助	自律	秩序と計画性 明瞭性 士官のコントロール
教育場面			
集団生活の大学生	連携 情緒的援助	自律 伝統的社会志向性 競争 学問的な到達 知性	秩序と計画性 学生の影響性 革新
中学校と高校の教室	連携 友好関係 教師の援助	課題志向性 競争	秩序と計画性 規則の明瞭性 教師のコントロール 革新
コミュニティ場面			
労働環境	連携 同僚の結合 スタッフの援助	課題志向性 競争	仕事の圧力 明瞭性 コントロール 革新 身体的な快適さ
社会的集団, 課題中 心で治療的な集団	結合 リーダーの援助 表出性	自律 課題志向性 自己発見 怒りと攻撃性	秩序と計画性 リーダーのコントロール 革新
家　庭	結合 表出性 葛藤	自律 達成志向性 知的文化的志向性 活動的な余暇への志向性 道徳-宗教の強調	計画性 コントロール

まざまな環境場面の雰囲気尺度を開発している．それぞれの環境場面は，目的や機能に相違があり，したがって，大切にされる価値や行動も異なる面があることに留意しながら，尺度が作成されていることが特徴である（表2-1）．

なお，この表については，①関係性，②個人発達，③システム維持とシステム変革，の３つの次元で整理されていることにも注意したい．それぞれの環境場面によって，大切にされるものは違うけれども，これらはどのような環境場面にも共通する尺度次元だとムースは述べている．また，①と③については，内容に普遍性がありそうだが，②については環境場面のみならず社会文化的な影響で違いがありそうだ，とも付け加えている．

3節　人と環境の「心理・社会的適合」に向けて

(1)「心理・社会的適合」について

コミュニティ心理学の実践者が，人と環境の適合の改善に向けて，事前の査定を行ったり，介入方略の検討をするとき，直面するのは，何をもって「適合」と考えるかである．適合をどう理解するかによって，介入や支援の目的・方法・対象も大きく異なってくる．

先に紹介した「生活システム」の視点，あるいは４つの理論は，環境をどのように把握・理解したらよいかが主目的であり，適合の問題はそうしたモデルの延長において触れてきた．その意味では，限定的な理解に止まらざるをえなかった．

この節では，適合の問題を，心理・社会的な側面に絞り，かつ，もう少し一般的な視点から整理することにしよう．

人と環境の「心理・社会的適合」について，北島（2006）は，次の３つの立場があると指摘している．

1) 社会的交換関係における調和性・寄与関係　これについては，すでにマレルの理論を通して理解した内容と重なる部分が多い．学校・職場・地域社会などの社会環境の中にあって，人は生活や活動を営む．しかし，その関係は一方的なものでなく，普段から相互に交渉したり，相互に依存・作用し合うという「社会的交換」関係の中で成立している．つまり，人は，能力や欲求・期

待，行動などを通して社会システムなどの環境に関わり，また，社会環境は，その使命や要請に由来する課題の達成や活動の実行を，メンバーないし参加者に求める。人は，無限の時間や資源をもてるわけではないので，「費用（コスト）－報酬（リウォード）」の均衡関係も影響してくる。

これらの関係に，不一致や離齬，偏りがある場合，人はストレスや能力不足の感情をもったり，自分の能力が発揮できない物足りなさや期待はずれの感情を抱き，ドロップアウト・逃避・攻撃などの行動を示す。こうした不均衡が広範囲に，もしくは重要な領域で起こる場合に，問題は深刻さを増す。

コミュニティ心理学の実践者は，当の現場に出向き，人と社会環境の双方のニーズや不満感をしっかり査定し，それらがより調和的になるような調整を目指す介入計画を立てる必要がある。

社会的疎外や無力性に根ざしている問題の場合には，社会環境側の感受性を高めること，また人あるいは人々に対しては，エンパワメントできるよう働きかけることが大切である。

2) 環境知覚ないし学習　人はある環境に参加するとき，それが自分にとってどのような環境であるかを知ろうとする。イテルソン（Ittelson, 1970）は，「環境知覚」という考え方を提唱し，次の4つの過程でもって説明している。

①個人の情動的反応：「この場面は自分にとって居心地のよいものか」「この場面は，私の要求をかなえてくれるだろうか」など，満足度のレベルを基礎とする反応群。

②個人の定位反応：「この場面では何が行われているだろうか」「どうすれば自分はそれに融け込めるだろうか」など，自分の位置づけを図る反応群。

③分析カテゴリーの発見と識別：「私のこれまでの経験から出てくる見方の中で，どんなものがここでは有効なのだろうか」「この場面を理解するのに，私が学ばなければならないことや行動は何だろうか」など，場面への適応に向けた一連の観察と発見。

④環境で生じた偶発事件の分析：「この場面のこの特徴は，この場面のあの特徴とどのように関連しているのだろうか」「自分がこのように行動したら，どういうことが起きるのだろうか」など，予測可能性を高めるような一連の分

析。

　人と環境の適合についての心理学的な説明という点で，この「環境知覚」のすぐれているところは，環境の中にあって人が抱く知覚，ひいては感情・行動を自然なプロセスで追っていること，そして，時間経過の中で，環境に関連する行動や知識についての**学習**の視点を併せもっていることである。

　コミュニティ心理学の文献では，「……のモデルとなった」，ないし，その類似表現の記述を見いだすことができる。例えば，三島（2001）は，精神障害回復クラブがもっているセルフヘルプ・グループとしての機能を明らかにするため，そこでのメンバーを対象とした調査を実施し，その結果について，「最終的には二つの重要な要素が浮かび上がってきました。一つが，モデリングであり，もう一つが，他者に役立つ体験（傷つき体験・喪失体験など）ということでした。……モデリングによって，仲間からの成功への生きた見本を示し続けられることによって，メンバーは，グループのイデオロギーと同化するようになり，それを通じて問題の統制を獲得します。そのことで，自己像と問題のとらえ方が修正され……」と報告している。これは，人と環境の適合において，「学習」といったプロセスの重要さにふれたものである。

　そこでのメンバーたちに，学習の手がかりを数多く準備し，提供しうる環境は，人をより適合的にするだろうということ，また「学習する社会システム」は，より対内部・対外部の関係において適応的となるであろう，ということである。

3） 社会構成主義　　人と環境，あるいはそれらの関係について，私たちは抜きがたい常識（集合体が共有している概念の枠組み，ないし「集合流」）をもち，こうした前提に基づいて役割をこなし，行動することが多い。例えば，ある地域社会が，「行政は住民にサービスを提供すべきもの，住民はサービスを受け取るべきもの」という常識に支配されているような場合，どちらかといえば，行政依存型の一方通行的な関係になりがちである。しかし，「行政と住民は，まち運営の共同主体者なのだとして位置づけが広まり，まち情報の共有と双方向コミュニケーションが進む」ならば，両者による協働の機会と関係が生み出されやすくなるであろう。

　近年の「社会構成主義」が主張しているのは，世の中で常識とされているも

のの根拠が，実は必ずしも明確でないことに気づいておく必要があるということであり，日常の生活諸場面でわれわれが経験・観察するモノ・コトや関係は，「社会的な構成物」とみて，そこに不適合を含めた行き詰まりや限界がある場合，その**社会的再構成**こそが，新しい関係と諸活動，ひいては適合を切り開く原動力となると考えている（Gergen, 1994）。わが国においても，この観点からの社会的実践の新しい潮流が形成されつつある（杉万，2005，2006）。

「人と環境の心理・社会的適合」の改善にとって，役割や関係の「あたりまえ感」や「もっともらしさ」は，現状維持や閉塞状況を招きかねないというこの考えは，コミュニティ心理学の取り組みにとって刺激的であり，かつ示唆深い。

なお，ガーゲン（Gergen, 1994）によれば，このような社会的再構成は，解体（疑うこと）→民主化（どのようにすればよいかを，議論し合うこと）→再構成（新しい枠組みをつくること）の道筋を進み，そこでは過去と現在が統合され，未来への軌跡が示される，という。

(2) 介入のレベル

システム論や生態学理論における階層性については，ブロンフェンブレナーのモデルでみてきた。コミュニティ心理学の実践者が，人と環境の適合の回復や増進に向けて介入を計画しようとする場合，この階層性に着目して，取り組み方法を整理したり，対象範囲を検討していくことは有益である。余分な混乱を防ぎ，さらには，他のアプローチとの連携や整合性を図るうえで，あるいは補足的ないし追加的な取り組みを考えるうえでも役立つ。

マレル（1973）が提示した6つの**介入のレベル**について，簡単に紹介しよう。彼が示したレベルは次のとおりである。

①個人の再配置：個人を別の社会システムへと移し，組み合わせを変えることにより，適合を回復させる。

②個人への介入：個人に焦点を当てた介入。社会システムの受け入れをよくするために，個人の内的要素（能力・パーソナリティなど）や行動様式を改善する。

③ポピュレーションへの介入：社会システムとの間で不適合状態にある人々，

そうした可能性のある一群の人々（「リスク・ポピュレーション」）に焦点を当てた介入。予備知識を与えたり，対処方法を学ぶ。

④社会システムへの介入：環境としての社会システムに焦点を当てた介入。社会システムと，そこでの人や人々との間の不適合を改善するために，社会システムの機能や構造に変革を導入する。

⑤社会システム間介入：複数の社会システム間を調整する介入。システム間の葛藤を低減したり，システム間がより協調した取り組みができるよう，さまざまな調整を図る。

⑥ネットワーク介入：全コミュニティ規模の介入。コミュニティが抱える不適合の改善に向けて，問題の感受性を高め，かつ種々の社会システムをネットワーク化して取り組む。

章頭の事例は，どのレベルの取り組みとみることができるだろうか。また，そうした取り組みにおいて，介入者ないし実践者が備えておくべき姿勢や態度には，どのようなものがあるだろうか。

(3)「人と環境の適合」の回復・増進とコミュニティ心理学のアプローチ

最後に，人と環境の適合の回復・増進に向けての取り組みの方向性について述べる。基本的には，次の3通りを考えることができる。実際に，コミュニティ心理学の諸アプローチは，これらのいずれか，またはその組み合わせをとっている。

①「順応」：教育・情報提供・相談などの支援を通して，人または人々の能力・行動・認知を強化したり，それらの変容をすることで，環境との適合を図る。

②「環境調整」ないし「環境変革」：環境のもつ構造・機能に変容を働きかけたり，社会資源へのアクセスやネットワーク化を進めることで，人または人々との適合を図る。

③「社会的再構成」：人と環境，およびその関係についての新しい見方と，それに基づく活動や相互作用を通して適合を図る。

以上,「人と環境の適合」について,いろいろな角度,特にシステム論や生態学の視点からの主要理論を通して,理解してきた。人と環境の適合は,人が経験する知覚・認知の面からいえば,「この場は居心地がよい」「自分の力を発揮できる」「メンバーは私を受け入れてくれる」などとして表現されることが多い。しかし,環境は種々の要素から構成され,多様な側面をもち合わせ,さらには,相互作用や相互依存関係を伴う入れ籠状の階層構造をなしている。ある側面やある部分で適合を果たすことが,他の側面や部分,あるいはそれらの関係において連鎖的に作用し,好循環をもたらすこともある。その一方で,これらに歪みや不適合を新たに生起させてしまうようなこともある。また,そもそも,適合の良さをどういうものと考えるかによっても,多様なアプローチの工夫の余地がある。

人と環境の適合の問題は,コミュニティ心理学にとって,旗揚げ時点からの古いテーマであるが,理論面でも実践面でも豊かなフロンティアであり続けている。

キーワード

人と環境の適合　レヴィンの方程式　生活システム　文脈の中の存在としての人間　システム論　問題領域とシステム・アサインメント　予備分析　生態学　行動場面　生態学的移行　環境場面の雰囲気　学習　社会的再構成　介入のレベル

◆課　題

①章頭の事例に登場するような地域の事業所に出かけて,行動場面の観察を行いなさい。その場面が,従業員に対して求める行動や態度にはどのようなものがあるか,列挙しなさい。

②あなたの身近で生起している「人(ポピュレーション)と環境の間の不適合」の事例のうち,何とかしなくてはならないと思えるものを2つ挙げなさい。それは,どのような人(ポピュレーション)と,どのような環境の間で起こっているものであり,どのような性質の不適合であったか,記述しなさい。

③②で挙げた2つのケースについて，不適合の回復ないし適合の増進を図るとすれば，あなたはどのような方向をもった，また，どのようなレベルの介入を考えますか。あなたの考えを示しなさい。

④「大学における教員と学生」「病院における医者と患者」「ボランティア活動における支援者と被支援者」について，「社会的再構成」を試みなさい。また，再構成の結果として，期待しうる両者の関係（行動を含めて）について述べなさい。

引用文献

Barker, R. G. 1968 *Ecological psychology: Concepts and methods for studying the environment of human behaviour.* Stanford University Press.

Barker, R. G., & Gump, P. V. (Eds.) 1964 *Big school, small school: High school size and student behavior.* Stanford University Press.（安藤延男監訳 1982 大きな学校，小さな学校——学校規模の生態学的心理学 新曜社）

Bronfenbrenner, U. 1979 *The ecology of human development: Experiments by nature and design.* Harvard University Press.（磯貝芳郎・福富 護訳 1996 人間発達の生態学 川島書店）

Cronkite, R., Moos, R., & Finney, J. 1984 The context of adaptation: An integrative perspective on community and treatment environments. In W. O'Cornor & B. Lubin (Eds.), *Ecological approaches to clinical and community psychology*, Ch.9. Wiley.

Gergen, K. J. 1994 *Toward transformation in social knowledge* (2nd ed.) Sage Publications.（杉万俊夫・矢守克也・渥美公秀監訳 1995 もう一つの社会心理学——社会行動学の転換に向けて ナカニシヤ出版）

逸見敏郎 2003 学校における「心」の取り上げ方に関する考察——『心のノート』とスクールカウンセリング 立教大学社会福祉研究，**23**，15-25.

Ittelson, W. H. 1970 Perception of large-scale environment. *Transaction of the New York Academy of Sience*, **32**, 807-815.

Lewin, K. 1951 *Field theory in social science.* Harper.（猪股佐登留訳 1956 社会科学における場の理論 誠信書房）

北島茂樹 2006 人と環境の適合 植村勝彦・高畠克子・箕口雅博・原 裕視・久田 満編 よくわかるコミュニティ心理学 ミネルヴァ書房 pp.20-23.

北島茂樹 2007 職場の事故防止と安全衛生 日本コミュニティ心理学会編 コミュニティ心理学ハンドブック 東京大学出版会 pp.674-678.

三島一郎 2001 精神障害回復クラブ——エンパワーメントの展開 山本和郎編 臨床心理学的地域援助の展開——コミュニティ心理学の実践と今日的課題 培風館 pp.164-182.

Moos, R. 1974 *Evaluating treatment environments: A social ecological approach*. Wiley.
Murrell, S. A. 1973 *Community psychology and social systems: A conceptual framework and intervention guide*. Human Sciences Press.（安藤延男監訳 1977 コミュニティ心理学―社会システムへの介入と変革 新曜社）
Orford, J. 1992 *Community psychology : Theory and practice*. John Wiley & Sons.（山本和郎監訳 1997 コミュニティ心理学―理論と実践 ミネルヴァ書房）
Rappaport, J. 1977 *Community psychology: Values, research and action*. Holt, Rinehart & Winston.
杉万俊夫 2005 社会構成主義とコミュニティ・アプローチ コミュニティ心理学研究, **9**(1), 60-75.
杉万俊夫編 2006 コミュニティのグループ・ダイナミックス 京都大学学術出版会
武田信子 2006 子育て支援と地域実践心理学 中田行重・串崎真志編 地域実践心理学―実践編 ナカニシヤ出版 pp.49-61.
Wicker, A. W. 1984 *An introduction to ecological psychology*. Cambridge University Press.（安藤延男監訳 1994 生態学的心理学入門 九州大学出版会）
Wicker, A. W., & Kirmyeyer, S. L. 1976 What the rangers think. *Parks and recreation*, October, 28-30.
山本和郎 1995 生活者としてのクライエント理解 山本和郎・原 裕視・箕口雅博・久田 満編 臨床・コミュニティ心理学 ミネルヴァ書房 pp.36-37.
吉武清實 2005 改革期の大学教育における学生相談―コミュニティ・アプローチモデル 教育心理学年報, **44**, 138-146.

第3章
予 防

植村勝彦

うつ病：自殺を防げ～秋田県合川町の取り組み

　自殺者は1998年に全国で年間3万人を超え、年齢別では中高年が最も多く、その多くがうつ病を患っていたという傾向は、現在も変わらない。

　人口8,000人の秋田県合川町は、その3分の1が高齢者で、自殺の割合が高いこともあって、町の保健センターでは秋田大学医学部と連携して、町ぐるみの取り組みをしている。町では1ヶ月をかけて50項目からなるうつ傾向を調べるアンケートを実施したところ、2,000人中167人にうつ病の傾向があり、5人が重度のうつ病、72人が要注意、90人が軽度のうつ傾向であることが判明した。「この1ヶ月間に死にたいと思ったことはありますか」に、「はい」と答えた人は1割近くもあった。

　これらの人々の特徴は、①居住地が町の中心から外れたところ、②一人暮らしよりも、家族との同居者の方が多い（167人中9割以上が同居）ことであった。「家族に迷惑をかけて心苦しいと思うことがありますか」の質問に、同居老人の53%が「週に一度はそう思う」と答えており、物理的孤独（独居）は、周囲が気遣うので比較的孤独は感じないが、心理的孤独（家族同居）は、農作業や家事など、家族内での役割がなくなって自分は不要な人間と感じたり、異世代との同居で価値観の違いからギャップを感じ、迷惑をかけていると自分を追いつめやすい、と解釈されている。高齢者のうつ病のきっかけには、社会での役割の縮小、経済的問題、身体的機能の低下、配偶者や知人の死、の4つの要因が大きいといわれ、うつの兆候に周囲が早く気づくことが強く求められる。

この結果をふまえて，町の保健センターの保健師や看護師を中心とするスタッフ4人は，「うつの傾向あり」と診断された人々を定期的に見回って，体の調子や心配事などの話を聞き，個別の記録を書き，秋田大学へ持って行くと，医師による個別の所見がセンターに打ち返されてくる仕組みになっている。「病院での診断を勧める」などの所見に基づいて，スタッフは個別の対策を立てる（訪問回数を増やすなど）。また，各地区の公民館では，月1回，ボランティアと保健センター合同で「いきいきサロン」が開かれ，食事を作る昼食会やゲームなどをして，とじこもりがちな高齢者の交流を図っている。

　そうした取り組みの最中にも，また自殺者がでてしまった。その1人は，アンケートで「軽いうつあり」と診断された人で，不運にも，スタッフの人手不足で戸別訪問の対象から外れていた人であった。「要注意」の72人のサポートだけでスタッフは手一杯で，軽度の90人をどうするかが緊急課題とされた。町は住民の中から相談員を養成することとし，6回にわたる講座を開催し，修了者38人を相談員として採用した。相談員は，スタッフの手の回らない軽度の人たちを週1回訪問し，センターに報告することで対応している。

　心の健康づくりは地域づくりでもあり，医師，保健師，看護師，ボランティアが住民と連携し，ネットワークを作ることで見守りの目ができ，取りこぼしがあってもどこかで拾える体制が整うことが望まれる。自殺を未然に予防し，また，うつを早期発見・治療する取り組みには，地域住民の意識変革が大切であることを，この事例は物語っている。

2003.9.9 NHK：ETV 放映「うつ病：自殺を防げ」http://www.nhk.or.jp/fukushi/utsu/file/02.html をもとに構成。
　参照：西所正道「十年連続自殺率一位　秋田県の謎」文藝春秋 2006 年 1 月号，338-346.

　予防はコミュニティ心理学の中心テーマの1つである。章頭の高齢者の自殺予防に限らず，このところ社会問題化している，虐待やドメスティックバイオレンスといった犯罪がらみのものから，いじめや不登校，引きこもりなど青少年に関わるもの，高齢者を抱える家族介護者やヒューマンサービス従事者のバーンアウト（燃え尽き），さらには交通事故など，予防はわれわれの生活の多様な場面で大きな意味をもつテーマである。

ダッフィとワン（Duffy & Wong, 1996）は，その著書でコミュニティ心理学の基本理念を10個挙げたが，その最初に「治療よりもむしろ予防」を置き，治療の段階は介入のプロセスとして遅すぎることをその理由とした。1990年から今も続くアメリカのヘルシーピープル計画（Healthy People 2000；2010）は，国家健康予防戦略として位置づけられ，予防は有効な投資であるとして，財政的視点による費用効果分析の結果からもこれを明らかにしている。

　例えば，高齢者が寝たきりになる大きなきっかけ要因として挙げられる，転倒骨折を考えてみよう。骨折手術後，歩行のためのリハビリを怠って寝たきりになった場合，その人の生涯にわたる医療費，介護費などの日常の費用は莫大なものとなろう。一方，エクササイズやトレーニングの機会を，コミュニティ内の公共施設などを利用して定期的に提供し，転倒しない体作りをする場合，費用はインストラクターの講師代や施設の借り上げ費程度で済むだろう。仮に骨折しても，手術直後から歩行リハビリを積極的に行い，再度歩けるようトレーニングすれば，当座の医療費用で済むだろう。あるいは，コミュニティ心理学の人と環境の適合の理念に照らして，環境に目を向けて，家屋内の転倒しやすい場所や家具などを点検・補修することで，転倒を予防することもできるだろう。アメリカでは，予防は，市民が健康で幸福であり続けることを支援する，最も効果的な方法と考えられている。わが国でもこれにならって，「健康日本21」が2001年よりスタートしている。

　このように，高齢者の寝たきり予防や自殺予防，青少年の喫煙予防など，健康に関わる問題についての予防（予防医学）は理解されやすいものだが，コミュニティ心理学が扱う予防はそれに留まるものではない。以下にその一端を紹介するが，その前にまず，コミュニティ心理学における予防の簡単な歴史を述べることから始めよう。

1節　予防についての簡単な歴史

　コミュニティ心理学における予防への関心は，19世紀の公衆衛生運動にそのルーツをもっている。赤痢や天然痘などの伝染病の拡散が，人の側への処置（ワクチン注射や教育活動）や，環境の側への処置（病原菌の繁殖源の根絶や

衛生設備の改良）によって予防できることが発見されたことを受け，20世紀の中盤，精神保健の研究者や実践家は，身体的健康と同様，精神的健康問題への予防パラダイムの可能性を探索し始めた。

1960年代の時代精神は予防への関心を引き起こし，1963年に，アメリカ大統領J. F. ケネディは，「精神障害者と精神遅滞者に関する教書」の中で予防への称賛を謳いあげた。後に紹介するヘッドスタートは，この時代の最もよく知られかつ広範な，教育への予防プログラムである。そして，第1章で述べたように，これと時を同じくし，1965年，臨床心理学者たちが集まって，コミュニティ心理学を新しい学問として確立することを目指して旗揚げをしたボストン会議では，予防は精神保健における1つの重要な概念として位置づけられた。

1970年代以降，予防は多様な場面で取り上げられ，大方の支持を獲得するに至っているが，批判がないわけではない。例えば，ラムとザスマン（Lamb & Zusman, 1979）は，精神障害と犯罪や貧困などとの関連は認めるが，因果関係は確立されていないと主張し，仮に因果を認めるにしても，精神障害を予防するために，予防プログラムが社会環境に十分大きなインパクトをもっている証拠は何もないと論じた。彼らは，個人内要因（遺伝など）がおそらく精神障害の主要な原因であり，予防プログラムはそれらの原因を修正はするが，決して予防はしないと主張している。

1990年代に，予防は1つの研究領域として確立したようにみえる。いくつもの包括的な文献レビューが，予防の有効性を明らかにした。特に，ダーラックとウェルズ（Durlak & Wells, 1997, 1998）は，300以上の予防的介入に関する研究にメタ分析を行い，プログラム参加者群の成績は，まだどのような兆候も示していない人々に対して行われたプログラムでは59％から82％，不適応の初期の兆候を示してはいるが，まだ重篤な状態には至っていない人へのプログラムでは70％，それぞれ統制群の成績をしのいでいることを明らかにしている。つまり，ほとんどの予防的介入は有意に問題を低減しており，そして，少なくとも，うまく作られた治療志向の介入と同じくらいに効果的であることを見いだした。なおメタ分析とは，独立に行われた複数の研究結果を要約して記述する統計的手法である。

1 予防についての簡単な歴史

ところで,ある母集団における疾病の広がりの割合やその強さ,および原因の推定などの研究は**疫学**と呼ばれる。疫学には発症数と有症数という重要な概念があり,**発症数**は特定の期間中に母集団において生起するある疾病の新たな事例数をいい,一方,**有症数**は特定の時点での母集団におけるある疾病の事例の総数を指す。発症数は有症数よりも予防的介入の効果のより敏感な数値であり,それが増大していれば疾病はより大きく広がっていることになり,また発症数が減少していれば収束に向かっており,その疾病の広がりを減らすための介入がうまくいっていることを表している。

疾病の発症数を減らす重要な要素の1つは,個人が疾病にかかる可能性に影響を及ぼす要因を同定することである。疾病の増加する広がりと関連する特質は**リスク要因**（危険因子ともいう）と呼ばれ,一方,疾病の可能性を減じる傾向のある特質を**保護要因**（保護因子ともいう）と呼ぶ。これらには個人的なものや行動的なもの,環境的なものがありえる。章頭のうつ病を例にとれば,配偶者の死（個人）やひきこもり（行動），山間の一軒家（環境）などはリスク要因であり，社交的な性格（個人），いきいきサロンへの参加（行動），保健師の頻回な戸別訪問制度（環境）などは保護要因となるだろう。うつ病に影響を及ぼすリスク要因と保護要因のうちの重要なものがわかれば，そして，それを支える効果的なプログラムが開発されるならば，うつ病の発症数は大きく減少し，自殺予防に貢献することになるだろう。

疫学者や公衆衛生の専門家は，生物学に基づいた伝染病だけでなく，疾病や障害の概念を広げてきており，今日では精神保健領域に留まらず，暴力犯罪や交通事故，青少年のアルコールや薬物問題，などについても発症率や有症率を定期的に監視している。コミュニティ心理学研究者や実践家も，予防を有用な概念として取り込んでいる。なぜなら，予防は，母集団の全体的な苦しみを減らす前向きの努力であり，先に高齢者の転倒予防の例でみたように，予防は潜在的に費用効果的なものであるからである。

2節 予防の類型

予防という概念が多様な対象や分野に適用可能であるということは、裏返せば、それだけこの概念が包括的で、それゆえに曖昧であり、混乱を招きやすいものということでもある。したがって、この研究分野にある種の秩序を導入するためには、枠組みが必要となろう。その枠組みのいくつかを、以下に紹介することとする。

(1) 一次予防, 二次予防, 三次予防

予防はそのルーツを公衆衛生にもっていることもあって、その用語が精神保健の研究者の初期の思考にも影響を与えた。一次予防, 二次予防, 三次予防, という公衆衛生の概念を精神保健の分野に最初に取り入れたのがキャプラン (Caplan, 1964) である。この3つの予防の類型は、発症数と有症数について異なる効果をもつ。

一次予防は、いかなる疾病の兆候も示していない人々を、健康な状態のままに保つことに狙いを定める介入であり、ある母集団の疾病や障害の発症数を低下させることである。この母集団には、地域社会全体のこともあるし、年齢や職業など、ある特定の属性をもつ集団全体を想定することもある。それらの人々に対して、問題が発生する以前に何らかの働きかけを行うことで、未然に防ぐことが一次予防の目的である。章頭の事例でいえば、高齢の町民全員にうつ傾向を調べるアンケート調査を実施したことがこれに当たる。

カウエン (Cowen, 1996) は、一次予防の形態を2つに分けている。1つはリスク要因に標的を定めて、それを叩くことで発症数を減少させることに焦点を合わせるタイプのもの、いま1つは、保護要因を標的とすることで、よりいっそうの精神的健康やウェルネスを増進させることに焦点を合わせるものである。彼は、健康の増進に焦点を合わせる後者の方が、人々への動機づけの点からも、付加価値をもつとして好んでいる。カウエン (1980) はまた、一次予防プログラムであるためには、プログラムは①個人ではなくグループに提供され、②いかなる不適応の兆候もその集団に現れる前に適用され、③心理的適応

を強化するよう意図され，④経験的に効果的であると実証的に示されなければならない，と戒めている．

二次予防は，疾病や障害を初期段階のうちに見つけ，効果的な治療を施すことを目的としている．早期発見と迅速な介入を通して罹病期間を短縮させることによって，コミュニティにおける全体的な有症数を減少させることができる．しかし，それは発症数を減らすものではない．問題は依然として同じ率で生起しており，二次予防は，問題をつぼみのうちに摘み取ることにある．章頭の事例でいえば，アンケートで見つかった167名の「うつ傾向あり」の住民を，保健師らが定期的に見回り，秋田大学の指示を受けて対応していることがこれに当たる．

二次予防プログラムの実施に関して重要な点は，明確な症状をまだ呈していない人々や，症状を抱えながらも援助を求めようとしない人々を，いかに早く発見するかにある．効果的なスクリーニング対策がとられなければならないし，また，サービスや情報の提供が適切に，かつアクセスしやすい形でなされる必要がある．

三次予防には，すでに問題をもち機能障害を負っている人が，それ以上の生活上の障害や社会的不利益を被るのをくい止め，できる限り早くコミュニティでの正常な生活に戻る，いわゆる社会復帰のための精神医学的リハビリテーション活動と，さらに，その社会復帰を容易にするためのコミュニティ側の理解と受け入れ態勢の準備活動が含まれる．したがって，三次予防は問題の発症数も有症数も減少させるものではない．

具体的には，精神障害や知的障害を例に述べるならば，脱施設化を進めると同時に，社会的スキルや職業的スキルの回復・強化のために，コミュニティの中にデイケア施設や生活の自立を援助するためのグループホーム，職業支援のための共同作業所や授産施設，保護工場などが用意される必要がある．それとともに，偏見や差別をなくすための地域住民への啓発活動やボランティアの育成，行政への働きかけ，さらには当事者自身によるセルフヘルプ活動も，社会的不利益を解消していくうえで重要である．

キャプランの予防の枠組みは，一般に「予防」と呼ばれているものと，通常「治療」と呼ばれるものとの間に連続性があることを認識させる役割を果た

した点で大きな進歩をもたらした。だがその一方で，3つの類型の境界が必ずしも明確ではない点が指摘されるなど，この分類がもつ問題点も指摘されている。

これを受けて，公衆衛生から採択されたカテゴリーを乗り越えようとする新しい動きが，近年になって現れてきた。

(2) 普遍的予防，選択的予防，指示的予防

アメリカ科学アカデミーの医学研究所（Institute of Medicine : IOM）は報告書を著し（IOMレポート, 1994），精神保健に対する予防活動の新しい分類を作り出した。それは，介入の連続体に沿って予防，治療，および維持に分かれており，そして，予防プログラムはさらに，標的とされる母集団に焦点を合わせて，普遍的，選択的，指示的の3つに分けられている（図3-1参照）。

予防プログラムは，母集団の障害の発症率を減らすことを狙っている。一方，治療プログラムは，診断可能な兆候や基準をすでに示している個人に適用される。また，維持プログラムは，急性期の症状が沈静化した後に行われ，退行や再発を防ぎ，リハビリテーション・サービスを提供することを狙っている。IOMの分類では，キャプランの三次予防は，もはや予防としての資格を与えられておらず，治療や維持介入として扱われる。

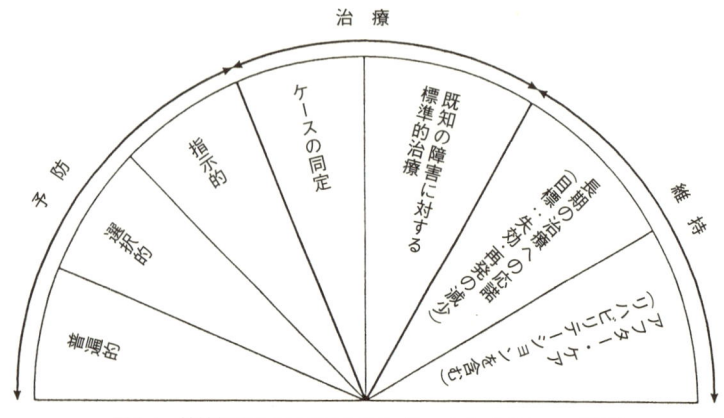

図3-1 精神保健介入スペクトラム（Patricia & Robert, 1994）

普遍的予防は，まだリスク状態にあるとは同定されていない，一般的な母集団のすべての人に狙いを定めている。よい普遍的予防プログラムは，個人当たりのコストは低く，一般的な母集団にとって受容されやすく，マイナスの効果のあるリスクをほとんど伴わない。職場の全従業員を対象に行われるストレス・マネージメント訓練はその例である。

選択的予防は，何らかの生物学的，心理的，ないし社会的リスク要因のために，発達的に高いリスク状態にあるが，しかし，まだいかなる障害の兆候も示していない人々に狙いを定めている。放置すると，いずれ障害や問題行動が顕在化する可能性が高い。両親が離婚したことで情緒が不安定になっている生徒へのサポートの例が，これに該当するだろう。

指示的予防は，より重大な精神障害の前兆となる，検出可能な不適応の徴候をもっている人々に狙いを定めている。こうした予防は，結果的に障害を防ぐことができず，その開始を遅らす効果しかもたないこともあるが，有意義なことである。すでに何らかの行為障害行動を示している児童へ葛藤解決訓練を行うことは，この例である。

普遍的予防と選択的予防は，キャプランの一次予防に，指示的予防は二次予防に該当することになろう。

IOM レポートの分類は，キャプランのそれに比べて曖昧さが少ないことは確かであるが，実際の予防プログラムは，この中のどれか1つで済むことは少ないであろう。両親が離婚した生徒への選択的予防プログラムは，結果的に徴候的行動を示したことで，指示的予防プログラムを必要とする子どもも現れてこよう。

(3) 全コミュニティ型予防，マイルストーン型予防，ハイリスク型予防

ブルーム（Bloom, 1968）やヘラーら（Heller et al., 1984）が提唱した類型を，オーフォード（Orford, 1992）が紹介している。全コミュニティ型予防とは，あるコミュニティのすべての住民が予防的介入を受けるもので，国単位のものから近隣のような小さなものまで，コミュニティの大きさはさまざまであるが，対象となる個人は，現在の状況のいかんにかかわらず，あるいは，ある

特定の疾病が発生する個人的なリスクにかかわらず，介入を受けなければならない。例えば，1987年のイギリス政府によるエイズ・キャンペーンでは，すべての家庭にちらし広告を配った。

マイルストーン型予防は，現在，人生の重要な段階にいる人々に対して行われるもので，初めての入学，就職，結婚，初めての出産，定年，配偶者の死など，人生の発達段階におけるある時期は，特別なリスクを抱えており，将来の発達のために非常に重大だとの認識に基づくものである。したがって，特定の個人に関わるリスクではなく，ライフ・ステージこそがリスクをもたらす明確な要因であると考えている。

ハイリスク型予防は，何らかの疾病を起こしやすい，ハイリスクの状態にあると思われる人々の母集団に焦点を当てるもので，例えば，アルコール依存や薬物依存の親をもつ子ども，幼いときに家族と死別を経験した子ども，大きな手術を控えた本人や家族，あるいは，地震や洪水，飛行機事故，戦争など，天災や人災の生存者である。

これらの予防は，いずれもキャプランの一次予防のカテゴリーに入るものである。

3節　予防方程式

アルビー（Albee, 1982）は，一次予防が母集団における発症数を減らすことにあるならば，個人レベルでの障害の発症率を減少させることを考えるべきだとして，次の方程式を提案した。

$$\text{個人の心理的障害の発生率} = \frac{\text{ストレス}+\text{身体的脆弱性}}{\text{コーピング・スキル}+\text{ソーシャルサポート}+\text{自尊感情}}$$

この公式は個人中心のレベルで枠づけられており，ある人の障害の可能性を減じることに焦点がある。個々人のリスクは，その人がストレスや身体的・生物学的脆弱性を，多くまたは強くもっているその程度によって高められ，また，その人がコーピング（対処）・スキルや問題解決能力をもっており，うまくサポートされていると自身で知覚しており，肯定的な自尊感情や自己評価を

もっているその程度によって低められる。

イライアス（Elias, 1987）は，アルビー論文の5年後にこのアイデアを拡張し，個人レベルの強調を抑え，障害への環境の影響に重きを置く方程式を再公式化した。

$$\frac{母集団における障害の可能性} = \frac{ストレッサー＋環境中のリスク要因}{社会化の実践＋ソーシャルサポート資源＋結合の機会}$$

この公式は，個人ではなく，ある母集団全体を想定するもので，リスクは環境の中のストレッサーの強さや多さと，身体的脆弱性をもたらす環境中の物理的リスク要因の和として増大し，一方，鍵となる社会化の実践の場が十分に機能しており，アクセス可能な有効なサポート資源があり，他者やグループ，あるいは社会的機関との肯定的な関係性や結合の機会が得られる環境であるほど，つまり保護的なプロセスが高められるその程度によって減少する。

コミュニティ心理学は，個人に対する以上に，母集団やコミュニティに対するリスク要因や保護要因に目を向けている点で，イライアスの**予防方程式**はより大きな意義をもっている。

4節　予防プログラムの例

(1) 幼児・児童期

1965年，アメリカで始められたヘッドスタートは，貧しい環境で育つ幼い子どもの発達を補償しようとした，最も有名で国家的規模の，選択的予防プログラムである。これは，貧困層の3歳から5歳の子どもに，3ヶ月から6ヶ月，あるいは1年にわたって特別に教育を行うことによって，貧しさからくる発達の遅れを取り戻そうとするもので，その目標は，子どもの身体的健康や，情緒的・社会的・認知的発達，自己価値観，子どもへの家族の関わりを高めるなど，総合的な就学前教育にあった。

このプログラムの評価に関する初期の結果は，必ずしも期待どおりのものではなかった。ウェスティングハウス・レポートと呼ばれる結果（1969）では，プログラム終了直後，子どもたちのIQは，参加しなかった統制群の子どもよ

りも有意に高かったが,小学校入学後数年で効果は消えてしまったと述べられている。ただ,多様な側面をもつヘッドスタートの目標に対して,知能はあまりにも安定した指標で,半年や1年の教育で変わるようなものではないし,IQ の変化はこのプログラムの中心的目的ではないので,結果の効果測定の指標として適切なものではない,と批判する主張もある。

一方,プログラム終了後何年にもわたって参加者を追跡した研究,例えば 19 歳まで 59 人の子どもを追跡した研究では,参加しなかった統制群（65 人）に比べて,中学や高校の成績（GPA）は良く,高校卒業率は高く,有職率も高く,犯罪逮捕率が少なく,女性では十代の妊娠率が低いなどの結果が得られ（Levine & Perkins, 1997),プログラムを肯定的に評価している研究も多い。レヴァインとパーキンス（Levine & Perkins, 1997）は,ヘッドスタートについて,心理的問題の予防に用いられるプログラムの発展のうえで画期的なことであった,と結論づけている。

ペリー就学前プロジェクトも,幼児期の貧困が学校生活での失敗をもたらし,やがては成人の貧困とそれに連動する社会問題を導く,という因果連鎖を断ち切るべく計画されたものである。このプログラムは,当初の IQ が 60 から 90 の範囲の,低い社会経済的背景の親をもつアフリカ系アメリカ人の子どもに狙いを定めていた。発達心理学の原理に基づいた,適切な学習教材や身体的・社会的カリキュラムが用意され,研修を受けたスタッフや親の参加のもとで,子どもたちは 30 週間,半日学級に参加した。

研究の参加者は,プログラム参加群とプログラムなしの統制群にランダムに割り当てられ,27 歳までの 23 年間,観察が追跡された。その結果は,参加群は精神遅滞のラベルが貼られることがはるかに少なく,先のヘッドスタートと同様の結果が得られており,大きな成功を収めている。研究者たちは,この 1 年間の就学前プログラムのために費やされた 1 ドルに対して,7 ドルが節約されたと推定している（Scileppi et al., 2000）。

(2) 小・中学生期

小学校から中学校への移行は,多くの子どもにとってストレスフルな生活変化事件である。この出来事と関連する予知可能な変化や挑戦に対処する能

力を高めることによって，移行に伴う不安やストレスを軽減するべく，ヘレム（Hellem, 1990）は，小学6年生を支援するためのプログラムを開発している。1回30分，連続3日間にわたるSGTGと名付けられたこのプログラムは，1グループ当たり15人の生徒で構成され，グループを指導する専門チームは，1人の主任と数名のスタッフで構成されてファシリテーターの役を務める。講義，ロールプレー，ブレーンストーミング，意見発表などが組み合わされたカリキュラムは，1日目：中学校に関する事実と神話，2日目：先生との関わり方，その恐れと幻想，3日目：仲間とのつき合い方，および仲間の圧力で経験する共通の状況（デート，飲酒，薬物使用）を処理する拒絶スキル，を学習した。その結果，308名の参加者のうちの94％がこのプログラムを有益だと評価し，その内訳では，72％が3日目のカリキュラムを，16％が2日目を，6％が1日目を，それぞれ最も役に立つと答えた。生徒たちは移行をスムーズにするための自分の能力により大きな自信を感じていた。マイルストーン型の予防プログラムとして，よい例を提供しているものといえよう。

わが国でも小泉（2001）が，小学6年生への中学入学の説明会やオープン・スクールを利用して，適応援助するための予防プログラムに取り組んでいる。

喫煙予防プログラムとしてよく知られているものにKYBプログラムがある。1970年代に，アメリカ健康財団が開発した健康増進に焦点を当てたアプローチで，包括的な健康増進教育プログラムの1つとして喫煙予防教育が行われる。"The Know Your Body Health Promotion System (KYB)" プログラムには，薬物（たばこやアルコール），栄養，運動，ストレス，歯科保健など10のテーマがあり，幼稚園から中学3年生までを対象としている。KYBは，教育が担任教師によってなされ，必要な指導者講習会や専門教材も用意されている。プログラムは子どもの発達段階に合わせて作られ，学年ごとに獲得すべき行動技術の内容が決められている。教室での活動で最も重視されるのは，行動技術の演習とリハーサルで，その他ワークブックや副読本など，生徒用教材にも力が入れられている。このKYBプログラムが，試し喫煙や常習喫煙を有意に減少させる効果のあることが，アメリカの小学4年および中学1～3年を対象にしたいくつかの研究で報告され，また，喫煙に関係した知識や態度面における好ましい変化も観察されている（Orlandi et al., 1989）。

わが国でも川畑・西岡（1993）が，これに基づいて小学校高学年用の喫煙防止プログラムを開発している。

低年齢化するうつ病の予防を目指した，教育プログラムの開発もみられるようになった（石川ら，2006）。倉掛・山崎（2006）は，小学校クラス集団を対象とする，うつ病予防教育プログラムを構築・実践し，うつ病の構成要因とされる認知・感情・行動の3要因に対して総合的に介入し，抑うつ傾向を改善することで，うつ病予防を目指す実践を行った。その結果，部分的ではあるが，予防プログラムとして有効であることを示唆する結果が得られたとしている。

非行予防プログラムに関しては，わが国でも文部科学省が取り組みを始め，警察庁と共同で「非行防止教室等プログラム事例集」（2005）を作成している。これは，子どもたちに社会のルールや自分の行動に責任をもつことなどの規範意識の醸成を図るとともに，犯罪に巻き込まれないようなスキルなどを育成することを目的として，非行防止教室など，先進的な取り組み事例を収集し，紹介するとともに，その実施の際の計画・指導上のポイントなどをまとめたものである。小学校から高等学校まで18の事例が掲載され，小学校では万引きの防止や，地域の「子ども110番の家」を活用して家庭と連携して犯罪被害防止を図る取り組みを，中学校では，暴走族への加入阻止を図る取り組みや，非行行為を断る勇気をはぐくむ取り組みなどが紹介されており，文部科学省のホームページでも見ることができる（http://www.mext.go.jp/a_menu/shotou/seitoshidou/mondai04.htm）。

【実践研究】　中学校におけるいじめ防止プログラムの実践とその効果

　　学校におけるいじめ防止プログラムの実践とその効果について，長期間にわたって取り組んだ実証的研究は，わが国においてはいまだほとんど報告されていない。岡安・高山（2004）は，中学校において，教師だけではなく，保護者や生徒のいじめに関する問題意識を高めるための啓発運動を中心としたいじめの予防プログラムを，学校全体で約1年間にわたって実践した経過と，その効果について報告している。

　　このプログラムの背景にあるのは，オーストラリアで開発され，効果を上げている「ピース・パック（P. E. A. C. E. Pack）」（Slee, 1997）と呼ばれるプログラムで，年間にわたって行われるさまざまな活動を通して，生徒のみならず，教師や保護者のいじめ問題に対する認識を高めることにより，いじめを発

生させない学校環境を構築することを主眼においている。

ピース・パックは各頭文字に対応する5つの段階によって構成される。第一は「準備（preparation）」段階で、プログラム推進の中核となるフォーカス・グループ（今回は、学校・保護者・研究者の各代表数名で構成）を決定し、共通認識を形成する。第二は「教育（education）」段階で、教職員にいじめを正しく認識させることに主眼をおく。第三は「行動（action）」で、教職員、保護者、生徒の三者間で、正しい知識をもてるような活動が重視される。第四は「対処（coping）」段階で、サポート・システムを構築し、いじめの当事者や保護者が速やかに誰かに話せる雰囲気作りに主眼をおく。最後の「評価（evaluation）」段階では、準備段階で実施したいじめ実態調査を再度実施し、プログラムの効果を検討する。今回の実践では、この理念を生かしつつ、対象となった中学校の実情に沿うプログラムを構築することを目標とした。

具体的内容としては、①生徒への、いじめ実態調査の実施（プログラム実施の前後の2回）、②教職員への教育活動として、いじめに対する教師の意識調査の実施、いじめ防止プログラムに関する学外講師による講義、いじめ防止への教師の取り組みに関するチェックリストの実施、③保護者や生徒への啓発活動として、いじめ対策委員会の設置、いじめを題材とした研究授業の実施、いじめ防止フォーラム（パネリスト：生徒・教師・保護者）の開催、保護者向けの広報誌の発行、アンケートの実施、などの活動を行った。

1年近くに及ぶプログラムの実施結果として、いじめの被害経験や加害経験の比率については、"仲間はずれ・無視・悪口"の加害経験率こそ有意に減少したものの、全体としては大きな減少傾向は認められず、予測したほどの十分な効果は得られなかった。このことは、相当の労力を費やしても、短期間で直接的にいじめを減少させることの難しさを、改めて示しているといえよう。

この結果をふまえて、岡安・高山は、今回のような啓発活動を中心としたプログラムとともに、生徒の社会的スキルや社会的問題解決スキルを高めるような教育、ピア・サポート活動などの要素を組み合わせたプログラムの考案の必要性、長期的な視点に立った他校との比較研究、などを提案している。

出典：岡安孝弘・高山 巖 2004 中学校における啓発活動を中心としたいじめ防止プログラムの実践とその効果 カウンセリング研究，**37**(2)，155-167.

(3) 高校・大学生期

先に紹介した文部科学省のプログラムから、高校生を対象とした「様々な活動を通じて性犯罪等に関わる生徒の被害防止を図る取り組み」を紹介しよう。このプログラムの取り組みのポイントは、警察官などの外部講師を活用し、性犯罪の実態に学ぶことによって、性被害の未然防止を図ることと、警察官などの指導により、実技講習によって、危険からの防御姿勢を身につけることで

あった。産婦人科医による性に関する指導，警察による被害防止教室（特別活動において4時間：変質者に襲われた場合の「ワンポイント護身術」の実技指導と性被害の実態予防の講話），携帯電話の使用マナーやモラルについての話し合い，PTA生活委員会主催の「安全な生活を送るために」の協議と危険箇所での指導などが含まれており，プログラム実施後も，学校の取り組み（生徒指導部・職員），学校関係者の取り組み（スクールカウンセラー・学校医），外部人材による取り組み（産婦人科医）が継続して行われている。その結果，生徒の意識や姿勢・行動に顕著な変化がみられるようになった，と報告されている。

アメリカでは，高校生と大学生世代に深刻な影響を及ぼす問題として，デート・レイプの問題がある。ハンソンとギディッツ（Hanson & Gidycz, 1993）は，性的暴行予防プログラムに参加した181名と統制群165名の，合計346名の女子大学生（85％が18〜19歳，94％が白人）を対象に，プログラム評価を行っている。プログラムは，まず，キャンパスでの性的暴行の統計情報の提供，次いで，レイプ神話（例：ほとんどのレイプの犠牲者は，見知らぬ人からの襲撃による）と事実に関する質問紙への回答，さらに，学内パーティでの面識者によるレイプへと導く出来事（例：飲酒場面，場面からの孤立，非主張的行動）を撮影したビデオの視聴があり，その後で，参加者はこうした面識者によるレイプを回避するのに役立つ，可能な防御策についての一連の質問に答える。討論の後，先と同じビデオの場面を使って，可能な防御のモデルとして撮影された第二のビデオを視聴する。この防衛行動についての討論の後，面識者からのレイプを回避する，予防可能な方略を振り返る情報シートを与えられる。

プログラム終了9週間後の調査において，参加者たちは統制群よりも性的暴行に関してより多くの知識をもち，面識者によるレイプを受けやすい場面に立ち入らないようになった。また，これまでレイプ経験をもたない者だけを比較すると，統制群の女子大学生は，参加者群よりも，9週間の間にほぼ2倍の被害を受けていた。

大学生に関わる予防についての別の問題は，自殺に関するものである。例えば，広島大学では，学生，教職員，保護者・家族を対象とする予防を行っており，学生対象の予防としては，定期健康診断時にストレス・チェックのチラシ

を置くこと,保健管理センターのホームページに相談を促す項目を入れること,学部の掲示板に抑うつ状態についての知識情報と相談のアクセス方法の掲示を行い,さらに学生ボランティアによるピア・サポートを行っている。また,教職員対象の予防策では,教職員からなる学生生活部と保健管理センターが連携して,年3回定期的に研修会を行うとともに,自殺の危険性をもつ学生の早期発見のため,履修届の未提出者,単位修得状況の悪い者,成績表の評価で「欠席」が目立つ者,留年を繰り返している者など,具体的項目について注意を呼びかけるチラシを全教員に配布している(内野,2004)。

(4) 成人・老年期

若い母親の幼児虐待の予防プログラムとしてよく知られているものに,オルズとその共同研究者(Olds et al., 1986)によって行われた,胎児期・乳児期プロジェクトがある。成人には達していない,19歳未満で未婚の,社会経済的に低階層の初産の母親たちが対象とされ,児童虐待の潜在的原因の1つとしての貧困が母親に及ぼす多様な影響と,子どもの健康問題を予防するために,訪問看護師が提供された。看護師たちは胎児期(出産前)と周産期(出産後)の期間中,60分から90分,1週間おきに対象の家庭を訪問し,3つの重要な活動を行った。すなわち,胎児や乳児の発達について母親を教育すること,母親のサポートや子どもの世話に家族メンバーや友人の参加を促すこと,コミュニティにある保健所やサービス機関と家族とのつながりを作り出すことである。出産前は,看護師たちは,母親に日常の食生活の改善,たばこや薬物,アルコールの禁止,分娩,出産,そして新生児の世話に備えさせた。出産後は,母親が子どもの気質に対する理解の向上に努めることや,情緒的・認知的・身体的発達を促すことに専念した。

その結果,虐待の3つのリスク要因(貧困,未婚,若年)のすべてを兼ね備えた女性の間で確認されている児童の虐待や養育放棄(ネグレクト)などの事例が,比較集団よりも75%も少ないという顕著な効果がみられた(第6章の章頭事例も参照)。

結婚生活の不調和を予防する取り組みもみられる。マークマンとその共同研究者(Markman et al., 1993)は,予防と関係性増進プログラム(PREP)と名

付けられた．カップルに効果的なコミュニケーションの取り方や葛藤管理のスキルを教えるべく設計された，5セッションからなるプログラムによって介入した。例えば，積極的に傾聴することや，表現豊かに話すこと，問題の討論と問題の解決とを区別することを教えられた。1日3時間，5セッションからなっており，カップルはこれらのスキルを実践し，そのやりとりを撮影したビデオでコンサルタントからフィードバックされた。このプログラムは結婚セラピーではなく，関係性の将来を志向するもので，現在の問題に焦点づけしたものではない。フォローアップのために同じセッションが，1年半後，3年後，4年後，5年後の4回行われ，プログラムの効果をアセスメントしている。

　この介入プログラムに参加したカップルは，統制群に比べて肯定的なコミュニケーション・スキルのレベルが高く，暴力のレベルが低かった。また，結婚満足感が高く，関係性の不安定度が低かった。これらの結果は，結婚の不調和が，トレーニングの欠如に部分的には負っており，これは対人コミュニケーション・スキルや葛藤管理スキルづくりを通して，改善が可能であることを示唆している。

　高齢者の自殺予防については，章頭の秋田県合川町の例をはじめ，青森県，新潟県など，相対的に自殺率の高い県の市町村ごとの取り組みが数多くみられる。大野らのグループ（2003a, b）が青森県名川町で行っている研究では，スクリーニングに用いる8問からなる簡易質問紙を開発している。①毎日の生活が充実していますか，②これまで楽しんでやれていたことが，今も楽しんでできますか，③以前は楽にできていたことが，今ではおっくうに感じられますか，④自分は役に立つ人間だと考えることができますか，⑤わけもなく疲れたように感じますか，⑥死について何度も考えることがありますか，⑦気分がひどく落ち込んで，自殺について考えることがありますか，⑧最近ひどく困ったことやつらいと思ったことがありますか，いずれも「はい」「いいえ」の2件法で回答を求める。①から⑤までの項目中2つ以上，または，⑥から⑧までの項目で1つ以上否定的な回答があり，かつ，①死にたいと言っている，②配偶者や家族が死亡した，③親族や近隣の人が自殺した，④医療機関から退院した，の生活出来事中1つ以上の項目に当てはまる人を抽出し，この対象者を看護師が訪問面接をして，抑うつ症状の有無をアセスメントする。その他にも，

食欲や睡眠，自殺への思い，不安症状やアルコール依存などを聞き，診断基準を上回っている人には医療機関への受診を勧める。これらとともに，章頭の合川町と同様の多様な地域介入事業を行うことで，一次予防，二次予防に当たっている。

【調査研究】 特別養護老人ホーム介護スタッフのバーンアウトの予防

　介護保険制度が導入され，サービスの拡大化と質の向上が求められる中，それに携わるスタッフの負荷は増す状況にある。狩野・笹尾（2000）は，特別養護老人ホームの介護スタッフが，バーンアウト（燃え尽き）と呼ばれるストレス症状を未然に予防する有効な要因を見いだすべく，調査研究を行った。バーンアウトを予防・低減する対策として，スタッフの処遇方針など，環境要因を替えることでストレッサー自体を少なくすることも重要であるが，彼らは個人レベルの要因に焦点を当てることで，この問題にアプローチしている。

　前向きで積極的な認知・行動を表す「統制コーピング」が，バーンアウトの予防・低減に有効であることを見いだしたLeiter（1991, 1992）の研究を受けて，統制コーピングを「個人内コーピング」と「対人的コーピング」の2つに分けてこれを説明変数とし，久保・田尾（1994）のバーンアウト尺度を因子分析して新たに作成した「情緒感枯渇」と「個人的達成感の低下」を基準変数とする重回帰分析を行った。また，この統制コーピングの実践の規定因を明らかにするべく，Stretcher et al.（1997）のHealth Belief Model（HBM）に則してヘルスビリーフを測る3つの変数，すなわち，バーンアウトの「脅威」の認知，統制コーピングがもつ「有益性」の認知，コーピングの実践に伴う「弊害」の認知を用意して，これらを説明変数とする重回帰分析も行っている。

　まず，バーンアウトについては，情緒的枯渇と個人的達成感の低下ともに，個人内コーピングは有意な説明変数で，特に個人的達成感の低下との間で負の強い関連がみられた。一方，対人的コーピングは有意な寄与をしなかった。次に統制コーピングについては，有益性の認知は個人内コーピング，対人的コーピングのいずれに対しても有意な説明変数であったが，脅威の認知は個人内コーピングのみに有意であり，弊害の認知はいずれにも関連がなかった。

　以上の結果をふまえ，バーンアウトを予防・低減する組織的取り組みを提言している。まず，統制コーピングがバーンアウトに有効であると示唆されたことから，そうした前向きな思考と積極的な対処行動を促す努力が有効であり，ストレス・マネージメントのワークショップを開いたり，アドバイスを話題に織り交ぜたり，職員が発言しやすい雰囲気を作ることが効果がある。また，統制コーピングを促すには，バーンアウトの脅威について，特に「経験が浅く理想に燃えている若い職員」に知らせておく必要がある。その危険性や深刻さを認識していない限り，それへの予防的対処行動が自分で取れないからである。

　さらに，バーンアウトには年齢が関係していることが明らかにされた。40歳

未満の群では,バーンアウトの脅威に対する認知を前提に,統制コーピングの有益性を認識させることで実践を促し,それがバーンアウトへの予防・低減対策となりうることが示されたが,40歳以上の群では,同様のアプローチではそれが難しいことが示唆され,今後の課題として残された。

出典:狩野恵美・笹尾敏明 2000 特別養護老人ホームの介護スタッフにおけるバーンアウト,統制コーピング,およびヘルス・ビリーフ—予防的視座— コミュニティ心理学研究,**3**(2),77-90.

5節　予防の倫理的問題

予防は明らかに多くの利点をもっているが,プログラムの中には非計画的で,非健康的なものがないとはいえない。そうした問題を未然に防ぐうえで,ポープ (Pope, 1990) が,一次予防プログラムに関する8つの倫理関連の領域を提示していることは,重要な意味をもっている。彼の挙げる**予防の倫理**とは,次のものである。

①介入者は,そのプログラムが,確実に誰にも損傷を与えないようにするべきである。

②大きな規模で実行する前に,小さなサンプルでテストするべきであるし,結果を調査するべきである。

③プログラムは参加者の利益となるよう設計するべきであって,心理学者のためのものであってはならない。

④プログラム参加者に対して,敬意と尊厳をもち,彼らの自由や権利を不必要に制限してはならない。

⑤プログラムの実行およびその評価に当たって,参加者の匿名性が守られるべきである。

⑥インフォームド・コンセントのもとでのみ活動すること。情報を進んで提供し,自発的な関与を求めるようにすること。

⑦プログラムは,公平と公正を促進させるよう設計するべきである。また,介入者は文化的差異に敏感で,標的とされる母集団の価値や伝統に敬意を払うべきである。

⑧介入者は，そのプログラムのすべての効果について，倫理的に説明責任をもっている。また，生起したいかなる望ましくない結果についても，救済手段を見いださなければならない。

これまでみてきたように，予防は，コミュニティにおける精神的健康の質を向上・増進させるための有効な方略である。特に，一次予防はコミュニティ心理学的視座の特徴であり，可能な限りこの原理を適用することは有益である。

キーワード

疫学　発症数　有症数　リスク要因　保護要因　一次予防　二次予防　三次予防　普遍的予防　選択的予防　指示的予防　予防方程式　予防の倫理

◆**課　題**

①章頭の事例を用いて，あなた自身の，一次，二次，三次予防プログラムを設計しなさい。それぞれについて，(1)目標，(2)参加者，(3)プログラムの内容，(4)プログラムの実施場所（コミュニティ・センター，学校など），(5)評価の方法，を述べなさい。

②2つの予防方程式について，それぞれの分子と分母の構成要素に具体的なものを投入して解説しなさい（個人レベルの例：A男の職場不適応によるうつ，B子の不登校／母集団レベルの例：初産母親の子育て不安，高齢者のひきこもり）。

③本章で紹介した予防プログラム例を1つ取り上げ，ポープが提示した予防の8つの倫理領域に当てはめて，これを説明しなさい。

引用文献

Albee, G.W.　1982　Preventing psychopathology and promoting human potential. *American Psychologist*, **37**(9), 1043-1050.

Bloom, B.　1968　The evalution of primary prevention programs. In L. Roberts, N.

Greenfield & M. Miller (Eds.), *Comprehensive Mental Health: The Challenge of Evaluation*. University of Wisconsin Press.

Caplan, G. 1964 *Principles of preventive psychiatry*. Basic Books.（新福尚武監訳 1970 予防精神医学 朝倉書店）

Cowen, E. 1996 The ontogenesis of primary prevention: Lengthy strides and stubbed toes. *American Journal of Community Psychology*, **24**, 235-249.

Cowen, E. 1980 The wooding of primary prevention. *American Journal of Community Psychology*, **8**, 258-284.

Duffy, K. G., & Wong, F. Y. 1996 *Community psychology*. Allyn & Bacon.（植村勝彦監訳 1999 コミュニティ心理学 ナカニシヤ出版）

Durlak, J. A., & Wells, A. M. 1998 Evaluation of indicated preventive intervention (secondary prevention) mental health programs for children and adolescents. *American Journal of Community Psychology*, **26**, 775-802.

Durlak, J. A., & Wells, A. M. 1997 Primary prevention mental health programs for children and adolescents: A meta-analytic review. *American Journal of Community Psychology*, **25**, 115-152.

Elias, M. J. 1987 Establishing enduring prevention programs: Advancing the legacy of swampscott. *American Journal of Community Psychology*, **15**(5), 539-553.

Hanson, K. A., & Gidycz, C. A. 1993 Evaluation of sexual assault prevention program. *Journal of Consulting and Clinical Psychology*, **61**(6), 1046-1052.

Hellem, D. V. 1990 Sixth grade transition groups: An approach to primary prevention. *Journal of Primary Prevention*, **10**(4), 303-311.

Heller, K., Price, R., Reinharz, S., Wandersman, A., & D'Aunno, T. 1984 *Psychology and community change: Challenges for the future*. Dorsey.

石川信一・戸ヶ崎泰子・佐藤正二・佐藤容子 2006 児童青年に対する抑うつ予防プログラム 教育心理学研究, **54**(4), 572-584.

川畑徹朗・西岡伸紀 1993 小学校高学年用喫煙防止プログラムの開発 癌の臨床, **39**, 451-462.

小泉令三 2001 トランジション：環境移行での援助 心理学ワールド, **13**, 21-24.（日本心理学会）

倉掛正弘・山崎勝之 2006 小学校クラス集団を対象とするうつ病予防教育プログラムにおける教育効果の検討 教育心理学研究, **54**(3), 384-394.

Lamb, H. R., & Zusman, J. 1979 Primary prevention in perspective. *American Journal of Psychiatry*, **136**, 12-17.

Levine, M., & Perkins, D. V. 1997 *Principles of community psychology: Perspectives and applications* (2nd ed.) Oxford University. Press.

Markman, H. J., Remick, M. J., Floyd, F. J., Stanley, S. M., & Clements, M. 1993 Preventing marital distress through communication and conflict management training: A 4- and 5-year follow-up. *Journal of Consulting and Clinical Psychology*, **61**(1), 70-77.

Olds, D., Henderson, C., Chamberlin, R., & Tatelbaum, R. 1986 Preventing child abuse and neglect: A randomized trial of nurse home visitation. *Pediatrics*, **78**, 65-78.

大野　裕　2003a　地域におけるうつ病と自殺予防のためのスクリーニングの実際　心理学ワールド，**23**，5-8．(日本心理学会)

大野　裕・田中江里子・坂本真士・根市恵子　2003b　青森での地域介入の経験と成果　ストレス科学，**17**(4)，245-251.

Orford, J. 1992 *Community psychology: Theory and practice*. John Wiley & Sons. (山本和郎監訳　1997　コミュニティ心理学　ミネルヴァ書房)

Orlandi, M. A., Lieberman, L. R., 中村正和，川畑徹朗，日山輿彦，大島　明，竹内宏一　1989　日本における喫煙防止活動の方向性─ KYB 教育プログラムの日本への適用─　学校保健研究，**31**(8)，368-376.

Patricia, J. M., & Robert, J. (Eds.) 1994 *Reducing risks for mental disorders: Frontier for preventive intervention resesrch*. National Academy Press.

Pope, K. S. 1990 Identifying and implementing ethical standards for primary prevention. *Prevention in Human Services*, **8**, 43-64.

Scileppi, J. A. Teed, E. L., & Torres, R. D. 2000 *Community psychology: A common sense approach to mental health*. Prentice Hall. (植村勝彦訳　2005　コミュニティ心理学　ミネルヴァ書房)

内野悌司　2004　大学生の自殺予防　こころの科学，**118**，24-28.

# 第4章
ストレスとコーピング

植村勝彦・山口桂子

> **団塊世代の夫婦：夫退職後の人生への再適応は……**
>
> 「団塊の世代」で，「無職」，「一人暮らし」の男性の，自宅火災での死亡が増加傾向にあるという。これには，社会的要因との関連が示唆されている。
>
> 消防庁のまとめによると，2005年の住宅火災による「55〜59歳」の男性の死亡率（人口10万人当たりの死者数）は1.64人で，15年前に比べて0.69人増えた。一方，この年代を挟む「60〜64歳」と「50〜54歳」を見ると，それぞれ0.20人，0.32人しか増えておらず，団塊世代の死亡率の高まりが際立っているという。同庁が'05年のデータを基に55〜59歳の男性死者の家庭状況を調べたところ，「無職」が6割，「一人暮らし」が5割を占め，両方の条件を満たす人も約3割にのぼった。この傾向は「この年代で特に顕著」（同庁）といわれ，火事の特徴としては，飲酒して寝ているうちに，消したはずのたばこがくすぶって出火，一人暮らしのため出火に気づかずに逃げ遅れ，煙を吸い込んで死亡，というケースが目立つという。これについて，東大大学院の関沢　愛教授（建築・都市防災）は，社会的要因として，この年代の男性は，リストラや早期退職などを経験している人が多いが，こうした経済的要因や精神的ストレス，希望のみえない世相などが，たとえば，乱雑な部屋での寝たばこや泥酔など，間接的に火災を生みやすい生活要因となっている可能性がある，と推測している（毎日新聞2007年2月10日）とのことである。
>
> 一方，同年代主婦の間では，夫が定年退職やリストラ，脱サラなどで常に自宅にいるようになったことで，強いストレスを感じ，体調変化を起こす事例が目立

つようになり、こちらは、黒川順夫（2005）が『主人在宅ストレス症候群』（双葉社）としてまとめている。1日3回の食事準備や夫の世話に追われ、夕食の買物のための外出すらままならないといった強い束縛感が、その主な要因とされる。その結果、「今までに離婚を考えたことがある」人は、熟年世代では女性51％、男性30％と、他世代よりも群を抜いて高い値となっている。2007年に開始される年金分離配当は、さらに熟年離婚を加速させるといわれている。

　戦後の日本の高度成長時代を、仕事や子育て一辺倒で支え続けてきた団塊世代の夫婦間コミュニケーションは、夫の退職期を迎え、あり余る時間の中で、お互いを十分に高めあえるほど、豊かに円滑に成熟されてきたとは言いがたい。先に示した火災死亡者数の増加は、こうした背景を映す一側面なのかもしれないが、夫婦として、あるいは個人としてのQOL尊重を目標とした、「社会生活再適応」への対処（コーピング）努力が求められている。

　これらに対し、夫婦の危機を、ネットで脱出しようとする試みがある（朝日新聞2007年1月29日）。その中では、夫婦の悩みについて、会員同士がお互いに体験談を含めアドバイスし合うインターネットのサイトが紹介され、「危機」脱出の成果や匿名性の有効性が述べられている。また、団塊世代向けに新設されたサイトもあり、この世代のニーズや関心の高さをうかがわせるが、この記事には、夫婦関係の再構築やコミュニケーション術を学ぶセミナーへの、中高年夫婦の参加が多いことも紹介されている。

　人生における「発達」や「転機」に伴う社会生活の変化は、種々誰にでも起こる。もちろん、その意味あいや受け止めは個々により異なってはいるが、その人個人と、個人を取り巻く環境によっては、大きな障壁になりかねない。その状況にどう対処し、乗り切っていくのかが、その後の人生にとっての大きな分岐点になるだろう。

　われわれの毎日の暮らしの中で、「ストレス」という言葉を聞かない日はない。ストレスは、身近でやっかいなものとして、どの世代のどんな立場の、あるいはどんな職種の人にも耳慣れた言葉になってはいるが、必ずしもその実体がよく知られているわけではない。一般に用いられているストレスという用語や概念は、ストレス研究の中で、そのメカニズムの解明とともに定義づけられてきたものとは別の次元で、かなり曖昧なまま社会に浸透しているといえよう。

もともと，ストレスという言葉はラテン語から派生したもので，英語として用いられた17世紀当初は，「締める，ピンと張る」の意味から，精神的圧迫や苦悩，抑圧，困難や逆境を表すものであった。18世紀以降になると，その一般的な意味が，物体や人間に作用する力，圧力，強い影響力を指して用いられるように変化した。そしてまた，外力によって生じた内部の歪みが元に戻ろうとする意味も含まれていたことから，物体の外部からの荷重（外力）に対する，内部の応力（＝ストレス）の意味で物理学用語として用いられるようになった（中川, 1999）。その後，以下に紹介するように，セリエ（Selye, H.）が，1936年に書いた論文で医学の領域に初めてこの言葉を導入し，「ストレス学説」として，生理学的に証明されたストレスの概念が広く知られるようになったものである。

　本章では，これまでに行われてきた代表的なストレス研究，とりわけ，コミュニティ心理学におけるストレスの考え方を紹介し，それとともに，ストレスへのコーピング（対処）に関する知見についても取り上げる。まずは，ストレス研究の簡単な歴史からみることにしよう。

1節　ストレス研究の簡単な歴史

(1) 生理学的ストレス理論：セリエの汎適応症候群（GAS）

　セリエ（Selye, 1976）は，**ストレス**を，「外界からのあらゆる要求に対する生体の非特異的反応」と定義し，生体に有害な外的刺激や環境からの要求（セリエはこれを**ストレッサー**と命名した）が加わった場合には，その種類にかかわらず，共通して一定の身体的変化（副腎皮質の肥大，胸腺・リンパ組織の萎縮，胃・十二指腸潰瘍：セリエの3症候）が認められることを指摘した。すなわち，寒冷，騒音，放射線などの物理的刺激，酸欠状態，毒物，薬物などの化学的刺激，感染，出血，疼痛などの生物学的刺激，不安，怒り，抑うつなどの情動的刺激といったストレッサーを受けて，緊張や歪みの状態を起こした場合の適応反応として，ストレッサーの種類に関わりなく共通して生ずる一連の生体反応が非特異的反応であり（セリエはストレスを，生物学的ストレスと呼んでいる），ある特定の原因（刺激）から特定の病気が生じることとは区別して，

「病気そのものの症候」として説明した。

セリエはこの非特異的反応を汎適応症候群（GAS）と呼び，その経過を，警告反応期，抵抗期，疲はい期という3つの異なる時期からなるものとして説明している。まず警告反応期では，さらにショック相と反ショック相とに分けられる。ショック相とは，ストレッサーに突然さらされたために，生体がショックを受けている時期である。そのために，体温は低下し，血圧も下がり，神経系統の活動は全般的に抑制される。ストレッサーがしばらく持続すると，生体はこのショックから立ち直ってくる。そのため，ショック相と反対の生体反応が起こることになり，この時期を反ショック相という。つまり，体温は上昇し，血圧も上がり，神経系は活動を始め，筋肉の緊張も増す。この時期にはストレッサーに対して抵抗力がついている。次の抵抗期は，警告期において引き起こされた攻撃への身体の防衛の時期であり，今のストレッサーに対して，一応生体が安定した反応を示している時期である。身体は，ストレス状態が持続するならば，それに抵抗しようとする。この状態の人は一見元気そうに見えるが，しかし，その身体的諸防衛力は現実にはむしばまれており，いつまでも続くというわけにはいかない。さらに長くストレス状態が続くと，生体はもはやこれ以上の適応状態を維持できなくなり，ついには破綻してしまう時期が来る。これが疲はい期である。生物が適応していくために必要なエネルギーには，自ずと限界があるため，あまりに長期間ストレッサーが続くと，最終的には生理学的枯渇状態になり，死に至ることにもなる。

表4-1　ストレス関連疾患（梅沢，1986）

1．胃・十二指腸潰瘍	12．筋緊張性頭痛	23．心臓神経症
2．潰瘍性大腸炎	13．書痙	24．胃腸神経症
3．過敏性腸症候群	14．痙性斜頸	25．膀胱神経症
4．神経性嘔吐	15．関節リュウマチ	26．神経症
5．本態性高血圧症	16．腰痛症	27．不眠症
6．神経性狭心症	17．脛骨腕症候群	28．自律神経失調症
7．過呼吸症候群	18．原発性緑内障	29．神経症的抑うつ状態
8．気管支炎	19．メニエール症候群	30．反応性うつ病
9．甲状腺機能亢進症	20．円形脱毛症	31．その他
10．神経性食欲不振症	21．インポテンツ	
11．偏頭痛	22．更年期障害	

これが，**セリエのストレス学説**といわれるものである。セリエはまた，こうした一連の反応には，自律神経系や内分泌系が大きく関与していることを指摘し，有害刺激と疾患発症の関係を証明した。ストレスと関連する疾患の代表は心身症であるが，上記のような理論をふまえて，わが国では1986年，当時の労働省が，ストレス関連疾患として，表4-1に挙げるような30疾患を定めている（梅沢，1986）。

(2) 社会精神医学的ストレス理論：ホームズとレイの生活出来事と社会的再適応

セリエのストレス学説は，生理的・生物学的有害環境と疾患発症の関係を，汎適応症候群によって明らかにしたものであった。

疾患発症を環境との関係から明らかにする試みは，精神医学の観点からも行われている。この立場では，セリエの外的刺激に相当する要因について，社会生活の中の要因に特定し，疾患と環境との関連を，社会精神医学や社会医学の立場から明らかにしようとしている。

ドイツの精神医学者マイヤー（Meyer, A.）は，精神疾患の原因が遺伝や体質のみから起こるのではなく，生理的・心理的・社会的3側面の統合体である人間が，生活環境と不調和を起こしたときに精神障害を発症すると考え，疾患発症以前の生活史からこれらを明らかにしようとした。この考えは，ウォルフ（Wolff, H. G.），さらにはホームズとレイ（Holmes & Rahe, 1967）に受け継がれて，社会的再適応評価尺度（SRRS）となって完成した（表4-2）。

この尺度の作成過程では，5,000名の患者を対象に，過去10年間にわたる生活出来事を想起させて分析し，そのエピソードの中から，生活を変化させると思われる43項目を抜き出した。そのうえで，これをアメリカ東部に住む，年齢や人種，学歴，経済状態，宗教の異なる，平均的で健康なアメリカ人394名（男性179，女性215）に対して，このような出来事が起こったとき，これに再適応するまでにどのくらいの努力量や時間を要するかを，「結婚」という出来事を基準値（50点）として，それ以外の42の出来事を相対評価させた。そして，調査の対象者となった人々の値から平均値を求め，それをストレスの程度（生活変化得点：LCU）としたものである。その結果，最も高い点数は配偶

者の死（100点），以下，離婚（73点），夫婦別居（65点），近親者の死亡（63点）といった順になった（表4-2）。

　この発想の根底にあるのは，それぞれの出来事が発生するときはいつも，それに巻き込まれる個人の側に，適応的，または対処的な行動が求められ，その生活様式に重要な変化を要求される，別言すれば，**社会的再適応**を必要とするというものである。つまり，それまでの安定した状態からの「変化」こそがストレスなのであり，出来事のもつ心理的な意味や情緒的反応，社会的望ましさではない，という考え方に基づいている。しかも，この尺度は，この再適応に要するエネルギー量やストレスの程度を，個人の主観的判断に委ねるのではなく，人々に共通する得点として客観化した点に特徴をみることができる。

　ホームズらは調査を繰り返した結果，より多くの生活変化をもった場合，病気になる可能性がより大きい，という結論に達した。彼らによれば，1年間に経験した項目の合計が300点以上の場合には，近い将来に約80％の人が病気になる，150から299点では約50％が，150点以下の場合には，近い将来に病

表4-2　社会的再適応評定尺度（SRRS）(Holmes & Rahe, 1967)

順位　出　来　事	LCU得点	順位　出　来　事	LCU得点
1. 配偶者の死亡	100	23. 子女の離婚	29
2. 離婚	73	24. 義理の親族とのトラブル	29
3. 夫婦別居	65	25. 個人的な成功	28
4. 刑務所などへの収容	63	26. 妻の就職または退職	26
5. 近親者の死亡	63	27. 本人の進学または卒業	26
6. 本人の大きなケガや病気	53	28. 生活条件の変化（家の新改築，環境悪化）	25
7. 結　婚	50	29. 個人的習慣の変更	24
8. 失　業	47	30. 職場の上司とのトラブル	23
9. 夫婦の和解	45	31. 勤務時間や労働条件の大きな変化	20
10. 退職・引退	45	32. 転　居	20
11. 家族員の健康面・行動面での大きな変化	44	33. 転　校	20
12. 妊　娠	40	34. レクリエーションのタイプや量の大きな変化	19
13. 性生活の困難	39	35. 宗教（教会）活動上の大きな変化	19
14. 新しい家族メンバーの加入	39	36. 社会（社交）活動の面での大きな変化	18
15. 合併・組織替えなど勤め先の大きな変化	39	37. 1万ドル以下の借金	17
16. 家計状態の大きな変化	38	38. 睡眠習慣の大きな変化	16
17. 親友の死	37	39. 団らんする家族員の数の大きな変化	15
18. 転勤・配置転換	36	40. 食事習慣の大きな変化	15
19. 夫婦の口論回数の大きな変化	35	41. 長期休暇	13
20. 1万ドル以上の借金	31	42. クリスマス	12
21. 借金やローンの抵当流れ	30	43. 信号無視などちょっとした法律違反	11
22. 仕事上の責任（地位）の大きな変化	29		

気になる可能性は30％ある，としている。

章頭の，団塊世代の男性の火災死亡のエピソードは，早期退職やリストラに加え，離婚や別居など，生活上の1つの出来事への適応が不十分なうちに，次の変化が重なっていくといった悪循環を予測させる。こうした，明らかに生活上の困難を抱えることが予想される特定の世代や集団に対し，ホームズとレイの社会的再適応評価尺度の活用は，今なお有効な指針を与えるものである。

(3) 心理学的ストレス理論：ラザルスの認知的評価とコーピング

　心理学の立場からストレス研究に迫った第一人者は，ラザルスとフォークマン（Lazarus & Folkman, 1984）である。彼らの心理学的ストレス・モデルにおいて，**心理学的ストレス**とは，「個人が，その環境を，自分のもつ資源以上の重荷を負わせるもので，自分の安寧を脅かしていると評価した場合の，個人と環境との特別な関係をいう」と定義され，ストレス状況は，その個人の主観的評価，すなわち認知的評価に依存することが述べられている。

　環境からの要求など種々のストレッサーは，一般的に，人々にストレスをもたらすと考えられるが，それに対する反応には個人差があり，解釈も異なる。また，ストレッサーに対する感受性や脆弱性も違っていることから，そのストレス反応に至る過程には，認知的評価の果たす役割が大きいことが指摘されている。認知的評価は，一次的評価と二次的評価に区別される。一次的評価とは，今自分が置かれている刺激状況や，これから起こるであろう状況が，自分にとってどれくらい脅威になるのかについての主観的な評価である。それは，自分の価値や目標，信念などが，刺激状況によって危うくなっているか，脅かされているかどうか，によって決まる。その結果，「無関係」と評価されれば，その刺激はその人の健康や生活に意味をもたないものであり，「無害-肯定的」評価であれば，そこに起こる結果は，むしろ自分にとっての良好な状態を維持・強化することになる。しかし，「ストレスフル」と評価された場合には，そのことは，自分に害や損失を与えたり，脅威を与えたり，また挑戦の機会を与えたりもすると判断される。

　次に，一次的評価により「ストレスフル」とされた場合には，それを処理し

たり切り抜けるための方策が必要となる。この，何をなすべきかを検討する段階が二次的評価である。すなわち，このストレスフルな状況下で，先行経験や環境上の手がかり，あるいはパーソナリティや個人のもつ資源に基づいて，行動する必要があるか，いつ行動すべきか，何をすべきか，それは可能か，どんな結果が待ち受けていると予想されるか，行動しなかった場合どうなると予想されるか，などの見通しを立てたうえで，コーピング（対処）の方略を選択するための評価を検討する段階である。

この2種類の評価は，必ずしも一次的評価が時間的に先行しているわけでは

表4-3　日常苛立ち事尺度 (宗像ら，1986)

(1) 自分の将来のことについて	(18) 他人に妨害されたり，足を引っぱられることについて
(2) 家族の将来のことについて	(19) 義理のつき合いが負担であることについて
(3) 自分の健康（体力の衰えや目・耳の衰えを含む）について	(20) 暇をもてあましがちであることについて
(4) 家族の健康について	(21) どうしてもやり遂げなければならないことがひかえていることについて
(5) 出費がかさんで負担であることについて	(22) 自分の外見や容姿に自信がもてないことについて
(6) 借金やローンをかかえて苦しいことについて	(23) 生活していく上で性差別（男性の場合も含む）を感じることについて
(7) 家族に対する責任が重すぎることについて	(24) 不規則な生活がつづいていることについて
(8) 仕事（家事，勉学等を含む）の量が多すぎて負担であることについて	(25) まわりからの期待が高すぎて負担を感じることについて
(9) 異性関係について	(26) 陰口をたたかれたり，うわさ話をされるのが辛いことについて
(10) 職場（学生の場合学校）や取引先の人とうまくやっていけないことについて	(27) 過去の事で深く後悔し続けていることについて
(11) 家族とうまくやっていけないことについて	(28) 公害（大気汚染や近隣騒音など）があることについて
(12) 親族や友人とうまくやっていけないことについて	(29) コンピュータなどの新しい機械についていけないことについて
(13) 近所とうまくやっていけないことについて	(30) 朝夕のラッシュや遠距離通勤（通学を含む）に負担を感じることについて
(14) 家事や育児が大変であることについて	
(15) いつ解雇（学生の場合退学）させられるかということについて	
(16) 転職後の生活について	
(17) 今の仕事（家事，勉学等を含む）が好きでないことについて	

(注)　(1)〜(30)の各項目で「日頃イライラを感じているかどうか」について，1. 大いにそうである，2. まあそうである，3. そうではない，の選択肢のうち，1. 大いにそうである，を選んだ場合を1点として加算し，指標化した尺度。加算した合計が3点以上は日常苛立ち事が多い。信頼性係数 $a = 0.8529$。

なく，また，どちらかに従属していることも，重要度が決まっているわけでもないが，相互に影響を及ぼし合うものである。さらに，ラザルスらの心理学的ストレス・モデルは，環境と個人との関係について，主観的・相対的・相互作用的な捉え方をしている点に特徴がある。それに加えて，ストレスが，「ストレッサー－認知的評価－コーピング－ストレス反応」といった一連のプロセスとして示されたことも，それまでの考え方との相違点である。

ところで，ラザルスと共同研究者（Kanner et al., 1981）は，ホームズらが用いている生活出来事タイプの研究に対して疑問を呈し，そうしたものよりも，騒音や家事の負担，育児，近所との関係など，持続的，慢性的，常態的な性質をもつ，**日常の苛立ち事**の積み上げこそが，より重大なストレッサーとの考えのもとに，「日常苛立ち事尺度」を開発している。表4-3は，その日本版の一例（宗像ら，1986）である。

章頭の，団塊世代主婦の「主人在宅ストレス症候群」は，毎日の生活の中で感じるささいな苛立ち事が，精神的健康度を低下させていく，まさに格好の事例であろう。

【実践研究】 医療・看護場面におけるストレスマネジメント：リラクセーション外来の効果

　医療技術の進歩に伴い，これまで不治の病といわれた多くの疾患の延命が図られるようになった。その一方で，患者である当事者たちは，さまざまな治療法に関する情報開示を受け，身体的要因以上に精神的なストレス要因を抱え，自己責任のもとでの闘病生活を送らなければならない。
　小板橋（2006）は，医療現場において体験されるストレスの特徴として，①身体の内部に加えられる人為的介入（治療介入）であり，②多くの苦痛と生命危機を伴う体験である，③病気の発見と病状の明確化によって，その人の社会的価値が低下する恐れがあり，（略）⑦人生目標の中断・立て直し・変更の必要性を突きつけられることによる混乱に巻き込まれる，など7点を挙げ，これらへの感情的支援サービスの提供を目的とした，リラクセーション外来を大学病院の総合診療部看護相談部門に開設したことを報告している。
　2003（平成15）年に開設されたこの外来には，約3年間で延べ230名の受診があり，毎年，経時的な増加を示している。受診者の多くは中高年の女性で占められているが，「がん」（36％），や「精神疾患」（30％），その他の「慢性疾患」（17％）などの治療中である例が多く，疾患治療に伴って生じるさまざまな精神的不安の大きさをうかがわせる。
　「リラクセーションの過程は，その人にもともと備わっているホメオスタシ

スとしてのフィードバック機構を，スムーズに働かせるための介入であり，生体機能が本来の調った状態に向かうように方向づけていく支援は，感情面からの基本的生活支援と位置づけられる」「こころの緊張を和らげて，自律神経やホルモン・免疫成分の流れを調えることは，基本的な看護介入である」との立場から，E. ジェイコブソンによる漸進的筋弛緩法を取り入れ，自分の緊張状態に気づくことから始まるストレス・マネジメントとして計画された。

　指導の実際は，電話予約の後，初回受診者は，まず医師の診断を受け，その後，身体的状態やその他の状況に応じて，「横隔膜呼吸法」「筋弛緩法」「自律訓練法」「誘導イメージ法」「瞑想法」などのプログラムの中から，自由にメニューを組み合わせて選択してもらい，順次指導を行う。1プログラムは25分程度，1回の受診全体としては90分程度，可能なものについては自宅でも実施できるように進めていく。これを，3ヶ月間を1クールとして，その間適宜，再診してもらうシステムをとっている。

　このプログラムによる，リラックス反応の評価としては，プログラム前後の血圧や脈拍，皮膚表面温，皮膚電気抵抗が生体反応として測定され，さらに，主観的なリラクセーション尺度による，気分の感じ方，リラックス感，活力感の測定が行われている。その結果，実施後の，収縮期血圧と脈拍の有意な低下，気分の感じ方，リラックス感，活力感の有意な上昇が報告された。また，小板橋は，乳がんの術後で，放射線治療などを継続している59歳の女性は，再発の不安が強く不眠状態に陥っていたが，この外来を初回受診した直後から，血圧や脈拍の安定とともに，皮膚表面温の上昇による手足の暖かさを感じ，気分の落ち着きを感じることができた事例や，多くの受診者に表情が和らぎ，自分の体験を話すことができるようになることから，患者同士の互いの感情的支援につながっていること，などを報告し，この方法の有効性と，他領域における活用についても奨励している。

出典：小板橋喜久代　2006　リラクセーション外来におけるストレスマネジメント　現代のエスプリ，**469**，202-212.

2節　コミュニティ心理学的ストレス理論：ドーレンウェンドの心理社会的ストレス・モデル

(1) ドーレンウェンド・モデルの概要

　コミュニティ心理学の視点からのストレス・モデルが，時のアメリカ心理学会・コミュニティ心理学分科会の会長であったドーレンウェンド（Dohrenwend, 1978）の講演において示されている。ドーレンウェンド（Dohrenwend, B. S.）は，夫であり精神医学的疫学者であるドーレンウェンド（Dohrenwend, B. P.）

2 コミュニティ心理学的ストレス理論:ドーレンウェンドの心理社会的ストレス・モデル　　81

とともに，精神保健や精神障害の研究には医学モデルのみが用いられていた1960年代に，環境的因子やストレスフルな生活出来事が，どのように精神機能障害を引き起こすのかについての研究を行い，ソーシャルサポートのストレス緩和効果について証明し，コミュニティ心理学や精神医学的疫学の発展に寄与した（Duffy & Wong, 1996）。

「コミュニティ心理学者は，何をするのか？」「コミュニティ心理学と臨床心理学は，どこが違うのか？」という，その当時のコミュニティ心理学の研究者や実践家の問いに対する答えとして，ドーレンウェンド（1978）は，コミュニティ心理学に何らかの秩序をもたらすための概念的枠組みとして，1つのモデルを提示した。コミュニティ心理学者が，精神機能障害の発症数を少なくすることを欲するならば，その注意を，ストレスの「プロセス」に焦点づける必要があることを，この心理社会的ストレス・モデルで示したのである（図4-1）。

まずは，この図を簡単に説明しよう。中央の「ストレスフルな出来事」「一時的なストレス反応」は，これまでのストレス理論と同様，ストレッサーとストレス反応である。ただ，これまでの理論と違う点は，「一時的な」ストレス

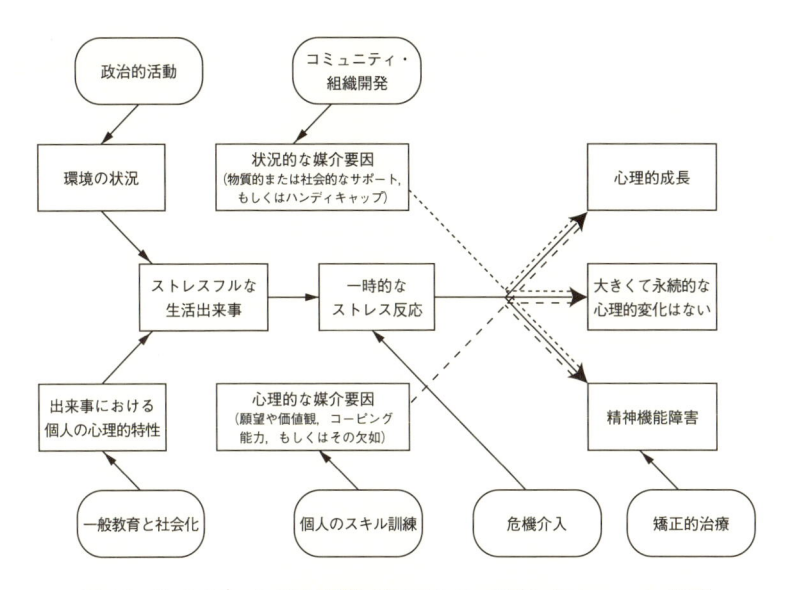

図4-1　**ドーレンウェンドの心理社会的ストレス・モデル**（Dohrenwend, 1978）

反応であり，これがそのまま病気や障害とみなされているわけではないことである。ドーレンウェンドのモデルでは，精神機能障害と，心理社会的ストレス反応とを区別している。**心理社会的ストレス**は，外傷体験となる生活出来事に対する正常な情緒的反応であり，ある個人が精神障害であることを含意しない。つまり，**ストレス反応**を1つの「症候」とみることよりも，むしろ，それは自己の中にもっている1つの「プロセス」としてみるのである。このストレス状態が可能な限り早く改善されるならば，情緒的反応は精神機能障害へと悪化の道を辿ることは回避できるだろう。そのことは，この四角のさらに右に位置する3つのカテゴリーが表しているが，これについては後に述べることとする。

これより上段にある四角は，ストレス・プロセスへの環境的寄与を示し，リスク状態にある人々に役立つ環境的資源である。一方，下段にある四角は，ストレス・プロセスへの個人的寄与を表しており，リスク状態にある人々の個人的抵抗を強化する資源を示している。ただし，図にもあるように，この寄与資源にはマイナスのものも含まれる。

また，周辺にある6つの丸四角は，それぞれへの介入のための手段を表している。これまでの心理療法のような臨床心理学の介入方法に加えて，コミュニティ心理学が強調するコミュニティ開発や政治的活動（社会変革や市民参加など）が，この全体の中に統合されていることになる。

ところで，このモデルには3つの利点がある，とレヴァインら（Levine et al., 2005）は述べている。第一に，精神機能障害と心理社会的ストレスとの間にはある仮説的な結合があり，その全体像をこのモデルが描いていることである。心理社会的ストレスを強調することで，診断や病気ではなく，もっと違う用語で問題を考えることを可能にする。第二に，このモデルは，時間の次元を組み込んでいるので，どのような介入が有効であるかを示すことで，治療を探し求める前に予防することができる。第三に，リスク状態にある人の，個人的抵抗力を強化する人的資源とともに，その人に役に立つ環境的資源を創り出したり強化したりする，精神保健プログラムをわれわれに考える方向づけをする。つまり，人中心と，環境中心の問題の両方を，同じ枠組みの中で扱っており，障害の予防への介入とともに，QOLやウェルビーイングの改善のために，総合的に用いることができる。

these らについて，以下に解説することにしよう。

(2) ストレスフルな生活出来事

　精神機能障害についての伝統的な医学モデルでは，その障害は，個人に生得的なものであったり，あるいは幼児期の経験が原因であるものとみていたが，ドーレンウェンドはこれに異を唱えた。このモデルでは，過去の子ども時代の経験よりも，その人の生活の中で起こっている，最近の**ストレスフルな出来事**，すなわち，先のホームズとレイの社会的再適応評定尺度の中に挙げられているような出来事や，ラザルスらの日常苛立ち事尺度の項目などが，個人の適応に影響を及ぼすと考える。ストレスフルな出来事は，人のそれ以前の順応の状態に挑戦を突きつけ，新しい適応をその人に要求する。この要求にうまく応えられないと，不安やうつ，混乱，激怒，無力感などの感情や，また，頭痛や不眠など身体的な反応を伴うかもしれない。ただ，これらの反応は，その人の現在の順応が挑戦を受けていることへの正常な情緒的反応なのであり，対処するための心理的な手段や，役に立つ支援が十分ではないかもしれないことへのサインであって，一時的なストレス反応であり，それ自体は精神機能障害とは見なされていない。

　ところで，ストレスフルな出来事にも多様なものがあり，その性質によってストレッサーを分類することも試みられている（植村，1994）。

　1）急性ストレッサーと慢性ストレッサー　　交通事故や火事など，一時的，急性的な性質をもつものと，騒音，家事の負担など，持続的，慢性的な性質をもつものがある。

　2）快ストレッサーと不快ストレッサー　　結婚や昇進など，ストレッサーではあっても快適なものと，離婚や失業などの不快なものに分けられる。ただ，快か不快かは主観的なもので，客観的に決めるやり方には異論もある。

　3）外的ストレッサーと内的ストレッサー　　自己の外部の環境から生じるものと，心や身体など自己の内部の環境から生じるものとに区別できる。外的ストレッサーは，①物理的・生物的・化学的ストレッサー，②社会的ストレッサーに，内的ストレッサーは，③情緒的ストレッサー，④身体的ストレッサー，に分けられる。

こうした種類や内容ばかりでなく，その他にも，出来事の強度や持続性，同時多発数や頻度，複雑性，コントロールや予測の可能性，なども適応に影響を及ぼすと考えられる。

(3) ストレスフルな出来事に影響を及ぼす個人的要因と環境的要因

上に紹介したようなストレスフルな出来事が，そもそも起きやすい人や環境というものもある。ドーレンウェンド（1978）は，「ストレスフルな出来事は，それらが，その人が置かれている環境によって，あるいは，その出来事の中心となっている人の心理社会的な特性によって，決定されるその程度が変化する」と述べており，このモデルが，人と環境の両方を説明しており，ある問題のどちらの側面がより重要であるかに関して，われわれが焦点づけをすることを認めるものとなっている。

例えば，ある人が失業というストレスフルな出来事に直面しているとして，その原因が，経済不況という個人の力ではいかんともしがたい要因によることや，作業環境の悪さが原因で怪我をし，それがもとで退職に追い込まれることもあるだろう（図中の，「環境の特性」）。あるいは，ヘビードリンカーであることで，職務上の失敗や人間関係上のトラブルを起こしたことが原因で，解雇されるという場合もあるだろう（図中の「個人の心理的特性」）。個人的な理由か，環境的な理由か，どちらが原因で職を失ったにせよ，その人は失業というストレスフルな出来事に直面して，新しい状況に適応する必要にせまられる。

ただ，このモデルにおいては，その人にのみ焦点を当てたり，環境のみに原因を求めたり，あるいは，その他のすべての要因を無視することでは，不十分であると考えている。ストレスフルな出来事の原因がいずれにあるにせよ，モデルが示しているように，それを予防するために介入することや，それに続くプロセスの中で，一時的なストレス反応，さらにそれに続く結果がもたらされるのである。

(4) 状況的媒介要因と心理的媒介要因

ドーレンウェンド・モデルでは，ストレス-病理関係において，状況的媒介

要因と心理的媒介要因は，ともに結果を決定する上で重要な役割を占めている。図4-1に明らかなように，状況的媒介要因にはソーシャルサポートが，心理的媒介要因にはコーピングが，それぞれ代表的なものとして挙げられている。このうち，ソーシャルサポートについては，第6章で詳しく説明される。また，コーピングについては，本章の次の節で取り上げることにしよう。

(5) 一時的なストレス反応の先にあるもの

一時的なストレス反応と，状況的および心理的媒介要因は，モデル図の右端の3つの結果のカテゴリーを導く上で，複合的な形で相互作用する。

次の第5章で取り上げるように，キャプラン（Caplan, 1964）の危機理論によれば，**危機状態**は，一方でわれわれを「危険」に導き，精神的脆弱性をもたらすものである反面，人の成長を促進させる「機会」ともなることを強調している。この考え方を適用すれば，「一時的ストレス反応」は危機状態を意味しており，それは，結果として，精神的脆弱性としての「精神機能障害」に至る道や，反対に，成長促進としての「心理的成長」への道を開くであろう。モデル図が示すように，ドーレンウェンドは，①苦しい経験をクリアーすることの1つの結果として，ポジティブに成長したり変化する（「心理的成長」），②その人にとっての，本質的な元の状態に戻る（「心理的変化なし」），③永続的な精神機能障害を発達させる（「精神機能障害」），の3つの結果を描いている。章頭のエピソードは，まさに夫婦の危機をインターネットのサイトによって脱出する例である。

臨床心理学や精神医学に基づく臨床的な努力の大部分が，この心理社会的ストレスのプロセスの最終地点での「治療」の提供である。ドーレンウェンドは，ストレスが原因で引き起こされる精神機能障害の症状に立ち向かう人々への最良の方法は，できる限り早期の時点で危機状況に出会うことであり，そこで可能な限りの一次予防の努力をすることであると仮定した。それゆえに，ドーレンウェンドは，この図の周辺に位置する「政治的活動」や「コミュニティ開発」や「教育」を通して，望ましくない出来事が生起する前に，あるいは，極力それらがその個人にとっての最後の問題になりそうになる前に，コミュニティに対して危機介入が提供することを示すために，コミュニティ・

ベースのストレス・プロセスのモデルを提示したのである。コミュニティ心理学の立場からのストレスの研究や実践は，治療に至る以前の段階への予防的介入にあることが理解できるであろう。

3節　コーピング

(1) コーピングとは何か

すでにみてきたように，ドーレンウェンド（1978）の心理社会的ストレス・モデルにおいては，一時的ストレス反応がどのような結果を招来するかには，状況的媒介要因と心理的媒介要因が大きく関わっている。このうち，心理的媒介要因においては，なかでもコーピングの占める位置はきわめて重要なものである。これと類似する考え方は，心理学的ストレス理論を提唱したラザルスにもみられる。彼はコーピングを次のように定義している。

コーピングとは，「個人の資源に負荷を与えたり，その資源を超えると評定された外的ないし内的要請を処理するために行う認知的，行動的努力であり，その努力は常に変化するものである」。この定義から，コーピングのもつ3つの特徴が浮かび上がってくる。①コーピングは安定したスタイルや性格特性ではなく，状況によって変化する動的なプロセスである，②コーピングは意識的な努力であり，無意識レベルでなされる防衛機制や適応機制とは異なる，③コーピングとコーピングの結果とは別個である（島津，2002）。

つまり，コーピングは，ストレッサーによって生起した反応ではなく，1つの目的的行為であり，その目的は，心理社会的ストレス反応の低減にある。それゆえ，結果がどうであれ，その行為はすべてコーピングとして捉える必要がある。

(2) プロセスとしてのコーピング

コーピングとは，次々と移り変わるプロセスの中で起こる現象であり，人はそのコーピングのプロセスのある段階では，情動の流れに任せるようなやり方に依存しなければならないかもしれない。しかし別の段階では，課題解決のような別のやり方を駆使していかねばならないかもしれない。このようなプロセ

スの移り変わりは，対処する人と，それを取り巻く状況との関係が変化していく限り続いていくものである。したがって，ストレスフルな出来事との遭遇が展開していくプロセスや，それに対するコーピングの現れ方を，パーソナリティ特性というような，一貫していて簡単には変化することのないようなものによって，適切に説明していくことはできない。

　プロセスとしてのコーピングの内容は，例えば，ある悲しみの出来事の，長い期間にわたるさまざまな変化というものによって理解できる。愛する人を喪ったような悲しみの場合，人は誰も最初にショックからそのことを信じようとしないものであり，その死を否定し，気も狂わんばかりの動作を示したり，涙ぐんでばかりいたり，あるいは，あらゆる力を振り絞って平静さを保とうとしたり，仕事を続けていこうとしたりするのである。そのような段階を経た後で，やがて激情的な動作も薄らいだり，抑うつ的傾向を示すようになったりして，次第にその死を最終的に受け入れるようになり，残されている課題の解決に新たに立ち向かう意志が生まれてきたりする。このようなコーピング・プロセスは，全体としてみるならば，何年間にもわたる年月をかけて持続するものであり，1つの持続したコーピング・プロセスというものは，第三者からみると，それぞれの異なった段階では，まったく別のやり方や内容であるかのように思われるかもしれない。

　プロセスとしてのコーピングは，ストレスをもたらす出来事とのすべての場合に起こることであり，それはほんの数分のうちに起こることも，上の例のように何年間も持続していくこともある。

(3) コーピング方略の分類

　上に述べたように，コーピングはプロセスであり，その時々で異なる方略がとられるが，これを分類することが試みられている。

　最もよく知られた分類が，どこに焦点づけをするかによる分類で，ラザルスとフォークマン（1984）は，これを問題焦点型と情動焦点型と名付けた。前者は，課題中心の方略で，ストレスの原因となっている出来事を根本的に取り除くという課題に取り組むことに焦点を当てたコーピングの仕方であり，問題解決に向けて情報収集する，計画を立てる，具体的に行動する，といった方略を

とるやり方である。一方，後者は，当面の問題によって生じている情動的な興奮状態を緩和することに焦点を当てる方略で，直面する問題について考えないようにする，問題の意味を考え直す，気を紛らわすために何かほかのことをする，といった方略をとるやり方である。

　スキレッピら（Scileppi et al., 2000）は，ストレスフルな状況を変える助けとなる方略や，変えることができないストレスフルな状況の影響を減らす方略として，次の10個のものを挙げている。すなわち，①認知的対処，②精神的準備，③再枠づけ，④ソーシャルスキルの訓練，⑤リラクセーション，⑥瞑想，⑦サポート・グループ，⑧訓練，⑨身体的健康に注意すること，⑩回避，である。以下に，簡単に紹介することにしよう。

　①認知的対処とは，ストレスフルな出来事についての，その人の解釈や認知的評価を変えることである。マイナス思考は不安やストレスを生み出すので，プラス思考の考え方をとるようにする。②精神的準備は，ある予期的な出来事と結びついた恐怖の知識を事前に備えておくことと，危機に上手に対処している自分の姿をイメージして，心の中で繰り返すことを含んでいる。③再枠づけとは，マイナスの状況の枠づけをし直すことで，その出来事にはなにがしかの利得的な側面があると考えることによって，恐れを少なくする。④ソーシャルスキル訓練は，対人関係のスキルを上達させることで，人間関係に発するストレスを減らし，自信を増すことができるようになる。⑤と⑥は，いずれもリラックスした状態を達成することでストレスを減じる方略である。リラクセーションや瞑想には，さまざまな訓練方法が開発されている。⑦サポート・グループについては，本章では省略する。⑧訓練には，直接体験のほかに書籍やビデオなどの教材も含まれる。相対的に安全な環境下でストレスにさらされることは，スキルと経験を獲得することを可能にし，対処能力における自信を増進させる。事前に訓練や学習の機会をもつことで，本番を乗り切る力がつく。⑨身体的健康に注意することは，「健全な身体に健全な精神が宿る」ということわざで説明することができるだろう。⑩回避は，ストレスを引き起こし，危機になることが避けられない状況下での最良の方法である。回避は，最後の手段として用いられるべきであり，生き方として用いるべきではない。しかし，他の技術や方法によっては管理できない，ストレスフルな状況というものが存

在することも事実である。

【調査研究】　中学生における友人関係ストレスのプロセス

　不登校などの不適応行動の背景に，学校生活での学業や友人関係に発する心理的ストレスがあるが，このプロセスの全体の構造を捉えた研究は少ない。三浦・坂野（1996）は，ラザルスらのモデルに基づく，「ストレッサー→認知的評価→コーピング→ストレス反応」のプロセスを想定してこれに取り組んでいる。「友人関係ストレス」に関して紹介しよう。

　「友人ストレッサー」は，仲間はずれにされた，馬鹿にされた，など6項目からなる。「認知的評価」は，このストレスフルな出来事をどう感じたり，考えたかを問うもので，「影響性」（学校の生活を脅かすと思う，など7項目），「コントロール可能性」（解決のための方法がわかっている，など7項目）の2側面から評価させている。「コーピング」は，この出来事に対して，どんなことをしたり，考えたかを問うもので，「積極的対処」（気持ちを和らげるのに役立つことをする，など9項目），「サポート希求」（自分の置かれた状況を人に聞いてもらう，など8項目），「思考の肯定的転換」（試練の機会だと思うことにする，など4項目），「あきらめ」（どうしようもないのであきらめる，など3項目）の4側面を測定している。「ストレス反応」は，気持ちや体の調子を問うもので，「不機嫌・怒り」（いらいらする，など6項目），「抑うつ・不安」（さみしい気持ちだ，など6項目），「無気力」（むずかしいことを考えることができない，など6項目），「身体的反応」（頭がくらくらする，など6項目）の4側面からみている。なお，これらの変数は，いずれも尺度構成の手続きを踏んだ，信頼性の確認されている心理尺度である。

　調査対象は，中学1～3年生139名（男子67名；女子72名）である。

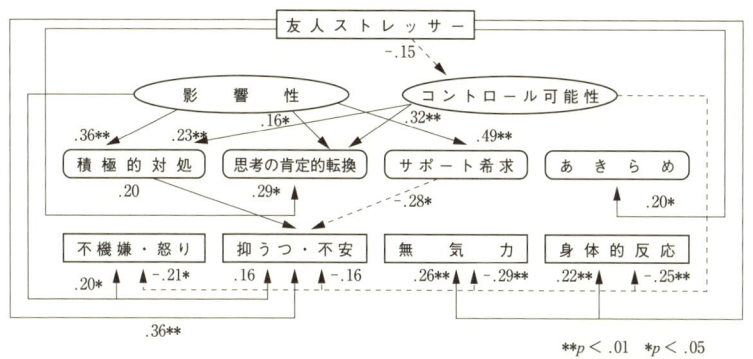

$**p < .01$　$*p < .05$
※点線は負の関係を表す

図　「友人との関係」場面におけるパス・ダイアグラム（｜パス係数｜＞.15）

以上の変数を投入した，パス解析の結果が上図である。矢印の元から先へ向かう数値は，影響力の大きさを表し，パス係数 0.15 以上のものを記載している。

この結果から，ストレッサーを多く経験することが，直接的にあきらめコーピングに結びつく傾向にあり，また，影響力があると考える生徒は，さまざまなコーピングを行う傾向にある。また，サポート希求の強い生徒は，抑うつや不安にならないことが明らかにされた。ただ，ストレッサーの強さは，ストレス反応のいずれにも強い影響を及ぼすことも明らかにされた。

出典：三浦正江・坂野雄二　1996　中学生における心理的ストレスの継時的変化　教育心理学研究，**44**(4)，368-378.

(4) ストレッサー・ストレス反応・コーピングの測定

　ストレス研究も他の多くの心理学と同様に，そこで用いられる多様な概念を数量化することで測定し，統計学的に処理することで概念相互の関係を明らかにしようとする。この章で紹介された，ストレッサー，ストレス反応，コーピングについて，その測定に関わる方法や測定用具の例を簡潔に紹介しよう。

　1) ストレッサーの測定　　すでに紹介したように，ストレッサーの測定には，大きく，ホームズとレイ流の，一定期間に生起したストレスフルな生活出来事について，得点化して合計点を求めたり出来事の数を数え上げたりする方式（表4-2参照）と，ラザルス流の，日常の苛立ち事を3段階（5段階）評定して合計得点を用いる方式（表4-3参照）がある。今日では後者の，日常生活の中で生じる苛立ち事を測定するやり方が一般的であるが，ただし，ラザルスの方式とは異なり，心理尺度を構成する手続きを踏んだ，多次元の下位尺度からなるものが主流をなしている。

　例えば，三浦（2002）の「中学生用学校ストレッサー測定尺度」は，学業（8項目），友人との関係（6項目），教師との関係（6項目），部活動（6項目），の4尺度からなり，1ヶ月間の各項目の経験頻度を4段階で，さらにその嫌悪度を4段階で求め，項目ごとに経験頻度得点と嫌悪性得点を掛け合わせ，さらにその尺度ごとの合計点を算出する方式の尺度である。

　2) ストレス反応の測定　　ストレス反応の測定には，既存のうつ尺度（例：Zungのうつ性自己評価尺度：SDS）や，気分・感情尺度，（例：日本版

POMS) 一般的な健康調査票（例：日本版 GHQ) などが，それぞれストレス反応の一部を評価する形で用いられることが多い．これに対して，ストレス反応専用の尺度を開発する動きもみられ，情動的反応（抑うつ・怒り・不安・無気力など），認知・行動的反応（自信喪失・ひきこもり・情緒混乱など），身体的反応（身体疲労感・自律神経亢進など）に分けた尺度を構成するものも現れてきている．

例えば，鈴木ら（1998）の「心理的ストレス反応尺度（SRS-18）」は，抑うつ・不安，不機嫌・怒り，無気力の3尺度，各6項目からなる4段階評定の一般用尺度である．

3) コーピングの測定 コーピングの測定におけるラザルスらの測定法は，「コーピング方略」と「コーピング様式」の2つの柱からなっている．コーピング方略とは，先に紹介したコーピングについてのラザルスらの2つの基本的機能である，(A) 問題解決，(B) 情動の制御を利用したもので，いずれの方略をとるかを測るものである．

コーピング様式とは，コーピング方略が実際にどのような行動の表れ方で遂行されていくかをみるもので，①直接行為，②行為の抑制，③情報の収集，④認知的対処，の4つからなっている．この方略と様式の二重の分類を組み合わせた質問項目を用意し，コーピング行動を測定しようとするものである．

これに類するものはいくつかあり，また，コーピング方略か，コーピング様式のいずれかのみを測定する形式のものもある．その場合，コーピング方略では，例えば，問題焦点－情動焦点，接近－回避，認知－行動などといった分類や，コーピング様式では，例えば，あきらめ，気晴らし，責任転嫁，肯定的解釈，カタルシス，などの分類による測定尺度が作られたりしている．

例えば，庄司・庄司（1992）の「職場用コーピング尺度」は，積極的－行動・認知，消極的－行動・認知，症状対処の3尺度の計32項目と，緩衝項目7項目を含む合計39項目から構成され，4件法で回答する職場生活の特性に限定したコーピング尺度である．

これらの測定尺度の実際については，パブリックヘルスリサーチセンター（2006）による尺度集があり，児童，中学生・高校生，大学生，成人勤労者，

成人一般・高齢者，に分けたうえで，それぞれの対象者用の，ストレッサー尺度，ストレス反応尺度，コーピング尺度，および，その他ソーシャルサポート尺度などが紹介されている。また，小杉（2002）では，わが国で開発・翻訳されている心理ストレス尺度を紹介しており，さらに，コーエンら（Cohen et al., 1995）は，外国の尺度を紹介している。詳しくはそちらを参照されたい。

キーワード
ストレス　ストレッサー　セリエのストレス学説　社会的再適応　心理学的ストレス　日常の苛立ち事　心理社会的ストレス　ストレス反応　ストレスフルな出来事　危機状態　コーピング

◆課　題

①章頭のエピソードに登場する，自宅火災死亡事例や，主人在宅症候群事例について，それぞれの生活を予測する中から，ドーレンウェンドの心理社会的ストレス・モデルの諸要因を用いて，一時的ストレス反応が悪化の結果に向かわない方策を考え，提案しなさい。

②最近経験した，ストレスフルな出来事や状況を思い出してください。その状況が解決されるまでのプロセスで，あなたが用いたコーピングはどんなものでしたか。

③既存のストレッサー尺度を参考にして，あなたが現在所属している集団（例：大学，サークル，バイト先）に特有の，ストレッサーの認知度を測定する尺度を作成しなさい。

引用文献

Caplan, G.　1964　*Principles of preventive psychiatory.* Basic Books（新福尚武監訳　1970　予防精神医学　朝倉書店）

Cohen, S., Kessler, R. C., & Goldon, L. U. (Eds.)　1995　*Measuring stress: A guide for health and social scientists.* Oxfor University Press.（小杉正太郎監訳　1999　ストレス測定法　川島書店）

Dohrenwend, B. S.　1978　Social stress and community psychology. *American Journal of*

Community Psychology, **6**, 1-14.
Duffy, K. G., & Wong, F. Y.　1996　*Community psychology.* Allyn & Bacon.（植村勝彦監訳　コミュニティ心理学　1999　ナカニシヤ出版）
Holmes, T. H., & Rahe, R. H.　1967　The social readjustment training scale. *Journal of Psychosomatic Resarch,* **11**, 213-218.
Kanner, A. D., Coyne, J. C., Schaefer, C., & Lazarus, R. S.　1981　Comparison of two modes of stress measurement: Daily hassles and uplifts versus major life events. *Journal of Behavioral Medicine,* **4**, 1-39.
小杉正太郎編著　2002　ストレス心理学　川島書店
Lazarus, R. S., & Folkman, S.　1984　*Stress, appraisal, and coping.* Springer Publish Company.（本明　寛・春木　豊・織田正美監訳　1991　ストレスの心理学　実務教育出版）
Levine, M., Perkins, D. D., & Perkins, D. V.　2005　*Principles of community psychology: Perspectives and applications* (3rd ed.) Oxford University Press.
三浦正江　2002　中学生の日常生活における心理的ストレスに関する研究　風間書房
宗像恒次・仲尾唯治・藤田和夫・諏訪茂樹　1986　都市住民のストレスと精神健康　精神衛生研究, **32**, 47-65.
中川哲也　1999　ストレス研究の歴史　河野友信・久保千春編　ストレス研究と臨床の軌跡と展望（現代のエスプリ別冊）至文堂　pp.43-55.
パブリックヘルスリサーチセンター　2004　ストレススケールガイドブック　実務教育出版
Scileppi, J. A., Teed, E. L., & Torres, R. D.　2000　*Community psychology: A common sense approach to mental health.* Prentice Hall.（植村勝彦訳　2005　コミュニティ心理学　ミネルヴァ書房）
Selye, H.　1976　*The stress of life* (revised edition.) McGraw-Hill.（杉靖三郎・田多井吉之介・藤井尚治・竹宮隆訳　1988　現代社会とストレス　法政大学出版局）
島津明人　2002　心理学的ストレスモデルの概要とその構成要因　小杉正太郎編著　ストレス心理学　川島書店　pp.31-58.
鈴木伸一・島田洋徳・三浦正江・片柳弘司・右馬埜力也・坂野雄二　1998　新しい心理的ストレス反応尺度（SRS-18）の開発と信頼性・妥当性の検討　行動医学研究, **4**(1), 22-29.
庄司正美・庄司一子　1992　職場用コーピング尺度の作成及び信頼性・妥当性の検討　産業医学研究, **34**, 10-17.
植村勝彦　1994　ストレスと対処行動　岩田　紀編　人間の社会行動　ナカニシヤ出版　pp.131-147.
梅澤　勉　1986　ストレス小委員会報告について　ストレスと人間科学, **1**, 66-69.

参考文献

石原邦雄・山本和郎・坂本　弘編　1985　生活ストレスとは何か　講座「生活ストレス

を考える」1　垣内出版
宗像恒次　1991　ストレス解消学　小学館
林峻一郎　1993　「ストレス」の肖像　中央公論新社

第5章
危機介入とコンサルテーション

吉武清實

学生生活における危機～大学カウンセラーのコミュニティ・アプローチ

　近年は，多くの大学でカウンセラーを配置するようになっている。以下は，ある学生相談機関（学生相談所，カウンセリングセンターあるいは学生相談室）に勤務する大学カウンセラーによる，コミュニティ・アプローチのエピソードの発端部分である。なお，エピソード中の事例は多数の事例をもとに合成し，大幅に加工を加えたものである。

（エピソード1：協働）5月半ば，ある工学分野の新入生が相談室に飛び込んできた。「物理学，線形代数学がわからない。4月の授業開始から，土日の休みもなく図書館につめて自分で勉強してきたが，くたくたになってしまった。もうどうでもいいような気持ちになってきた。入学したら，大学生としての楽しみの体験ももてると思っていたが……」。カウンセラーは，休学や留年をしたのち復学挑戦しようとして，同様に理系科目に強い不安を抱いている他の学生への援助のニーズと合わせて，行動をとる必要があると感じた……。

（エピソード2：コンサルテーション）6月に入ったある日，ある学生の両親が，そろって相談にみえた。「入学直後から一年余，子どもがひきこもっている。アパートを訪れても応答がない。ときおり電話には出てくれることがあるが……どうしていったらよいだろうか」と途方にくれた様子であった……。

(エピソード3：危機介入・予防・協働) 卒業を間近に控えた12月の半ば，1年以上にわたって指導の教授から尋常でない侵害的・攻撃的言動を浴び続けた結果，自殺念慮も抱くようになった，修士2年目の大学院生がやってきた。就職は内定していたが，教授への恐怖心から研究棟に入ると身体が震えるようになっており，卒業研究を継続できない状態に陥っていた。この研究室では，毎年，教授から誰かがターゲットにされて，嫌味や罵りの言葉を浴びせられ，途中で修士号の取得を諦めて退学していった者や，精神神経科に通う者も出ていた。大学には，セクシュアル・ハラスメントに対応する規程・ガイドラインは策定されていたものの，その他のハラスメントに対応する体制は整備されていなかった。しかし，カウンセラーは，この学生の心をケアするとともに，学生が卒業への最終ステップを踏めるように，ていねいに学生の合意をとりつつ，しかも，迅速に行動をとる必要があった。また，再発防止に取り組む必要性を強く感じた……。

(エピソード4：危機介入・予防・協働) 精神障害の症状のために，通院しながら学業に取り組んでいた学生の症状が，試験を間近にした時期になって悪化した。カウンセラーは，一人で暮らすことは危険であると判断して，精神科医と連絡をとった。家族によるケアが必要であった。両親は，子どもに何とか試験を受けて卒業するように，という働きかけをしていた。精神科医から，ケアが必要であるという説明を受けても，その姿勢をゆるめなかった。数日後，学生は自殺を企て，直後にカウンセラーに電話してきた……。カウンセラーは学生に今すぐにとるべき行動を指示したうえで，アパートへ直行し，学生を救急外来へ搬送した。生命に別状はなかったものの再発が危惧された。カウンセラーと精神科医，学生支援担当職員，学生の学部の教員，両親との協働が課題として残った……。

　危機介入とコンサルテーションは，特にわが国のコミュニティ心理学において重視されているテーマである。山本 (1986) が著した，わが国で最初のコミュニティ心理学の概論書では，危機介入とコンサルテーションに多くのページを振り当てている。

　危機介入もコンサルテーションも，転機にある個人やグループ，コミュニティへの援助行為であると同時に，予防の意味をもつ行為である。コミュニティ心理学は，人と環境の適合を基本理念としており，人が属している環境の

改善を志向する。コンサルテーションは，環境の改善，すなわち組織や社会の変革に有用な手法でもある。

わが国では，危機介入もコンサルテーションも，その実践が蓄積され始めてまだ日が浅い段階にあり，わが国の風土と文化，社会・経済システムとの関連において，効果的な危機介入とコンサルテーションを開発していくことが課題となっている。

1節　危機理論

(1) 危機状態

キャプラン（Caplan, 1961），山本（2000）をもとに，**危機理論**から述べるとしよう。

人のライフサイクルにおいては，その人がもち合わせているやり方，すなわち習慣的な認知の仕方や課題解決法では対処できず，新しい認知の仕方や課題解決法が要求される状況が次々に起こってくる。幼児期に入っていく保育園や幼稚園の同年齢集団の世界，進学という競争的世界，そして恋愛，就職，結婚，子どもの誕生，退職等々の新しい事態。また，離婚，転居，転職，病気，近親者や大事な人の自殺，仕事・恋人など大事なものの喪失。さらには，暴力と殺人，航空機墜落や列車・自動車の事故，火災・地震・洪水・火山の爆発などの災害，テロリズム，戦争など，偶発的に生じるものもある。それらは，われわれに挑戦，喪失，あるいは脅威のいずれかの形で迫ってくる。

危機的出来事に遭遇すると，人はまずは習慣的な認知の仕方や課題解決法を用いて，滞っている事態を解決しようとするが，それでも解決できないとき，混乱と動揺の状態に入り，その時期がしばらく続く。この状態をキャプラン（1961）は，**危機状態**と呼んだ。そして，この危機状態では，それを打開するためのさまざまな試みがなされるが，結果的には，ある順応が，その人自身や周りの人にとって，最もよい結果をもたらすか，または，そうでないかもしれない結果で形成される，とした。

危機状態が発生するとき，まずは最初に，平衡を保っていた心の状態をゆさぶる事態，「難問発生状況」が発生する。難問発生状況は，どの人にも同等の

苦痛をもたらすというものではない。脅威の程度は，その人のパーソナリティ特性や状況の認知の仕方によって，あるいは，その人が自分の経験に基づいて，対処できそうだという見通しをどの程度もてるかによって，異なってくる。

　危機状態は，「難問発生状況に直面して混乱したり意味づけたり，あるいは経験がなく適切な対処方法をまったく思いつかなかったり，やみくもに自分のもっている対処レパートリーのみを使って対処しようと努力することから解決の糸口がつかめず万策つきてしまう事態である」（山本，2000）。難問発生状況から脅威を受ければ，すぐに危機状態が生じるというものではない。習慣的防衛機制によっても，意識的な対処方法によってもうまくいかない状態が続いて，そこにさらに追い討ち的出来事（「結実因子」と呼ばれる）が重なったときに，危機状態は現実化してくることが多い。

　危機は，結果的に，新たな認知の仕方と対処方法を学ぶことができた場合には，成長の契機となるものである。しかし，対処できないことが続くときには，不健康なパーソナリティとなっていくことにもなりかねず，その意味で，危機（crisis）という語のギリシャ語の語源の意義どおりに，「分かれ目」である。

(2) 危機状態にある人の特徴

　山本（2000）は，危機状態にある人の特徴を，次のように整理している。

　①不安と混乱，それに基づく睡眠障害，食欲不振，うつ的状態などさまざまな精神症状が伴うことがある。認知的に物事や状況の捉え方が狭くなったり偏ったり，歪んだ見方になってしまっている。また，心の奥底にあるコンプレックスが働き出し，非合理的な意味づけや行動をとることもある。

　②何か新しい対処方式を求める欲求が，最も強い時点にいる。相談機関からみれば介入の好機であり，クライエント（来談者）と相談者のラポール（関係）がつきやすい状態である。

　③自分がもっていた解決方法を使い切った状態であるということは，日頃もっていた自己防衛のためのよろいが使えなくなっているということであり，新しい対処方法を身につけたいと望んでいることは，自己変革の熟期である。

④このような危機状態の期間はそれほど長くなく，1週間から6週間といわれる。タイミングよく介入することが望ましいということになる。危機状態にまだ十分なっていない状態で介入することも効果は少ないが，危機状態への対処が遅れるのも，すでに何らかの平衡を回復してしまっており，効果は少なくなる。

　防衛がゆるんでいる危機状態のタイミングに介入することの重要性について，ブルーム（Bloom, 1980）は，危機の状態でクライエントと1時間過ごすことは，時期を過ぎた段階で10時間過ごすことに匹敵する，と述べている。

(3) 危機介入の歴史

　危機介入の方法の登場にはいくつかの歴史的流れが合流している。山本（2000）によれば，①戦争神経症の治療の歴史，②自我心理学の発展による，自我資源を重視した心理療法の開発，③死別反応の研究から，悲哀作業を早期にさせることによって死別による歪んだ反応を予防できることを証明したリンデマン（Lindemann, 1944）と，個人および集団の危機に関する概念を整備した，キャプラン（1961, 1964）による予防精神医学的研究，④自殺予防運動による電話相談の展開，⑤1960年代終わりのアメリカにおいて生まれたフリー・クリニック運動などを源流に徐々に形作られてきた。なかでも，リンデマンとキャプランの仕事は，地域精神保健およびコミュニティ心理学の分野に大きく貢献した。

　山本は，危機理論と**危機介入法**は，わが国の地域精神保健活動や臨床心理学的地域援助にとっても，欠かすことができないものとなっている，と述べている。

(4) 危機介入法

　危機介入とは，危機的出来事に遭遇して危機状態に陥っている人や集団に対して，カウンセリング（面接）やコンサルテーションの手法によって，また場合によっては，支援チームの構成も行うなどして，危機からの回復を援助しようとしてなされる相談活動である。

　危機介入は，①とりわけ，危機状態にある個人の「安全」に注意を払い，②

即時の介入を目指し，③内面に深く入って面接を重ねる方法ではなく，直面している課題の解決に焦点を当てて，現実的で具体的な目標を設定するようにする。それは，短期に終結する相談活動である。

　危機介入でのカウンセリングにおいては，カウンセリングの基本的スキルの上に，危機介入のためのスキルが必要になってくる。カリフォルニア開発的カウンセリング協会編『クライシス・カウンセリングハンドブック』(2002) は，次のことを挙げている。①通常のカウンセリングよりも，ずっと一点集中的で，もっと積極的で，指示的である必要があること，②危機状態にある人の安全が脅かされると思ったときには，いつでも他のカウンセラーや地域のサービス機関と相談しなければならないこと，③その人をケアしてくれる可能性のある人とつながって，支援チームを構成できないかを検討すること，④リファー先（危機状態にある人をつなぐことが必要であると思われる支援機関，支援グループ，医療機関などのつなぎ先）となる地域社会の機関の人々と知り合ってネットワークを構築していくことが重要スキルの1つであること。

　ハンドブックはまた，危機介入の枠組みとして，5つの指針となるステップを提示している。

　①第1ステップ：心の通じ合いを図る，②第2ステップ：危機状態の大変さの程度や，その人のもつ資源とサポートシステム，また，その人の心理状態が，自他にとって危険であるかどうか見定めるアセスメント，③第3ステップ：解決法・対処法を考える，④第4ステップ：必要であれば，地域社会の資源も活用することも含めて，実行可能な具体的で前向きの行動について，その人と一緒に行動計画を立てる，⑤第5ステップ：フォローアップを行い，まだ危機が回復されていない場合，第2ステップに戻る。

(5) 危機介入と心的外傷後ストレス障害

　危機介入の方法は，近年，災害や事件・事故の発生時に，被災，あるいは被害を被って極端にストレスフルな状態にある人々に対して，精神保健の専門家が派遣されて，適用されるようになってきている。また，さまざまな相談機関や相談室を普段に訪れるクライエントへの援助においても，事故・暴力被害などの偶発的出来事によって心的外傷性のストレスの影響を受けて来談する人に

関して必要とされ，適用されるようになってきているものである。

災害・事件・事故・暴力への危機介入は，**心的外傷後ストレス障害**（Post-Traumatic Stress Disorder：PTSD）を防ぐための予防的対処として，被害直後の対応，危機介入のカウンセリングがぜひ必要であるという考えに立脚している。

心的外傷後ストレス障害（PTSD）は，通常の経験の範囲を超えた，心的外傷（trauma）を負うような出来事によって引き起こされるものである。災害や事件・事故によって心的外傷を受けた人の多くにおいて，災害あるいは被害直後に心的外傷ストレスの反応が起こる。そして一部の人に，PTSDの精神症状が，災害や事件・事故の発生から2～3ヶ月，あるいは5～6ヶ月経ってから現れてくる。被災・被害時から2～3年の経過の中で，PTSDの症状を示す人は減少していくが，中に慢性的なPTSDの状態を示す人も出てくる。

危機介入は効果があると考えられている。しかし，効果がみられた人をその後に追跡調査をしてみると，その中に繰り返し生じる慢性的PTSDを示すようになっている人たちがあり，限定的効果であるということができる（Fowlie & Aveline, 1985；Solomon et al., 1987）。

【事例研究】　大阪教育大学付属池田小学校事件における危機介入

　アメリカにおいては，1999年に，全米暴力被害児童センターがエール大学児童センター内に設置され，学校における事件発生時の危機対応プログラムの開発，教員への危機対応研修プログラム，および被害児童への支援を行っている。わが国では大阪教育大付属池田小学校事件において，学校災害への危機介入の取り組みがなされ，介入を行った大阪教育大学メンタルサポートチーム（2002）により，わが国における学校災害時の危機介入のあり方と介入組織，研修の仕組み作りについて，貴重な議論の材料が提示された。

　2001年6月8日，大阪教育大学付属池田小学校に刃物を持った男が侵入し，児童21名（うち8名死亡），教師2名を死傷させるという児童殺傷事件が発生した。被害者は児童，保護者，遺族，教員に及んでいた。事件直後，文部科学省内の対策本部より，医学や心理学の専門家派遣命令を受けた大阪教育大学，大阪府知事の指示による大阪府チーム，大阪大学，大阪府警，関西カウンセリングセンターなどさまざまな機関の専門家が合流し，支援チーム（後に大阪教育大学付属小学校メンタルサポートチーム）が結成された。事件2日目には，事件の特殊性から，文部科学省に対して，国立精神センターのPTSD研究者

の派遣依頼もなされた。事件当日に，自然発生的に危機介入組織として結成されるという異例な速さや連携の固さ，対応の迅速さと丁寧さという見地からも，サポートチームは重要な役割を果たした。しかし，これは，安全とされた学校において，多くの児童，教師が犠牲となった未曾有の事件であり，被害者支援は困難を極めた。

　サポートチームは，児童に対しては，①担任を通じて全家庭に電話で連絡をとり，児童の様子を確認（心的外傷の初期評価），②3日目より，担任とカウンセラーがペアとなっての全家庭への家庭訪問（災害時のアウトリーチ），③報道機関に対する児童への取材自粛要請（過剰な取材による二次被害の防止），④警察と検察による児童への事情聴取に対する要望（聴取日時の事前通知とカウンセラーの同席など），の支援を行った。保護者に対しては，①児童の心的外傷からの回復に重要な要因は安心感の確保であること，をふまえた保護者会の開催（心的外傷についての説明，退行現象がみられても叱らないこと），②24時間ホットラインの開設と相談所の設置，③心理教育を目的としたニュースレターの発行，といった支援と教育活動を行った。このほか，遺族への支援，小学校教員への支援を行った。全家庭への家庭訪問により，4分の1の家庭で，児童あるいは保護者が不安定で，経過観察が必要であると判断され，電話による経過観察が続けられ，必要に応じて医師やカウンセラーの訪問が行われた。

　この危機介入の経験から，サポートチームは，学校災害への危機介入にとっての課題を次のように整理している。①PTSDの回復には時間を要することから，長期のサポート体制が望まれること，②報道機関の取材自粛を実現させるための対策（過剰取材が児童への二次被害を引き起こした），②警官がメンタルヘルスについて（目撃児童への警官による事情聴取により，体調を崩したり，不安定になった児童が続出した），精神保健の専門家も警察機構について研修を受ける制度の導入，③危機介入組織を今回は医療保健機関が担ったが，学校災害全般に適応できるかどうかの検討。

出典：大阪教育大学メンタルサポートチーム　2002　大阪教育大学付属池田小学校事件における危機介入と授業再開までの精神的支援活動　大阪教育大学紀要Ⅲ，**51**，55-65.

---

(6) 危機介入の事例

　1）**アカデミック・ハラスメント被害学生への危機介入と予防・協働**　章頭のエピソード3の，その後の展開である。「……しかし，カウンセラーはこの学生の心をケアするとともに，学生が卒業への最終ステップを踏めるように，ていねいに学生の合意をとりつつ，しかも迅速に行動をとる必要があった。また，再発防止に取り組む必要性を強く感じた……」の続きの部分を記載

しよう。

　学生の同意を得て，研究棟に入ると身体が震えるようになっており卒業研究を継続できない状態であること，就職が内定していること，指導教授に伝わると何をされるかわからないという恐怖心を抱いていることなどを，この大学院の長に伝え，カウンセラー同席のもとに，学生と大学院の長とで対応が協議された。それをもとに，学生の気持ちに沿いつつ，卒業へ向けて，学生がとることのできる現実的・具体的行動が検討された。たまたま，大学院の長は，指導教授との直接的コンタクトなしに学生が残りの研究を継続できる環境と条件を見いだすことができた。後日，大学院の長は，この具体案を指導教授にも示して了解を得た。学生は集中力が続かない状態にあったが，カウンセラーは学生との面接を必要に応じて行って，変化していく学生の心身の状態と，研究の進行状況などを把握し，また，学生に同席して，学生に支援的な教員や大学院の長と状況の共有を図るようにした。学生は何とか論文を作成し，卒業することができた（ここまで合成事例）。

　この例では，たまたま，調整がうまく運んだものの，規程・ガイドラインがない中で，大学院・学部の教員や長によって行われる環境調整という行為はいつも綱渡りのような作業となった。カウンセリング・スタッフは予防活動に動くことにし，毎年，いくつかの学部・大学院の教員の研修の場でアカデミック・ハラスメント防止のための話を行っていった。また，全学部の1年生対象に行うことにした予防教育授業「学生生活概論」の中で，1回分をアカデミック・ハラスメント予防の内容とすることにした（池田ら，2005）。

　アカデミック・ハラスメント防止問題は，2001年を過ぎたあたりから，少しずつ他大学でも課題とされるようになり始め，2003年には全国の国立大学の副学長会議でも議題として取り上げられ，防止体制の整備が全国の大学で課題とされるようになり始めた。2004年，この大学のカウンセリング・スタッフは，全国で防止体制の整備がなされようとする状況において，それまで実際にアカデミック・ハラスメントの被害者・加害者の心の動きに触れ，相談対応の首尾・不首尾の経験を蓄積してきた学生相談カウンセラーとしての知見を，全国の大学に発信する必要と責任があると考え，類似の規模の他大学の学生相談スタッフに呼びかけて，「『アカデミック・ハラスメント』防止等対策のため

の5大学合同研究協議会」を立ち上げた。

　協議会は，2年間，計5回の研究会を開催して，2006年3月に，①大学としてアカデミック・ハラスメントを許さないと宣言する，②セクシュアル・ハラスメントだけでなく，アカデミック・ハラスメントを取り扱うことのできる，規程とガイドラインを策定する，③その際，必要な修学上・研究継続上の措置を図る「調整」を効果的に行うことのできる仕組みを整備できるような内容のものにする，④大学として，セクシュアル・ハラスメントのみでなく，アカデミック・ハラスメントにも対応するハラスメント相談窓口を明示し，また，相談・解決の流れを明示し，周知する，⑤大学としての相談・対応は，来談者の心理（望むこととしては，「被害状況からの回復」「妨害行為や暴力的行為にさらされずに修学・研究生活を継続できること」「責任を問い，厳正な措置を望むことも」「安心して修学・研究に取り組めるようになるための心身のケア」「相談への適正かつ迅速な対応・二次被害の防止」「安心感を回復したい思い」，不安としては，「相談に行ったことでかえって大きな被害を受けるのではないか」「結局，もみけされるのではないか」など）を知って行う必要がある，ことなどを示し，相談の模擬事例も添えた提言書，「アカデミック・ハラスメント防止ガイドライン作成のための提言」（『アカデミック・ハラスメント』防止等対策のための5大学合同研究協議会，2006）を，全国の大学に発信した。

　エピソード3の大学において，2006年2月に，アカデミック・ハラスメントも取り扱う規程とガイドラインが策定され，新たな防止体制が作られた。その際に学生相談のカウンセリング・スタッフは，知見を大学執行部に提示した。

　「大学の相談窓口は信頼でき，大学は誠実に対応してくれる」と広く認知される窓口と対応システムを作ることが，そしてそのためには，誠実に一つひとつの事案に対応していくこと，効果的な対応のために改善すべき点がみえたら規程・ガイドラインを改正していくこと，早期の相談と早期の環境調整の例が増えるようにすべての大学構成員への周知のための広報と予防講義を徹底していくこと，相談・対応の専門性を有するスタッフを養成・確保していくこと，が全国の大学にとっての課題である。そのために，担当の理事や副学長にとって，カウンセラーは重要な協働者である。

　2）危機介入と危機対応体制づくりへの協働　　章頭のエピソード4の，そ

の後の展開である。

「……カウンセラーはアパートへ直行して、学生を救急外来へ搬送した。生命に別状はなかったものの、再発が危惧された。カウンセラーと精神科医、学生の学部の教員、両親との協働が課題として残った……」。このケースでは、退院後の経過について、カウンセラーは、学生の学部の教員および両親と連携して、フォローアップすることが必要であると感じていたが、緊急入院後の学生と両親への対応は、入院先の医療スタッフによってなされたことや、その他の理由から、踏み込んで連携する行動をとることができず、両親ともつながりをもって、退院後もチームで見守るアプローチをとることができなかった。

このような、生命に関わる危機介入にあたり、大学内のスタッフ間の連携をどうするか、十分に取り決めがなされないままになっていた。エピソード3のアカデミック・ハラスメントへの対応についても、同じことがいえた。そこで、カウンセラーは、担当理事に実情を説明し、対策を検討し、その後、理事と副学長を座長に、全学の学部・大学院の担当責任者による協議会がもたれることとなった。これにより、その後の学生支援担当の理事、副学長と、学生相談カウンセリングスタッフ、精神科医・看護師等の学内医療スタッフ、学生支援担当職員、および各学部・大学院教員とが、全学的な連携によって危機対応を実行し、改善を行っていくための協議の基盤が整えられた。

【調査研究】　ドメスティック・バイオレンス　被害者のための危機介入

高畠（1999）は、ある民間シェルターを利用したDV被害者の実態を調査し、シェルター活動の機能と課題について、コミュニティ心理学的観点から考察を行っている。

1）相談機関によるサポートの意義について　　公的女性相談機関で、シェルター入所前から、個人療法によるきめ細かなサポートを受けていなかった被害者では、事後の相談・治療関係についても就労自立についても、必ずしもよい結果が得られなかった。相談機関によるきめ細かなサポートがあって、シェルターの利用の効果が上がることが示された。

2）広報・教育の重要性について　　Walker（1984）が「バタード・ウーマンは、暴力のために《孤立無援化》するので、救援行動は起こしがたい」と述べているのに対し、このシェルター利用者のほとんどが、入所前に親戚、知人などに何らかの助けを求める行動を起こしており、利用者の半数以上には、公的機関や女性相談機関が関わっていた。高畠は、その理由を、シェルター・ス

タッフの一般住民向けシンポジウムや,福祉事務所・保健所や市・区役所の職員向けの研修会を通しての広報・教育活動の結果であるとし,広報・教育活動の重要性を述べている.

3) シェルターの危機介入機能について　高畠は,利用者に,心と身体の安全を保障する場を提供すること,被害者が同じ仲間や支援者とつながることでエンパワーされること,被害者が近い将来に経済的・社会的・心理的自立ができるように,準備期間を提供すること,の3機能を挙げる.フォローアップ調査の結果,入所して3ヶ月後には,56％の女性がコミュニティでの生活という住まいの自立を遂げ,44％は仕事をもって経済的に自立し,多くの女性が治療によって精神的な強さと成長を遂げた.

4) アフターケアとネットワーク活動について　いったんは遂げられる自立も,時として脆く崩れることがあるため,持続的に,堅実にネットワークで支える必要がある.退所時に,14名56％が,以前の生活圏から離れた新しいコミュニティでの生活を始めており,それへの支援がシェルターとして重要な活動の1つであった.入所後自宅に戻った8名の検討から,予防およびアフターケアで相談治療的に支えられないと,元の暴力的環境に舞い戻る確率が高いことが示された.

　高畠は,「民事不介入」を理由に,被害者に保護の手が差し伸べられず,野放しの加害者が第二,第三の被害者を生み出している事実から,アメリカのような「反DV法」の早期制定が必要であり,シェルター・スタッフがDV問題に関心を寄せる政党や議員とつながり,議会で議論させるように働きかけを始めていることにもふれている.そして,DVが見過ごせない状況にあり,民間のささやかなシェルター活動に依拠するのでなく,行政主導でDVの予防・危機介入・アフターケアを展開しなければならない時期にきている,と述べて論文を締めくくっている.ちなみに,わが国でも,2000年の総理府男女共同参画室による「男女間における暴力に関する調査」や,男女共同参画審議会の提言などを経て,2001年にDV防止法が成立・施行された.さらに,2004年に改正され,市区町村も配偶者暴力支援センターの機能をもつことができるようになったため,公的シェルターが拡充される可能性も広がったが,まだまだシェルターの絶対数は不足し,地域的にも偏在した状態にある.

出典:高畠克子　1999　ドメスティック・バイオレンス 被害者のための"シェルター活動"─予防・危機介入・アフターケアからみた実践報告─　コミュニティ心理学研究,3(1),1-11.

2節　コンサルテーション

(1) コンサルテーションの定義

　コミュニティ心理学では，**コンサルテーション**をキー概念の1つとしている。その理由はどこにあるのだろうか。また，コンサルテーションという用語をどのように定義しているのだろうか。

　1）心理学の共有化としてのコンサルテーション　　コミュニティ心理学において，コンサルテーションが重要な概念である理由は，コミュニティ心理学が，心理学の専門家による個人あるいは少人数の集団への治療的関わりよりも，保育者による幼児たちへの関わり，教師による児童・生徒たちへの関わり，警察官による事件の被害者の人たちへの関わり，看護師による患者たちへの関わり，ソーシャル・ワーカーによる地域の人々への関わりが，コミュニティの精神保健にとって一層重要な意味をもつと考えているからである（Orford, 1992）。

　心理的問題の発生率に比べて，専門家の心理的援助を受けることができる人の数は非常に限られている。日常場面で，実際に人々の心理的な苦痛や困難に対処する立場にあるのは，保育者や教師，警官，看護師，ソーシャル・ワーカーなどである。そこで，心理学的処方と介入を，対人的な仕事につく人々と共有する方法を見いだすことが，コミュニティ心理学の重要課題の1つとなってきたのであり，心理学の専門家は，心理学の実質的な実践者であるそれら他職種の人々に，「心理学を引き渡す」ことが必要なのである，とオーフォード（Orford, 1992）は説明している。

　2）コンサルテーションとカウンセリングの相違点　　カウンセリングは基本的に，あるケース（あるクライエント）とカウンセラーとの二者関係から成り立つコミュニケーションのプロセスである。これに対してコンサルテーションは，三者関係から成り立つコミュニケーションのプロセスである。コンサルテーションでは，まず，あるケース（ある人，もしくは，あるグループ，ある組織の中のチーム）と，そのケース（その人，もしくは，そのグループ，その組織の中のチーム）に援助的に関わろうとして問題や困難を抱え「困ってい

第5章 危機介入とコンサルテーション

```
┌─────────────────────────────────────────────┐
│  ┌──────────┐  助言  ┌──────────────┐      │
│  │コンサルタント│ ────→ │コンサルティ(専門家)│      │
│  │(精神保健ある│       └──────┬───────┘      │
│  │いは心理学関連│              │精神保健に関しての   │
│  │領域の専門家)│              ↓援助的関わり      │
│  └──────────┘        ┌──────────────┐      │
│                      │ケース          │      │
│                      │(個人,グループ,チーム)│      │
│                      └──────────────┘      │
└─────────────────────────────────────────────┘
```

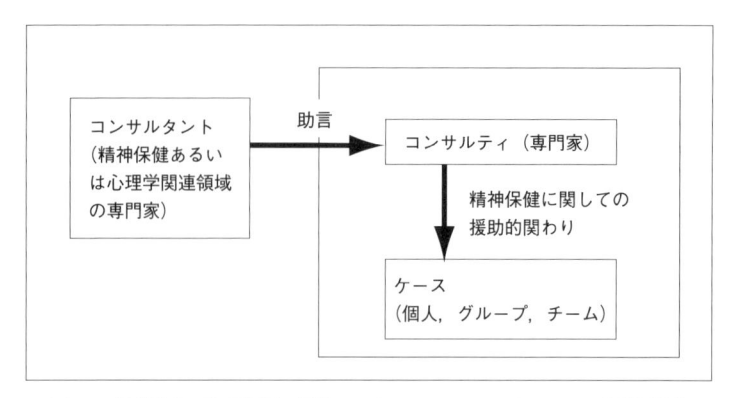

図5-1　精神保健／心理学関連領域におけるコンサルテーションの三者関係構造

る」専門家との二者関係がある。その専門家（コンサルティと呼ばれる）が，自分の困っている問題に関して，その問題の領域の専門家（コンサルタントと呼ばれる）に対して援助を求め，コンサルタントとなる専門家がそれに応えてコンサルティとなる専門家の問題解決に援助的に関わる，という三者関係の構造となる（図5-1）。

　カウンセリングが効果を上げたとしても，その恩恵の対象者は一人であるが，コンサルテーションが効果を上げるときには，コンサルタントから助言を受けた専門家が，問題解決の能力を向上させることによって，その後に，その専門家が出会うであろう，多くのケースまでもが恩恵を受けることができるかもしれない。その意味で，コンサルテーションはより効率的であると同時に予防の意味をもつのである。

3) 取り扱われる問題　コミュニティ心理学のテーマとしてのコンサルテーションは，危機介入とともに，アメリカで精神保健コンサルテーションとして発展してきたものであり，取り扱われる問題は，メンタルヘルス（「精神保健」）に関係した特定の問題である。近年では，より一般化された用語として「こころの健康」という訳語も用いられるようになっており，コミュニティ心理学において，コンサルテーションは「こころの健康」に関わる問題を取り扱う，と言い換えることができる。

4) コンサルテーションの定義　コンサルテーションは，コンサルタント

とコンサルティ，クライエント三者一組の関係からなる相互作用の過程である。オーフォード (1992) は，コンサルテーションを次のように定義している

コンサルテーションとは，他者（クライエント）に対してサービスを提供する責任を負うある個人（コンサルティ）が，彼または彼女のクライエントにより良いサービスを提供するための助けとなるような，特定の専門知識をもつと思われる他の者（コンサルタント）に，自発的に相談をする過程である。

(2) コンサルテーション関係

山本 (1986) は，**コンサルテーション関係**が成り立つための4つの基本特性を挙げている。

①コンサルテーション関係はお互いの自由意志に基づく。コンサルティは，コンサルタントの力量を認めて，自分の抱えている問題に役立てられると判断したうえで，コンサルタントに関与を求める。これに，コンサルタントもコンサルティに何らかの援助を行えると感じて，その求めに応じるところからコンサルテーション関係が成立する。それは強制や命令によるものではなく，必要がなくなったり，役に立たないと判断されれば，終わりとなる関係である。

②コンサルテーション関係は上下の関係ではなく，コンサルタントはコンサルティにとって局外者であって，直接の利害関係を有さない存在である。また，スーパービジョンと違って，異なる職域あるいは専門性，異なる組織の人間間の関係である。

③コンサルテーション関係は，カウンセリングと違って，始めと終わりがはっきりとしており，時間制限のある関係である。問題の責任の主体はコンサルティにあり，コンサルタントは深追いすることはせず，一定の距離をもって援助しようとする。

④コンサルテーション関係は，課題中心で成り立つ。コンサルタントは，カウンセリングのように，焦点をコンサルティの個人的問題や情緒的問題に当てるのではなく，コンサルティがその専門性によって，実際にどうやって問題解決するかに向けられる。コンサルタントはコンサルティの専門家としての社会的役割を尊重し，コンサルティの独立した社会性と専門性を強化しようとする。決してコンサルティから依存される関係にはしない。山本 (1986) は「コ

ンサルティの自主的な働きを尊重し，任せることができないとコンサルタントにはなれない。すぐに背負い込んだり，抱えこんだり，対決しようとしたり，相手の情緒的問題にふれられないことにイライラしたりするのでは，コンサルテーション関係は維持できない」と述べている。コンサルタントは，コンサルティの専門性の「よろい」を尊重し，コンサルティが実は有しているのに活用していない知識や情報，ソーシャルネットワークを活用しながら，問題解決を実現していくことができるように，大局的見地から援助するのである。

(3) コンサルテーションの種類

コンサルテーションを，簡潔にタイプ分けすることは容易なことではない。最もよく知られている類型は，キャプラン（1970）の4つの類型である。

①**クライエント中心のケース・コンサルテーション**は，コンサルタントもクライエントに会うという過程を含んでおり，そのうえで，コンサルティに専門家としての意見と助言を与えるもので，クライエントの問題をコンサルティがいかによく査定し，対応できるかに焦点が当てられる。

②**コンサルティ中心のケース・コンサルテーション**は，コンサルティが現に関わっている，あるいはこれから関わることになるクライエントに，より効果的に対応することができるようにするもので，クライエントに対応するときに生じる，コンサルティの側がもつ困難がどういうものであるか，さらに，その困難をどのようにして改善するかに焦点が当てられる。

③**対策中心の管理的コンサルテーション**では，焦点は「個々のクライエントにコンサルティがより効果的に対応できるようにすること」よりも，むしろ対策にあり，複数のクライエントあるいは「クライエント予備軍」の人々のためのプログラムを，効果的に計画したり，実行することにある。例えば，コンサルタントは，学校や職場，自治体の心理的健康に関わる対策のために，担当者（コンサルティ）と一緒かどうかには関わりなく自らもデータの収集と査定を行い，必要に応じて，クライエントあるいは「クライエント予備軍」の人々とも面接するなど，積極的な働きかけを行う。

④**コンサルティ中心の管理的コンサルテーション**では，焦点はコンサルティに当てられるが，問題は，コンサルティが個々のクライエントに効果的に対応

できることではなく，コンサルティが効果的なプログラムを立てることであり，その実現の妨げとなっているコンサルティ側の問題や欠点を明らかにし，それらを改善することである。

　コンサルテーションは時機によっても分類することができる。山本（2000）は，何か問題が発生し，当事者からコンサルテーションの依頼があったときに，コンサルテーション関係をもつ「危機コンサルテーション」と，日頃から問題を抱えている人々からの依頼で，時間をおいて定期的に実施する「定期的コンサルテーション」とを区別している。「定期的コンサルテーション」を持続しているうちに，突然，コンサルティ側に危機的状況が生じて，コンサルタントがコンサルティに「危機コンサルテーション」を提供するという事態が生じることもある。

　このほか，組織に属する専門家集団，あるいは何らかの目的で組織された専門家チームで特殊な知識とスキルの習得を必要としている人々に対して，習得を援助し，その専門家としての成長を支援することを主たる目標として，オンサイト研修（実際の現場で行う研修）にコンサルテーションの手法を用いている場合もある（菅井，2006）。

(4) コンサルテーションと協働（コラボレーション）

　わが国よりも一足先に，スクールサイコロジスト，スクールカウンセラーのような精神保健の専門職がその数を増し，学校に雇用されて，コンサルテーションを行うようになったアメリカでは，その経験が，コンサルテーションについてのキャプランのもともとのモデルに強い影響を与えることとなった（Dougherty, 2000）。コンサルタントの専門性の水準は，コンサルティーにコンサルタントの勧めることを拒みにくくした。このことは「上下ではなく対等である」という，コンサルタント−コンサルティ関係を不可能にするものであった。雇用されて内部にいる精神保健専門家は，通常，自らもケースへの介入に参加することを期待され，ある程度までは，そのケースへの介入の結果に責任を負うこととなった（Caplan et al., 1994）。

　こうして，キャプランは，**協働（コラボレーション** collaboration）という

語の意味づけを拡張し，互いに補い合うものとして概念化した（Dougherty, 2000）。

協働は，コンサルテーションといくらか異なる点をもつ。アーシュル（Erchul, 1993）は，協働はコンサルテーションとかけ離れた行為ではなく，コンサルテーションといくらか異なるところのあるものである，と述べている。すなわち，コンサルテーションを行う者と違って，協働の関わりを行う者は，検討すべきケースを確定し，そのケースへの介入の結果に責任を担うことになる。必ずではないが，クライエントへの対処に加わり，ホスト組織（学校など）がクライエントを利するように変化していくようにと，その組織の変化を探求する。協働では，また，精神保健専門家は内部にいて，一般的には協働してチームで動く。したがって，コンサルテーションと違い，コンサルティは「コンサルタントの助言を受け入れない自由」を行使できないかもしれない。キャプランは，組織の内部で働く精神保健の専門家にとっては，精神保健協働がコンサルテーションにとって替わられるべきだと述べている（Dougherty, 2000）。

協働をテーマとする事例研究は，わが国でも散見されるようになっている。例えば，井上・黒田（2003）は，地域中核病院の臨床心理士として，「医療スタッフとの連携だけでなく，利用主体者としての患者と家族との協働を基本にする」という基本姿勢に立って行った，末期子宮ガン患者の家族への介入の事例をもとに，一般病棟における臨床心理士の心理的援助のあり方を考察している。

このように，コンサルテーション概念から協働概念が分化させられてきたわけであるが，これは，心理学を共有してもらおうとする人々が組織に雇用されて，内部で働くようになるなかで，必然的に生じた分化であるということができる。わが国では，精神保健専門職の配置がようやく進行しつつあるところである。「心のケア」という概念の普及を伴いながら，学校におけるスクールカウンセラーの配置が進み，大学においても学生相談カウンセラーの配置が漸増傾向にある（大島ら，2004）。産業の分野でも，精神障害のケースが職場で増加していることから，専門家を内部配置，または外注のいずれかの形で配置して，職場の精神保健にどう対応するかが議論されるようになっている（島ら，

2002)。近い将来に，これらの概念の区別について，日本の実情に即しての議論がなされるようになっていくことが予想される。

(5) コンサルテーションと協働の事例

1) 入院患者の自殺を体験した看護師へのコンサルテーション　危機状態は，災害支援などでは救助にあたる側の人々にも，医療・福祉の場では患者や施設利用者の危機状態に対応していた医療・福祉スタッフにも，また，何らかの危機介入を行う過程で精神保健の専門家自身にも，生じることがある。五十嵐（2003）は，入院患者の自殺を体験した看護師を対象に，コンサルティ中心のケース・コンサルテーションを行っている。ある入院患者の投身自殺から6ヶ月を経た時点で，看護師の中に，現在も涙を流したり，患者の対応におびえていたり，自殺場所である給湯室への回避行動をとる人たちがいたことから，病棟師長からの依頼を受けて，13名の看護師に対し2ヶ月間で計5回のコンサルテーションが行われた。介入は，①事実関係の共通理解から入り，自殺した患者に対して抱いていた感情の表出と共有を図る，②残された材料をもとに自殺した患者の状態を理解する，喪の作業の試み，③看護で強調される"ともにいること"を体験レベルで感じあい，苦悩を共有する，④予定していたエクスポージャ（回避対象である給湯室にあえて赴くこと）をとりやめて，参加者間の関係を調整したのち，一人ひとりの自殺に対する思いや感情，経時的変化と現在の苦悩を共有する，⑤リラクセーションの指導ののち，自由意志に基づき，〈2名＋コンサルタント〉の3人ペアで給湯室へのエクスポージャを実施する，というプロセスで行なわれた。1年後のフォローアップでは，コンサルテーション前に比べ，Cornell Medical Index で神経症傾向を示していた者に変化はみられなかったが，Beck Depression Inventory で抑うつ状態であった3名の得点も，STAI の状態不安がレベルⅤだった2名の得点も減少し，抑うつや不安は減少していた。自由記述では，効果的であった点として「明確にしきれない状態の受容」「苦しみなどの感情や疑問をみなで共有できたこと」「自殺場所への恐怖感の軽減」「今後の看護に対する活用」などが挙げられたが，1名だけ，「辛いこと，忘れたかったことを思い出させられて辛かった」という否定的評価もあった。五十嵐は，課題として，コンサルテーションを定期化し

て行うことができるようにすれば，チームメンバー間の関係調整への働きかけの機会にもなり，職場のメンタルヘルスや包括的治療やケアの質の向上につながるだろう，と述べている。

2) ひきこもっている学生の両親へのコンサルテーション　　学生相談やスクールカウンセリングでは，家族をコンサルティとする，クライエント中心のケース・コンサルテーションが行われることがある。章頭のエピソード2のその後の展開である。「入学直後から1年余，子どもがひきこもっている。……どうしていったらよいだろうか」と両親は途方にくれた様子であった。カウンセラーは，1～2ヶ月に1回，両親への面接を行い，学生の状態を聞かせてもらい，子どもとのコミュニケーションのとり方について助言した。2回目の面接での両親の話によると，学生には，カウンセリングや医療機関に行く気持ちはなく，両親に大学のカウンセラーの所に行ってみないかと誘われても，行かないと応えた。面接の内容はそのまま本人にも，伝えてもらうようにした。1年後，学生は両親に「まだ，行かない」と述べた。それから1年後，学生はカウンセラーのもとへやってくるようになった。同じく来談している学生で，相談室が提供している居場所スペースを利用している数人の学生とも知り合った。ひきこもっている間に，被害関係念慮や対人恐怖の症状が強くなっており，本人も希望したため，カウンセラーは精神神経科医につなぐことにした。翌年，学生は再休学しながら運転免許の取得かアルバイトにトライした。その後，学生は自分で他大学の別分野の学部を受験し，新しい世界に進んでいった。その間，両親は学生を見守り続けた。学生は，卒業し就職した後も相談室で知り合った学生との交流を続けている。

3) 専門家のいない地方自治体への遠隔コンサルテーションによる支援実験

臨床心理士，精神科医などのほとんどは都市部に暮らしており，地方には専門家のいない地域が数多い。吉武ら（1998）は，そうした地方の自治体に遠隔コンサルテーションによる支援実験を行っている。コンサルティは町の障害福祉課職員や，教育委員会が運営する適応指導教室スタッフ，障害者の作業所のスタッフなどのキーパーソンである。彼らにテレビ電話を活用した，遠隔からの定期的・コンサルティ中心のケース・コンサルテーションを行って，キーパーソンの専門性の向上を高め，コミュニティのソーシャルサポート・システム作

りを支援しようとする試みであった。この研究は，科学技術庁（現・文部科学省）からの研究資金によって3年にわたって実施されたもので，年1～2回の現地訪問を組み合わせることで，テレビ電話による遠隔コンサルテーションが効果を上げることを確認した。研究期間終了後にも，自治体からは支援の継続を求められたが，コンサルテーションの継続には人員の確保と資金が必要であり，2年間継続した後に打ち切られた。

4）学生相談における協働　章頭のエピソード1のその後の展開である。「……物理学，線形代数学がわからない。4月の授業開始から土日の休みもなく図書館につめて自分で勉強してきたが，くたくたになってしまった。もうどうでもいいような気持ちになってきた……」。カウンセラーは，休学や留年をしたのち復学挑戦しようとして，同様に理系科目に強い不安を抱いている他の学生への援助のニーズと合わせて，行動をとる必要があると感じ，工学部の教務委員の教授に連絡をとり，対策について話し合った。教授の働きにより，2ヶ月後，工学研究科の大学院生によるマン・ツーマンの補習ピア・サポートが実現した。3年後には，学生相談スタッフと協働して行う，工学部・工学研究科としての「TA修学アドバイザー事業」として制度化され，理学部・理学研究科でも類似の事業が行われるようになった（高野ら，2006）。

キーワード

危機状態　危機理論　危機介入法　心的外傷後ストレス障害　コンサルテーション　コンサルテーション関係　クライエント中心のケース・コンサルテーション　コンサルティ中心のケース・コンサルテーション　対策中心の管理的コンサルテーション　コンサルティ中心の管理的コンサルテーション　協働（コラボレーション）

◆課　題

①危機介入とは何か，200字程度で「危機介入」を定義してみなさい。また，山本（1986, 2000）を手がかりに，危機介入の方法の流れを調べ，理解を深めなさい。

②あなたの大学で，a）精神保健に関わる危機介入とコンサルテーションはどんな学内委員会・審議会の管轄下で，どのような組織・部署の，どのようなスタッフによって実行されているか，b）未整備の点は何か，について可能な範囲で調べなさい。

③次に，②で調べたことに基づいて，c）危機介入とコンサルテーションがより適切に行われるようにするためには，どのような組織・部署からなるシステムを設計すべきか構想してみなさい。その際に，章頭のエピソード事例，吉武（2005），および日本学生支援機構のホームページ（http://www.jasso.go.jp/）中の「学生生活」の項目を参考にしなさい。

引用文献

アカデミック・ハラスメント防止等対策のための5大学合同研究協議会　2006　アカデミック・ハラスメント防止ガイドライン作成のための提言　『アカデミック・ハラスメント』防止等対策のための5大学合同研究協議会（北海道大学，東北大学，東京大学，東京工業大学，九州大学）

Bloom, B. L.　1980　Social and community interventions. *Annual Review of Psychology*, **31**, 111-142.

Caplan, G.　1961　*An approach to community mental health consultation*. Grune & Stratton. （山本和郎訳　加藤正明監修　1968　地域精神衛生の理論と実際　医学書院）

Caplan, G.　1964　*Principles of preventive psychology*. Basic books.（新福尚武監訳　1970　予防精神医学　朝倉書店）

Caplan, G.　1970　*The theory and practice of mental health consultation*. Basic books.

Caplan, G., Caplan, R. B., & Erchul, W. P.　1994　Caplanian mental health consultation: Historical background and current status. *Consulting Psychology Journal: Practice & Research*, **46**, 2-12.

Dougherty, A. M.　2000　*Psychological consultation and collaboration in school and community settings* (3rd ed.) Brooks/Cole.

Erchul, W. P.　1993　Reflections on mental health consultation: An interview with Gerald Caplan. In W. P. Erchul (Ed.), *Communication in community, school, and organizational practice*. Taylor and Francis. pp.57-72.

Fowlie, D. G., & Aveline, M. O.　1985　The emotional consequences of ejection, rescue and rehabilitation in Royal Air Force aircrew. *British Journal of psychiatry*, **146**, 609-613.

五十嵐透子　2003　入院中の患者の自殺を体験した看護師へのコンサルテーション　心理臨床学研究，**21**(5)，47-483.

池田忠義・吉武清實　2005　予防教育としての講義「学生生活概論」の実践とその意義　学生相談研究，**26**(1)，1-12.

井上直美・黒田小百合　2003　一般病棟における患者，家族，医療スタッフ　臨床心理士の協働　心理臨床学研究，**21**(1)，68-79.

カリフォルニア開発的カウンセリグ協会編　國分康孝・國分久子・坂本洋子監訳　2002　クライシス・カウンセリングハンドブック　誠信書房

Lindemann, E.　1944　Symptomatology and management of acute grief. *American Journal of psychiatry*, **101**, 141-148.

Orford, J.　1992　*Community psychology: Theory and practice*. John Wiley & Sons. (山本和郎監訳　1997　コミュニティ心理学：理論と実践　ミネルヴァ書房)

大島啓利・林　昭仁・三川孝子・峰松　修・塚田展子　2004　2003年度学生相談機関に関する調査報告　学生相談研究，**24**(3)，269-304.

島　悟・田中克俊・大庭さよ　2002　産業・経済変革期の職場のストレス対策の進め方　各論1．一次予防（健康障害の発生の予防）　産業衛生学雑誌，**44**, 50-55.

Solomon, Z., Milkulincer, M., & Kotler, M.　1987　A two year follow-up of somatic complaints among Israeli combats stress reaction causalties. *Journal of psychosomatic Research*, **31**, 463-469.

菅井裕行　2006　学校コンサルテーションによる特殊教育教師の専門性支援―視覚聴覚二重障害教育を担当する教師を支援した事例―　コミュニティ心理学研究，**9**(2)，134-148.

高野　明・吉武清實・池田忠義・佐藤静香・関谷佳代・仁平義明　2006　東北大学における修学支援を中心としたピア・サポート　東北大学学生相談所紀要，**32**, 9-16.

山本和郎　1986　コミュニティ心理学―地域臨床の理論と実際―　東京大学出版会

山本和郎　2000　危機介入とコンサルテーション　ミネルヴァ書房

吉武清實・菅井邦明・村井憲男・新谷　守・上埜高志・細川　徹・阿尾有朋　1998　広域高速ネットワークを活用した地域精神保健・障害福祉領域でのソーシャルサポートシステムづくり―コミュニティ心理学的アプローチ―　東北大学教育学部研究年報，**46**, 165-190.

吉武清實　2005　改革期の大学教育における学生相談―コミュニティ・アプローチモデル―　教育心理学年報，**44**, 138-146.

第6章
ソーシャルサポートとセルフヘルプ

丹羽郁夫

虐待防止へ乳児宅訪問：「こんにちは赤ちゃん事業」

　全国で，児童相談所が児童虐待の相談を受ける件数は，年々増加している。厚生労働省が把握している2004年の児童虐待死者数は58名。そのうち，生後4ヶ月までが17人（約3割）を占めており，死亡まで至る可能性が特に高いことがわかっている。

　朝日新聞によると，厚生労働省は，育児に慣れない親のストレスによる児童虐待を防ぐために，生後4ヶ月までの乳児がいるすべての家庭を専門スタッフが訪問する，「こんにちは赤ちゃん事業」を2007年度から創設する方針を決めた。この事業主体は市町村であり，費用の一部を国が補助するため，'07年度予算の概算要求に重点事業として盛り込まれた。

　具体的には，保健師，看護師，そして子育て経験のある元自治体職員などを研修して，「訪問スタッフ」として認定する。このスタッフが，母子手帳や出生届けに基づいて，乳児のいる家庭を，少なくとも一度は訪問する。訪問では，子育てに関する情報提供やアドバイスを行うとともに，育児環境や親子関係などを把握する。部屋の状態や親の表情などから，育児環境に問題があり，親の精神状態が不安定と判断したときは，保健師や医師などから構成されるケース対応会議で協議をする。協議で，深刻であると判断された場合は，保健師や助産師による「育児支援家庭訪問事業」に引き継ぎ，あるいは，児童相談所や病院でつくる「虐待防止ネットワーク」など他機関と連携し，きめ細かく対応していくという。

　2005年度の出生数は約106万人であり，厚生労働省は，すべての対象者への

戸別訪問によるケアで，虐待の予防効果が上がると考えている。
　児童虐待は，①母親自身の乳幼児期における被虐待体験や被剥奪体験と，②生育歴を背景要因とした母親の子どもに対する認知的歪曲という心理的要因，それに，③ストレスの累積による危機状態と，④社会的援助（ソーシャルサポート）の欠如による孤立状態という社会的要因，が加わることで生じることが知られている（棚瀬，2000）。この社会的要因に介入するのが「こんにちは赤ちゃん事業」である。
　児童虐待が多い米国では，早くから，児童虐待を防ぐためのプログラムが多く行われている。中でも，「こんにちは赤ちゃん事業」のモデルと考えられる，オルズら（Olds et al., 1986）の「胎児期／乳幼児プロジェクト」は最もよく知られ，評価の高いプログラムである。このプログラムでは，児童虐待を引き起こす可能性が高い（ハイリスク群），低い社会経済的階層出身で，未婚で，初産の，10代の女性を対象に，看護師が，妊娠中から出産後2年間にわたって，隔週で1回1時間から1時間半の家庭訪問を実施した。訪問では，胎児と乳児の発達に関する教育と，家族や友人の導入と，地域の援助機関と母親をつなげるソーシャルサポートの強化を行った。その結果，訪問を受けた母親は，同じ状況の母親よりも，児童虐待が少ないだけでなく，子どもの世話がしやすいなどの効果を報告している。

　出典：朝日新聞2006年8月22日（夕刊）1面から構成。

　人は，一人ではなく，他の人たちと支えあいながら生きている。困ったことや，辛いことがあるとき，人は，身近な人に話し，なんらかの援助を受けることで，困難を抱えることや，それを乗り越えることができる。ソーシャルサポート（social support）は，家族，学校，職場，近隣などの，コミュニティを共有する人たちの間で生じる，このような肯定的交流を捉えようとする概念である。そして，ソーシャルサポートは，人間関係という社会的環境が，人の健康やウェルビーイング（幸福，安寧）へ及ぼす影響に注目する点で，コミュニティ心理学の中心的な概念である。
　ソーシャルサポートの用語を初めて用いたのは，キャセル（Cassel, J.）とキャプラン（Caplan, G.）である。内科医であり疫学者でもあるキャセル（Cassel, 1974）は，重要な他者との結びつきが強い人は，不均衡な状態に置か

れても適切なフィードバックが得られるため,不均衡状態から回復しやすいと述べた。また,精神科医のキャプラン(Caplan, 1974)は,地域において,メンタルヘルスの維持と促進のために,専門家だけでなく,非専門家も含めた社会的支援のシステムの確立を提言した。

ソーシャルサポートの定義を行い,実証研究への道を開いたのはコップ(Cobb, S.)である。コップ(Cobb, 1976)は,ソーシャルサポートを,「気遣われ愛されている,尊重されている,お互いに義務を分かち合うネットワークのメンバーであると信じさせる情報」と定義した。そして,彼は,ストレスが心身の健康へ及ぼす悪影響を,ソーシャルサポートが防ぐメカニズムについて述べた。これにより,ソーシャルサポート研究が,心理,福祉,医療,看護などの領域において熱狂的に行われるようになった。近年,その熱はやや収まったものの,今なお,新たな視点からの研究が盛んに行われている。

本章では,ソーシャルサポートの理論と臨床的援助への応用について述べ,その後に,ソーシャルサポートと似て非なるセルフヘルプについて取り上げる。

1節 ソーシャルサポートの定義と尺度

初期のソーシャルサポート研究は,定義に基づいて尺度を作成するのではなく,人間関係やそこから得られる援助を測定した後に,その尺度をソーシャルサポートであるとしたため,研究者の数ほど定義が存在する状態を招いた。これに加え,ソーシャルサポートは対人関係に生じる社会的,認知的,情緒的,そして行動的な側面をもつ多次元のプロセスであり,この複雑さもあって,今も決定的な定義をもっていない。そのため,健康とウェルビーイングに望ましい影響を及ぼす人間関係に関連する要因のすべてを,ソーシャルサポートとみなすような状況にある。しかし,いくつかの側面からソーシャルサポートを明確にする試みが行われ,研究者の多くが共有する見解が形成されている。

(1) ソーシャルサポートの構造と機能

ソーシャルサポートには,大きく分けると,構造的次元と機能的次元があると考えられている。構造的次元は,個人がもつ人間関係の広がりやその性質を

表6-1 ソーシャルサポートの機能の分類（橋本，2005を参考に作成）

ソーシャルサポート機能	援助行動		
道具的サポート	①物質的援助	②行動的援助	③情報的援助
情緒的サポート	①情緒的援助	②評価的援助	③所属と肯定的相互作用

指す。具体的には，家族，友人，学校のクラスメイトや教師，職場の同僚や上司，近隣の人たちといった人々との関係の存在であり，その人々との間の関係の構造である。これに対して，機能的次元は，人間関係から提供されるサポートがどのような機能を果たすかを指す。このソーシャルサポートの機能は**道具的サポート**と**情緒的サポート**に分けられ，この2つの機能はそれぞれ3つの援助行動から構成される（表6-1）。

道具的サポートには，問題を直接解決する助けとなる金銭や物品を提供する物質的援助と，家事，子どもの世話，修理仕事を行うなどの行動的援助がある。そして，問題解決に間接的に役立つ情報，忠告，そしてガイダンスを提供する情報的援助も，道具的サポートに含まれる。章頭の「こんにちは赤ちゃん事業」は，情報的援助を提供し，必要に応じてさまざまな援助を導入するものである。

一方，情緒的サポートを構成するのは，前述したコップによるソーシャルサポートの定義にある3つの情報，すなわち，愛情，評価，そして所属に対応する。愛情は共感し，配慮し，信頼し，励ます情緒的援助である。評価は，言動が適切であり，正当であると承認し，尊重し，評価やフィードバックをすることであり，自尊心を支える評価的援助である。所属は，人やグループとのつながりをもっていることや，レジャーやレクリエーションで一緒に過ごすことから所属感を得るものであるが，レクリエーションなどの肯定的相互作用の方が強調され，重視されることもある。

(2) ソーシャルサポートの尺度

実証研究では，ソーシャルサポートを測定するための尺度が多く作成されているが，それらは3つに分類できる。すなわち，①構造的次元である人間関係を測定するもの，次に，サポートという機能に関して，②その利用可能性の予

測を測定するものと，③その実際の行動を測定するものである。そして，バレラ（Barrera, 1986）は，これら3つの尺度を，社会的包絡，**知覚されたソーシャルサポート**，そして**実行されたサポート**と呼んでいる。

社会的包絡は，その社会的環境において個々人が重要な他者たちに対してもつ関係である。測定方法には，関係の存在に焦点を当てるものと，その関係の構造に焦点を当てるものとがある。前者は**社会的統合**尺度，後者は**ソーシャルネットワーク**分析と呼ばれる。社会統合尺度で測定されるのは，個人が関わる社会関係のタイプ（社会的役割）の数，個人が多様な社会活動に参加する頻度，そして，安定した社会構造に囲まれていると信じている程度や，コミュニティのメンバーと社会的立場に同一視している程度である。一方，ソーシャルネットワーク分析で測定される要素は多岐にわたるが，大きさ（個人が関係をもっている人数），接触頻度（個人がネットワーク・メンバーと接触する程度，例えば，一月に会う回数），密度（ネットワーク・メンバー同士がお互いに知り合いである程度），境界密度（ある領域と別の領域，例えば，家族と友人との間に知り合いである関係が存在する程度）などがよく用いられる。

知覚されたソーシャルサポートは，他者との信頼関係に関する認知評価である。これは，サポートの利用可能性と適切性に関する知覚を測定し，ソーシャルサポート研究において最も用いられている尺度である。代表的な尺度はサラソンら（Sarason et al., 1983）の「Social Support Questionnaire（SSQ）」である。この尺度は，さまざまなサポートを提供してくれる可能性がある人の数と，そのサポート利用可能性に関する満足の程度の2つから構成されており，サポート提供の可能性があるメンバーの人数（構造）を測定するサポート・ネットワーク尺度である。これに対し，嶋（1991, 1992）の「大学生用尺度」は，サポート利用可能性の構造面だけでなく，4つの機能面（心理的サポート，娯楽関連サポート，道具的・手段的サポート，問題解決志向サポート）の利用可能性も測定できるように構成されている。

実行されたサポートは，焦点となる人に他者が援助をした場合の行動である。この尺度は，実際のサポートの提供を測定する。そして，ある行動をサポートとみなすかどうかに関して，受け手と送り手とで一致率が高くないため，ほとんどは受け取られたサポートが測定されている。代表的な尺度は，バ

レラら（1981）の「Inventory of Socially Supportive Behaviors（ISSB）」である。この尺度は，40種類の援助行動について，過去1ヶ月間に，それらの行動を受けた頻度を5件法（1. 全くなかった〜5. ほぼ毎日）で測定し，その合計点を用いる。

　上記の3分類された尺度は相互の関連が低いことから，バレラ（1986）は，3つの概念は独立していると考えられるとし，ソーシャルサポートという全体的な概念を破棄し，3つの操作的概念を用いることを主張している。

2節　ソーシャルサポートの影響

　ソーシャルサポートと健康との関係の存在は，多くの研究が実証している。例えば，バークマンとサイム（Berkman & Syme, 1979）の，合衆国カリフォルニア州西部の港町であるアラメダでの研究は，9年間にわたる追跡調査を行った結果，ソーシャルネットワークが小さな成人は，大きな成人と比べて2倍の死亡率であることを報告している。この結果の解釈として，疾患が人とのつながりを減らすことや，幸せな人が周りに人を集めること，あるいは，パーソナリティや対処能力などの第三の要因がソーシャルネットワークと死亡率の両方の要因に影響していることも考えられる。

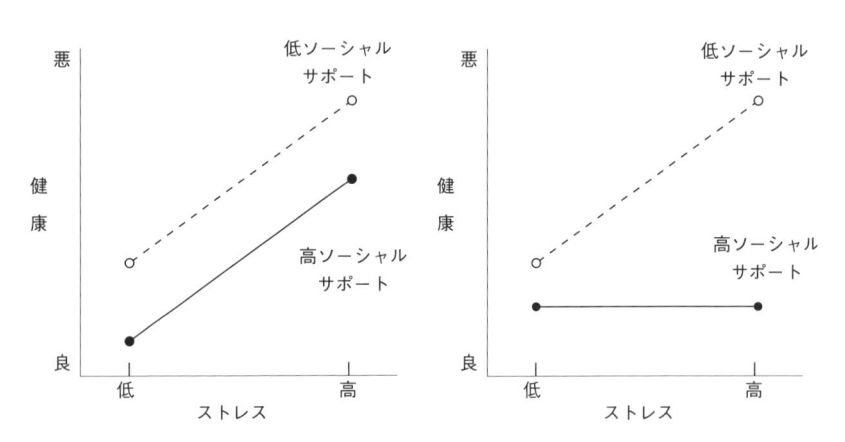

図6-1　ソーシャルサポートの直接効果

図6-2　ソーシャルサポートの緩衝効果

しかし，研究者の関心は，ソーシャルサポートが健康に与える影響に向いている。この影響に関しては，**直接効果**（主効果）と**緩衝効果**が最もよく知られている。直接効果とは，ストレスの有無（高低）に関係なく，ソーシャルサポートが健康やウェルビーイングに影響する作用である（図6-1）。緩衝効果は，ストレスが存在する（高い）ときに，その健康への望ましくない影響をソーシャルサポートが防ぎ，症状の出現を軽減する作用である（図6-2）。ここでは，ソーシャルサポートの健康への効果を，ストレスに関与しないで作用する効果と，ストレスのプロセスに関与して作用する効果に分けて説明したい。

(1) ストレス・プロセスに関与しないソーシャルサポートの影響

ソーシャルサポートがストレス・プロセスと無関係に健康やウェルビーイングに影響する作用は，直接効果と呼ばれているが，ストレス以外の要因を媒介として生じると考えられている。そして，実証研究において，この効果を示す傾向が高いのは，構造面を測定する社会的統合尺度であることがわかっており，サポートだけではなく，多様な要因が複数介在していると言われている。

例えば，ソイツ（Thoits, 1983）は，社会的結びつきに伴う社会的役割がアイデンティティを与え，それらが，ウェルビーイングの中心的な要素である，人生に目的や意味があるという感覚を提供すると述べている。さらに，役割に伴う期待は生活に予測可能性の感覚を与え，期待に応えることで，自尊心を強化する機会も提供するとしている。これ以外に，仲間の圧力などによる健康促進行動，適切な医療ケアや健康促進行動に関する情報的援助，自尊心などの肯定的感情による免疫機能の増進，そして，先程述べた所属と肯定的相互作用も，社会的統合と健康やウェルビーイングとの間に介在する要因と考えられている。

同様に，ソーシャルネットワークもさまざまな要因を媒介して健康に作用すると考えられている。例えば，ハーシュ（Hirsch, 1980）は，夫を失って間もない若い婦人と，大学に復学した成人女性のネットワーク密度を分析し，低密度のネットワークは，高密度よりも適応と関連していると報告した。また，マクラナハンら（Mclanahan et al., 1981）は，離婚した女性において，離婚前の

妻や母親としての役割を維持することを望む場合は，家族と友人との境界密度が高いネットワークの中で，より適応していることを見いだした。つまり，新しい役割やアイデンティティを獲得するには，必要な多様な資源を提供する低密度のネットワークが有効であり，逆に，古くからの価値観，役割，アイデンティティを守りたい人には，高密度のネットワークが有効である。

(2) ストレス・プロセスへの関与を通したソーシャルサポートの影響

ソーシャルサポートがストレスのプロセスに影響するモデルを図6-3に示す。図6-3のように，ソーシャルサポートの3つの次元は，ストレス・プロセスの異なるポイントに作用すると考えられている。

コーエンとウィルズ（Cohen & Wills, 1985）のいうストレス緩衝効果は，ストレスのプロセスにおける，認知的評価とコーピングへの影響の2つを指している。まず，認知的評価に対しては，以下のプロセスを経て作用する。認知的評価には2つのプロセスがある。第一次評価は，ストレッサー（ストレス源）が脅威であるかどうかの判断である。第二次評価は，第一次評価で脅威と判断された後に，そのストレッサーのコーピングに利用できる個人的および社会的資源の評価を含む。そして，第二次評価は第一次評価にフィードバックされるので，社会的資源の1つである，利用可能なサポート（知覚されたソーシャルサポート）が十分あると知覚され，コーピング可能と評価されれば，ストレッサーの脅威の評価は低くなる。次に，コーピングのプロセスへの影響は，ソー

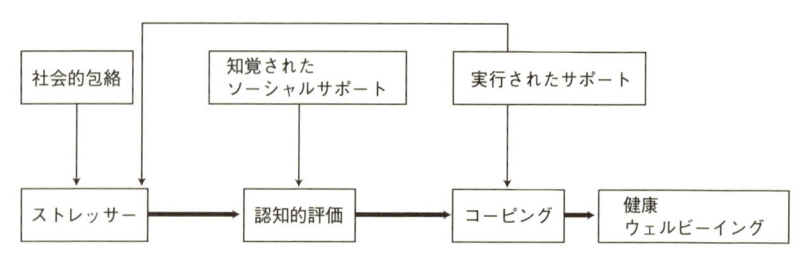

図6-3 ストレス・プロセスにおいて，ソーシャルサポートの3次元が作用するポイント
(Barrera, 1986 ; Cohen & Wills, 1985 ; Lakey & Cohen, 2000をもとに作成)

シャルサポートが直接ストレスへのコーピングとなる場合と，本人のコーピングを促進することで間接的に影響する場合の，2つの経路がある。どちらの経路にも，ソーシャルサポートの実行が作用すると考えられている。もっとも，実証研究においては，実行されたサポートではなく，知覚されたソーシャルサポートの方が効果を示しているが，その理由はまだ十分には明らかにされていない。

また，ソーシャルネットワークの密度は，ストレスを測定する研究に用いられないため，これまで報告されていないが，先程述べた調査研究のように，ストレス下にある人たちへの影響を示し，高密度のネットワークは危機状態に迅速な援助を行うことが知られていることから，認知的評価およびコーピングのプロセスに作用する可能性がある。

ストレスのプロセスに関与するもう1つの作用は，ストレッサーに関わるものである。これは，バレラ（1986）が**ストレス予防モデル**と呼ぶもので，ストレッサー自体の発生抑制と，前記した認知的評価の軽減の両方を指す。バレラによると，ストレッサー発生予防には，社会的包絡と実行されたサポートが関与する。その例として，バレラは，近隣の結合力が犯罪の発生を防ぐ研究と，監獄の矯正官が仲間と上司から受ける援助行動が役割の曖昧さ（ストレッサー）の発生を防ぐ研究を挙げている。

以上の諸作用が理論上考えられているが，実証研究は緩衝効果のコーピングに集中している。最も研究の蓄積が多い緩衝効果については以下のことがわかっている。まず，緩衝効果を示す要因に関しては，ソーシャルサポートの機能を測定する尺度が緩衝効果を示す傾向があり，ストレス状況から生じるコーピングの要請と，提供されるソーシャルサポート機能との一致がある時に緩衝効果が生じるという**マッチング仮説**が提出されている（Cohen & Wills, 1985）。その後，カトローナとラッセル（Cutrona & Russell, 1990）は，先行研究のレビューを行い，特定のサポートのみで十分なストレスと，広範囲のサポートを必要とするストレスがあることを明らかにし，マッチング仮説に修正を加えている。この考えに従うと，章頭の事業においては，育児ストレスが要請するものと，訪問スタッフが提供する情報的援助が一致し，さらに，それを十分に満たした場合に，虐待を防ぐことができることになる。

(3) ソーシャルサポートの否定的な影響

　対人関係は，常にサポートを提供するわけではなく，ストレッサーも同様に生じる。例えば，ソーシャルネットワークの対人関係が葛藤的である場合には，心身の健康やウェルビーイングに否定的な影響を及ぼす。また，対人関係からサポートが得られたとしても，それはマイナスの影響を及ぼす可能性も考えられる。例えば，サポートを受けることがサポートの提供を上回り，関係が相互的でない場合，相手に対して負債感が生じ，それによって自尊心が傷つき，無力感が生じる可能性がある。このことは，高齢者に関するいくつかの研究で実証されている。また，援助者が関与しすぎる場合，援助を受ける者が，縛られ息苦しく感じることも考えられる。そもそも，提供された援助が不適切である場合，それは援助ではなく，余計なお世話となり，迷惑とも感じられよう。

　このように，ソーシャルサポートには否定的側面も伴うとして，肯定的側面と否定的側面がどのように関連するかに，近年，関心がもたれている。

(4) ソーシャルサポートが効果を示す条件

　ソーシャルサポートは，どのような場合にも健康やウェルビーイングに効果をもつわけではなく，その効果は条件に左右される。

　まず，ストレスに関して，ストレスが強すぎる場合，ソーシャルサポートの効果は限られることがわかっている。また，マッチング仮説は，ストレスのタイプによって，有効なサポート内容は限られることを示している。カトローナとラッセル（1990）のレビュー研究は，次のような傾向を見いだした。重度の身体疾患や，そのような身内の介護をするといった，コントロールできないストレッサーに対しては，情緒的サポートが有効であり，コントロール可能な慢性的財政上の緊張には，道具的サポートが有効であった。そして，死別や失業に対しては，情緒的サポートだけでなく，道具的サポートも必要であった。

　次に，ソーシャルサポートに関して，同じサポートも，誰から提供されるかによって，効果の有無が異なっていることがわかっている。例えば，ダコフとテイラー（Dakof & Taylor, 1990）は，がん患者との面接を実施して，インフォーマルな関係からの情緒的援助は有効と評価されるが，道具的援助は有益

と評価されることは少ないことと，医師からの情報的サポートは有効と評価されるが，情緒的援助は有効でないと評価されることを報告している。さらに，ピストラングとバーカー（Pistrang & Barker, 1998）は，乳がんの女性患者が，その夫，そして乳がんの患者の両者とそれぞれ10分間の会話を行い，それらを分析したところ，同じ患者の方が夫よりも，支持的で，共感的で，批判的でないと評価された。この結果は，同じ困難を抱えた者（ピアと呼ぶ）からのサポートが有効であることを示している。

ソーシャルサポートと健康との関係には，他の要因も関与している。例えば，性差に関しては，女性は多様なサポート源が有効であるのに対して，男性は同性の友人など限られていることなどが報告されている（嶋，1992）。性差以外に，パーソナリティ，ソーシャルスキル，文化などの要因も関与することがわかっており，今後，ソーシャルサポートが効果をもつ条件を明らかにする研究が求められている。

【調査研究】 中国帰国者における実行されたソーシャルサポートの精神健康への影響

　　異文化への移住者は，それまでもっていたソーシャルサポートを失うため，言葉と文化の壁を乗り越え，移住先で新しくソーシャルサポートを形成すること自体が，1つの適応の指標であるといわれる。しかし，ソーシャルサポートを増やせば適応過程が進むというものではなく，有効なサポートは限られている。
　　丹羽・箕口（1999）は，中国帰国者（通称，中国残留孤児）の家族（孤児，配偶者，二世）が日本に移住した後の適応過程を，ストレッサー尺度（生活基盤と人間関係），ソーシャルサポート尺度，そして精神健康尺度を用いて，日本社会に定住した後の4時点（3ヶ月後，1年後，2年後，3年後）にわたって追跡調査を行った。サポート尺度は，対象者が，各サポート源（家族，学校，職場，援助機関）を自ら求めて利用しかたどうかをたずねるもので，孤児，配偶者，二世の対象者別の3〜4尺度を使用した。データは質問紙を郵送して得た。
　　統計解析は，Wilcox（1981）が緩衝効果を調査する方法として提唱した，階層的重回帰分析を用いた。具体的には，精神健康に関する得点を基準変数とし，3つの段階で順に説明変数を投入した。第一段階では，ストレッサーを投入，第二段階では，主効果をみるためにサポート利用を加えて投入，そして第三段階では，交互作用をみるためにストレッサーとサポート利用の積を加えて投入し，決定係数の変化をみた。そして，交互作用が有意であった場合，ストレッサーを低，中，高の3レベルに，サポートを低と高の2レベルに分けた変数をそれぞれ作って，分散分析を行い，交互作用の型を調べた。

その結果，定住1年後までは，孤児と二世には，職場や学校の日本人からのサポート利用が，特定のストレッサーに緩衝効果を示したが，配偶者に効果のあるサポート資源はみられなかった。定住2年後以降では，すべての対象に，家族からのサポートが主効果を示し，孤児には，対人関係ストレスに緩衝効果も示した。また，日本の援助機関からのサポートの利用は効果を示さず，配偶者においては，逆に否定的な効果を示し，援助のあり方の難しさを示唆した。このように，異文化への適応過程において，対象者と定住後の時点によって効果のあるサポート資源が異なることと，その効果のパターンも異なることが見いだされた。

出典：丹羽郁夫・箕口雅博　1999　中国帰国者におけるソーシャル・サポート利用の精神健康への影響　コミュニティ心理学研究，2(2)，119-130．

3節　ソーシャルサポートを用いた援助

(1) 個人心理臨床での活用

　個人心理臨床においても，ソーシャルサポートの重要性は早くから気づかれており，担当するクライエントの精神内界に働きかける介入と平行して，クライエントを取り巻く社会環境への働きかけが行われている。例えば，家族，学校の担任，あるいは職場の上司との面接やコンサルテーションを通して，有効なサポートを引き出すことや，医療機関や療育機関などへ紹介し，新しいサポート資源をつなぐことはよく行われる。そして，クライエントを支えるサポート資源間の調整も，連携と呼ばれ，重視されている。また，まれではあるが，地域に必要なサポート資源がない場合は，それを作るのに関与することもある。セルフヘルプ・グループの立ち上げに協力することなどがこれにあたる。

　マグワイア（Maguire, 1991）は，以上のソーシャルサポートを用いた援助を確実に進めるには，クライエントのサポート・ネットワークに関して，その関係，援助の意欲，能力，援助内容，接触の頻度などを，組織的にアセスメントしたうえで，援助することが重要であるとし，著書の中で，その具体的な方法を解説している。

(2) ソーシャルサポートの増加を目指すプログラム

　ソーシャルサポート研究の成果を実際の援助に応用したものを，ソーシャル

サポート介入と呼ぶ。これは，個人心理臨床での活用と異なり，多くの人を対象にして実施するプログラムとして発展している。しかし，その形式は多様であり，これらのプログラムを分類する方法もさまざまある。ここでは4つに分けて説明したい。

①既存のサポート資源に働きかけるプログラム：困難を抱えたクライエントに援助を提供する役割にある人（家族，友人など）に，サポートを提供する知識，スキル，態度などの心理教育を行うことで，サポートを適切にするものが主である。また，クライエントの禁煙，減量，あるいは嗜癖の軽減を目指すセッションに，家族や友人が付き添うことや，一緒に参加するものもある。前者が，既存の資源からのサポートを高めることを目指すのに対して，後者は，そのままのサポートをセッションの効果の増進に利用している。そして，これらはグループだけでなく，個別でも実施されている。

②新しい資源をつなぐプログラム：既存の資源から必要なサポートが得られない場合は，専門家および非専門家（同じ困難をもった者であるピアを用いることが多い）にサポートを提供するための研修を行った後に，クライエントにつなげる。つなげる方法はさまざまであり，電話，訪問，あるいは特定の部屋での面会が，個別では用いられる。章頭の「こんにちは赤ちゃん事業」はこれにあたる。また，グループにつなげ，サポートすることも多い。グループには，ピアのグループを専門家が率いるサポート・グループと，ピアのみで構成されるセルフヘルプ・グループがある（両グループについては後に説明する）。

③クライエントへ働きかけるプログラム：サポートを提供する側にのみ働きかけても，受ける側の諸要因により介入の効果が少ないことが，近年明らかになってきた。そのため，ソーシャルサポートの提供が有効になるように，クライエント自身への働きかけも実施されている。具体的には，すでにもっているソーシャルサポートの存在への気づき，それらが役立っているという肯定的評価，ソーシャルサポートが不足している場合に，それを増やすことの必要性の認識に関する心理教育，サポートを他者に要請し，それをお互いにやり取りする方法の心理教育，対人関係を維持するのに必要な会話や葛藤解決などのソーシャルスキル訓練，などを行う。これらはグループだけでなく，個別でも実施されている。

④コミュニティを基盤としたプログラム：ソーシャルサポートの増加を目指して，コミュニティに介入するものである。著名な例として，フェルナーら (Felner et al., 1982) が行った，中学から高校への移行に生じる不適応を防ぐために，学校システムを変化させた介入がある。この介入では，ホームルームの教員の役割を強化して生徒との関係を作ること，授業ごとのクラスメイトの変動を少なくすることで，生徒間の関係を作ること，学校状況の変動と複雑さを減らすことが目指された。その結果，学年末において，介入群は統制群と比べて，出席率と成績が良く，自己概念が安定し，教師からのサポートも多く報告された。

より大規模なものには，カリフォルニア州全体で実施された「友人は良薬になる」というキャンペーンがある (Taylor et al., 1984)。他者との支持的関係を作ることと，健康にとってのソーシャルサポートの重要性を，マスメディアを用いて教育したところ，他者と関係することへの知識，態度，意思が向上し，1年後も維持されていた。このタイプのプログラムは，コミュニティ全体を対象とした一次予防を目指す点で魅力がある。

ソーシャルサポート介入の多くは，効果がみられたと報告されているが，その効果を評価する方法に多くの問題があることが指摘されている。一方，厳密な方法を用いたソーシャルサポート介入に，効果がみられなかったという報告もある。従来のソーシャルサポート研究は，自然に発生したソーシャルサポートに関する研究である。新しいサポート源を既存のネットワークにつなぎ，新しい関係の親密さを促進する方法は，まだ十分にわかっていない。

【実践研究】　サポート・グループが術後乳がん患者に及ぼす効果

がん患者の適応に影響を及ぼすさまざまな心理社会的要因の中で，ソーシャルサポートが効果をもつことが知られている。しかし，家族や友人は，がん患者に対してどのようなサポートを提供したらよいかわからず，関わりを回避する傾向もあることがわかっている。そこで，同じ困難を抱えたがん患者同士がサポートを提供し合う小グループ（通常，5～10名）を，専門家（がん専門医，精神科医，看護師，ソーシャルワーカー，臨床心理士など）が組織するサポート・グループが発展している。

久田ら（1998）は，短期間のサポート・グループを術後乳がん患者に実施

し，その効果を報告している．対象者は，大学病院放射線科に通院中の乳がん患者6名であり，この患者に2ヶ月間，毎週3時間のセッションを計8回実施した．セッションは，カウンセリングの訓練を受けた看護師と臨床心理士が導き，からだほぐし，フォーカシング，話し合いを各40分から1時間行い，その後に，現実生活への意識の復帰がスムーズにいくように，20分程度のティータイムを設けた．話し合いでは，人格的成長を目指し，参加者の自己開示と，参加者間の相互作用を促進させたが，補正下着の選び方などの，情報交換も積極的に取り上げ，なんでも話せる空間作りが心がけられた．終了後，1ヶ月ごとの3回のフォローアップを実施し，介入の効果を判定した．

その結果，参加者間にばらつきが大きかったものの，6人中4人に，感情プロフィール検査（日本版POMS）によって測定された否定的感情の合計得点に軽減がみられ，統計上は，下位尺度の「抑うつ‐落ち込み」に10％水準の有意な減少がみられた．最後のフォローアップで行ったブレーンストーミングでは，心身のリラックス，心が病気を作ることの認識，自己受容，参加者の相互理解，他者への思いやり，孤独感からの開放，病気・死の受容，生き方・価値観の変容に効果があることが報告された．しかし，知覚されたサポートに統計上の有意な増加はみられず，これらの効果にソーシャルサポートが影響したことは明確に示されなかった．また，参加者によって，その効果にばらつきがみられたことから，サポート・グループに向く対象者の特性に関する研究が必要であることがわかった．

出典：久田　満・広瀬寛子・青木幸昌・一鉄時江・田中宏二　1998　短期型サポート・グループ介入が術後乳がん患者のQuality of Lifeに及ぼす効果　コミュニティ心理学研究，2(1)，24-35．

4節　セルフヘルプ

(1) セルフヘルプとは

　ソーシャルサポートは，ともに助け合う，「共助」を指すのに対して，セルフヘルプ（self-help）は，自分で自分を助ける，「自助」を指す．しかし，この「自助」は，自分一人で困難に取り組み，解決することではない．セルフヘルプには2つの意味があり，自分のことを自分でする「自立」だけでなく，相互援助の「共同」の意味もあるとされている．そして，セルフは自分（I）だけでなく，われわれ（We）をも指すとして，自立は「われわれのことはわれわれでする」ことも意味する．この自立の意味と，共同とが合わさって，セルフヘルプは，「仲間同士の相互援助による自立」という意味をもっている．つ

まり，ソーシャルサポートに，「自立」の視点が加わったのが，セルフヘルプといえよう。

(2) セルフヘルプ・グループとは

　セルフヘルプの具体的な形態の1つがセルフヘルプ・グループである。もう少し説明すると，**セルフヘルプ・グループ**は，共通の困難を抱えた個人，あるいはその家族が，自分一人では解決できそうにない，その困難の解決，あるいはその困難を抱えて生きていく力を得るために，自発的かつ継続的に集まり，相互に援助を行うグループである。

　実際のセルフヘルプ・グループに関して，パウエル（Powell, 1987）は以下の5つに分類している。

　①習癖・依存の問題のグループ：特定の行動を変えるものである。アルコール依存者匿名協会と断酒会がよく知られている。

　②広範な問題解決を目指すグループ：さまざまな問題と対処パターンを修正するものである。精神障害回復者クラブや，森田神経症と闘う仲間の「生活の発見会」などがある。

　③マイナーなライフスタイルをもつ人たちのグループ：社会を変えたり，ライフスタイルを変えるものである。同性愛者のゲイ解放グループなどがある。

　④当事者の家族グループ：家族の重荷を軽減するものである。精神障害，身体障害，知的障害など，さまざまな障害をもつ人の家族会がある。

　⑤身体に障害をもつ人たちのグループ：障害を支え合うものである。糖尿病，リウマチ，血友病，こうげん病，がん，てんかん，エイズなどの当事者のグループがある。

　これらのセルフヘルプ・グループは，ソーシャルサポートを臨床に応用するプログラムの1つに含むこともできるが，独自に発展してきた歴史をもち，他のプログラムとは異なる価値と機能をもっている。もっとも，同じ困難を抱える仲間から構成される点で，セルフヘルプ・グループとサポート・グループは類似点も多く，区別は必ずしも明確ではない。**サポート・グループ**をセルフヘルプ・グループの1つと見なすことも多い。しかし，両グループには明らかな方向性の違いがある。

両グループの形態上の相違点は次の点である。サポート・グループは，セルフヘルプ・グループと心理療法を混合したものといわれており，その特徴は，メンバーと期間を固定し，メンバー同士の話し合いを行うが，専門家が共通の困難に関する情報とスキル訓練を提供し，グループのプロセスを導くことである。これに対し，セルフヘルプ・グループは，協力関係はあっても，専門家からは独立し，メンバーは固定されず，参加も任意であり，期間も固定されず，自分たちで長期間グループを運営し，しばしば人権擁護活動を行うことが特徴である。

(3) セルフヘルプ・グループの機能

　セルフヘルプ・グループの機能は，上記の形態上の特徴と密接に関連しており，以下の内容をもつと考えられている。
　①仲間との出会い：同じ困難をもつ人たちと出会うことで，「自分一人ではない」と感じ，「分かり合える」体験をもてるため，孤独感が軽減し，安心が得られる。さらに，グループのメンバーの中の，同じ困難をもちながらも，社会に適応しているさまざまな生きたモデルに触れることで，希望や勇気を得ることができる。
　②ソーシャルネットワークの形成：同じ困難をもち，相互に自分のことを開示することから，同一視や共感が相互に生じ，仲間との強いつながりが生まれる。そして，このネットワークの中で，仲間づき合いが発展していく。
　③ソーシャルサポートの供給：上記のネットワーク内で相互の援助が行われるので，ソーシャルサポートの機能の多くが提供される。また，サポートの相互性があるので，サポートを受けるだけの関係から生じる負債や恩義の感覚が生じないため，サポートを受けることを容易にする。
　④サポートを提供することによる自助：ヘルパー - セラピー原理（Riessman, 1990）として知られる，サポートを提供することによって自らも助けることを実現する。例えば，サポートを提供することは，自尊心や有能感を生むであろう。また，古いメンバーが新しい参加者にサポートを提供することによって，価値ある役割をとり，肯定的なアイデンティティを得ることもできる。
　⑤体験的知識の提供：専門家による形式的な知識ではなく，同じ困難をもつ

仲間からの体験的知識が提供される。この同じ困難を抱えて生きる体験の過程から獲得され，蓄積された知識は，体験それ自体への独自の対処方法が反映されており，生活全般にわたる包括的で，実践的な内容をもっている。さらに，この知識は，当事者自身の体験を尊重することで，専門家中心の援助体制を批判し，専門家へ役割変更を求める。

⑥イデオロギーの形成：体験的知識と関連して，それぞれのグループに独自にイデオロギーが形成され，それが軽快の状態の持続と再発を防ぐと考えられている。例えば，アルコール依存者匿名協会のイデオロギーは，アルコールに対する無力を受容することである。

⑦永続的なコミュニティの形成：セルフヘルプ・グループは期間が限定されず，長期間持続するため，ほぼ永続的なコミュニティが形成される。このことから，グループへの強い所属の感覚が生じ，コミュニティ感覚が生まれやすい。

⑧スティグマ（社会的烙印）の軽減：スティグマを受ける者から構成されることが多いセルフヘルプ・グループの多くは，自らの人権を守るため，問題の改善を訴え，要求する人権擁護運動を行うので，スティグマを軽減する可能性をもつ。

⑨エンパワメントの実現：上記の諸機能の実現を通して達成されるものである。社会的な差別や圧迫によって，価値を低められた人たちが，復権を図ることを指す。つまり，十全な人間として機能し，自らの生活にコントロール感をもち，社会変革にも関わる力が獲得される。

しかし，セルフヘルプ・グループが実際に上記の機能をもつかどうかに関する実証研究は少ない。それは，効果研究の実施が難しいことが関連している。その理由として，スキレッピら（Scileppi et al., 2000）は，以下の要因を挙げている。それらは，①メンバーの匿名性が重要であるため，個人を特定する調査形式にはなじまない，②グループの形態が多様であるため，グループ間の比較は制限される，③グループへの参加が任意であるため，出席者が定まっていない，④同じグループも構造と機能が変化する可能性があるため，要因の統制が困難である，⑤メンバーはグループに望む限り参加するため，効果の基準の1つとしてよく用いられるグループ参加期間やセッション回数が意味をもたない，などである。

(4) 専門家によるセルフヘルプ・グループへの援助のあり方

　専門家がセルフヘルプ・グループに関与しすぎると，前記した，セルフヘルプ・グループ独自の機能を衰弱させてしまう。では，専門家は，どのような形で関わったらよいのであろうか。三島（2001）は，専門職がセルフヘルプ・グループに協力する場合，グループ運営の中心はメンバーであることを自覚し，以下に挙げる，限定された援助が求められると述べている。

　①物質的資源の援助：集会所，必要な事務機器，資金確保などの援助は有効である。

　②新しいグループを作る：共通の困難をもっているクライエントを結びつけたり，集めて交流を促すことなどを支援し，セルフヘルプ・グループの形成へと導くことができる。

　③セルフヘルプ・グループ活動に関する研究・調査：セルフヘルプ・グループのリーダーやメンバーが，研究者に協力し，その研究成果や発見を学会や他のセルフヘルプ・グループに伝えることで，セルフヘルプ・グループの体験的知識などの機能の有効性が認識される。

　④政策策定支援者としての役割：セルフヘルプ・グループが，周囲の状況にかんがみ，そのうえで，外部からの支援や援助を受けつつ，外部からの介入や圧力に妨げられることなく，自分たちの自由選択権が行使できる枠組みを提供することである。また，専門職は，リーダーシップ，問題解決，グループ・プロセス，権利擁護運動などのモデルを示し，その技術を教えることもできる。

　⑤コンサルタントとしての援助：あくまでグループ活動の決定権をメンバーに保持させたうえで，グループで何が展開しているかをメンバーと話し合ったり，グループ活動を展開するうえで，メンバーがよりいっそう相互に援助的に機能しうるように，援助プログラムを提供することなどである。

　⑥グループのメンバーの紹介：セルフヘルプ・グループへの参加を希望する潜在的なメンバーを，セルフヘルプ・グループに紹介することである。これを行うには，地域にどのようなグループが存在し，どのような活動を行っているかを，知っておくことが重要である。

　以上，みてきたように，ソーシャルサポートとセルフヘルプは，社会的環境のもつ問題対処能力を高める重要な方略であり，コミュニティに生きる何らか

の困難を抱えた人たちの健康とウェルビーイングの増進を図るのに有効である。

> **キーワード**
> 道具的サポート　情緒的サポート　知覚されたソーシャルサポート　実行されたサポート　社会的統合　ソーシャルネットワーク　直接効果　緩衝効果　ストレス予防モデル　マッチング仮説　セルフヘルプ・グループ　サポート・グループ

◆**課　題**

①章頭の「こんにちは赤ちゃん事業」とオルズら（1986）のプロジェクトを，ソーシャルサポートの機能と構造，ソーシャルサポートの影響モデル，そしてプログラムの形式について比較し，説明しなさい。

②ピアが相互に援助することの長所と短所について考え，説明しなさい。

③困難（学校への進学，高齢，子育て，精神障害，異文化への移住，がんなど）を特定し，その困難をもつ者にソーシャルサポートを用いて介入する適切なプログラムを設計し，目標，参加者，場所，プログラムの内容，評価の方法について説明しなさい。

引用文献

Barrera, M., Sandler, I. N., & Ramsay, T. B.　1981　Preliminary studies of a scale of social support: Studies on collage students. *American Journal of Community Psychology*, **9**, 435-447.

Barrera, M.　1986　Distinction between social support concepts, measure, and models. *American Journal of Community Psychology*, **14**, 413-445.

Berkman, L. F., & Syme, S. L.　1979　Social networks, host resistance, and mortality: A nine-year follow-up study of Alameda county residents. *American Journal of Epidemiology*, **109**, 186-204.

Caplan, G.　1974　*Support systems and community mental health*. Behavioral Publications. （近藤喬一ほか訳　1979　地域ぐるみの精神衛生　星和書店）

Cassel, J.　1974　Psychological processes and "stress": Theoretical formulations.

International Journal of Health Service, **4**, 471-482.

Cobb, S. 1976 Social support as a moderator of life stress. *Psychosomatic Medicine*, **38**, 300-314

Cohen, S., & Wills, T. A. 1985 Stress, social support, and the buffering hypothesis. *Psychological Bulletin*, **98**, 310-357.

Cutrona, C. E., & Russell, D. W. 1990 Type of social support and specific stress: Toward a theory of optimal matching. In B. R. Sarason, I. G. Sarason, & G. R. Pierce (Eds.), *Social support: An interactional view*. Wiley. pp.319-366.

Dakof, G. A., & Taylor, S. E. 1990 Victims' perceptions of social support: What is helpful from Whom? *Journal of Personality and Social Psychology*, **58**, 80-89.

Felner, R. D., Ginter, M. A., & Primavera, J. A. 1982 Primary prevention during school transitions: Social support and environmental structure. *American Journal of Community Psychology*, **10**(3), 227-290.

橋本　剛　2005　ストレスと人間関係　ナカニシヤ出版

Hirsch, B. J. 1980 Natural support systems and coping with major life changes. *American Journal of Community Psychology*, **8**, 159-172.

Lakey, B., & Cohen, S. 2000 Social support and measurement. In S. Cohen, L. G. Underwood, & B. H. Gottlieb (Eds.), *Social support measurement and intervention*. Oxford University Press. pp.29-52. (小杉正太郎・島津美由紀・大塚泰正・鈴木綾子監訳　2005　ソーシャルサポートの測定と介入　川島書店)

Maguire, L. 1991 *Social support systems in practice: A generalist approach*. National Association of Social Workers. (小松源助・稲沢公一訳　1994　対人援助のためのソーシャルサポートシステム　川島書店)

Mclanahan, S., Wedemeyer, N., & Adelberg, T. 1981 Network structure, social support and psychological well-being in the single-parent family. *Journal of Marriage and the family*, **43**, 601-611.

三島一郎　2001　精神障害者回復者クラブ―エンパワーメントの展開　山本和郎編　臨床心理学的地域援助の展開　培風館　pp.164-182.

Olds, D., Henderson, C., Chamberlin, R., & Tatelbaum, R. 1986 Preventing child abuse and neglect: A randomized trial of nurse home visitation. *Pediatrics*, **78**, 65-78.

Pistrang, N., & Barker, C. 1998 Partners and fellow patients: Two sources of emotional support for women with breast cancer. *American Journal of Community Psychology*, **24**, 109-144.

Powell, T. J. 1987 *Self-Help organization and professional practice*. National Association of Social Workers.

Riessman, F. 1990 Restructuring help: A human services paradigm for the 1990s. *American Journal of Community Psychology*, **18**(2), 221-230.

Sarason, I. G., Levine, H. M., Basham, R. B., & Sarason, B. R. 1983 Assessing social support: The social support questionnaire. *Journal of Personality and Social Psychology*,

44, 127-139.
Scileppi, J. A., Teed, E. L., & Torres, R. D.　2000　*Community psychology: A common sense approach to mental health.* Prentice Hall.（植村勝彦訳　2005　コミュニティ心理学　ミネルヴァ書房）
嶋　信宏　1991　大学生のソーシャルサポートネットワークの測定に関する一研究　教育心理学研究，**39**，440-447.
嶋　信宏　1992　大学生におけるソーシャルサポートの日常生活のストレスに対する効果　社会心理学研究，**7**(1)，14-25.
棚瀬一代　2000　乳幼児虐待とその心理的ケア　河合隼雄・空井健三・山中康裕編　臨床心理学体系17　金子書房　pp.232-250.
Taylor, R. L., Lam, D. J., Roppel, C. E., & Barter, J. J.　1984　Friends can be good medicine: An excursion into mental health promotion. *Community Mental Health Journal,* **20**, 294-303.
Thoits, P. A.　1983　Multiple identities and psychological well-being: A reformulation of the social isolation hypothesis. *American Sociological Review*, **48**, 174-178.

参考文献
久保紘章・石川到覚編　1998　セルフヘルプ・グループの理論と展開　中央法規

第7章
エンパワメント

平川忠敏

介入のキューブ・モデル

　ウォルフ（Wolff, 1987）によるキューブ・モデル（下図）は，従来の伝統的な医学モデルに基づく介入から，予防モデルや発達モデルやエンパワメント・モデルに基づくモデルまでをよく表している。

　エンパワメントすべき対象は，一般的には，個人，組織（グループ），コミュニティである。このキューブ・モデルでは，個人，家族などの第一次グループ，関連グループ，社会的グループの4つに分類してあるので，第一次グループと関連グループを組織（グループ）と読み替え，社会的グループをコミュニティと読み替えるとよい。次に，介入の方法であるが，専門家による直接的な介入と，それ以外の人たちによる，つまり専門家ではない，当該の個人やグループの構成メンバー自身による介入や，彼らが専門家と協働して介入する方法がある。さらに，介入の目的は，(1)治療，(2)予防，(3)発達，(4)エンパワメント，までを視野に入れている。

　このキューブは合計32個の立方体から成り立っており，問題を抱えた個人を，医学モデルに基づいて治療する場合は，左上の伝統的なプログラムに該当する1つの立方体だけの関与でよい。しかし，それだけでは目的が達成されない場合，このキューブの32の立方体が次第に取り入れられることになる。

　治療レベルから始めたものの，介入が，予防モデルや発達モデル，エンパワメント・モデルのレベルに移るにつれて，32の立方体の多くが関与してくる。例えば，予防モデルでは，病気にならないように全員を対象にするので，個人か

ら社会までが対象になる。対象者が多いと，専門家だけでは対応できないので，専門家以外の人との協働作業になってきて，予防モデルのレベルの平面の8つの立方体が関与してくる。予防モデルの場合と，発達モデル，エンパワメント・モデルの場合では，関与する立方体の数は変わらないように思える。

しかし，エンパワメント・モデルの場合は，発想が異なっている。つまり，従来の伝統的な医学モデルの考え方では，対象者を，ニーズや権利が満たされない人とみてきたが，そうではなくて，もともと人は十分な力をもっていて，自分のことは自分で関与し，自分で決定していける存在である，という捉え方をする。この考え方，捉え方こそが，エンパワメントの最も重要な点といえる。エンパワメント・モデルとはさまざまな介入の根底にある哲学なのである。

本章を展開していくに際して，このキューブ・モデルは具体的なことをイメージさせてくれる。

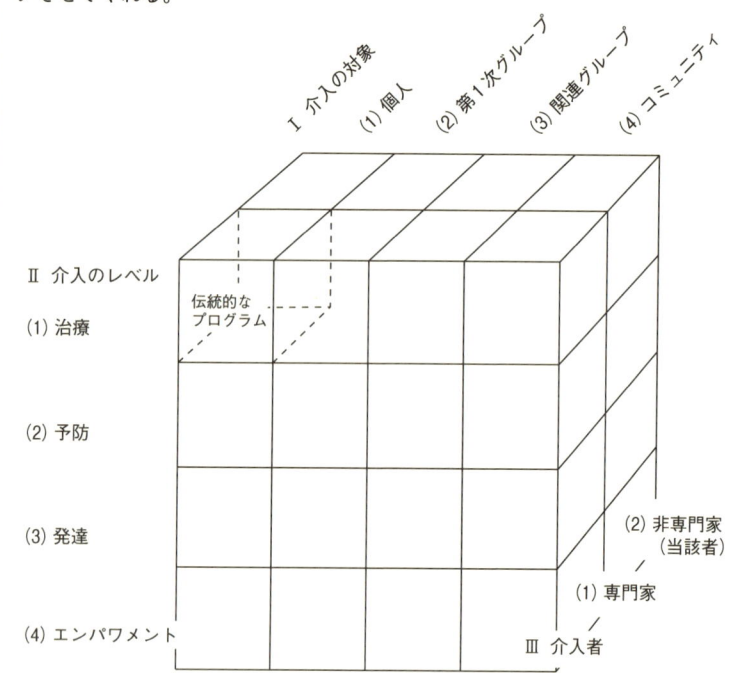

図　介入のキューブモデル（Wolff, 1987）

出典：Wolff, T.　1987　Community psychology and empowerment: An activist insights. *American Journal of Community Psychology*, **15**(2), 151-166.

エンパワメント（empowerment）は,「権利や権限を与える」という意味の法律用語として使われ始めた。そして，1950年代から1960年代にかけてのアメリカの社会変革運動の中でキーワードとなっていった。現在では,医療・教育・福祉やフェミニズムなどの領域で広く用いられている。エンパワメントという概念は,当初は,差別を受け,その結果,主体的に生きられない人々の権利回復運動として,用いられてきた。それが,次第に個人のレベルに留まらず,自分自身と自分の属する組織（グループ）やコミュニティを,自分たちがコントロールできるという感覚をもち,その結果,好ましい内容をもたらすことができるということを指すようになってきている。また,これらのことが自分たちにできるのだ,という感覚をもたらすことが**エンパワメント**である。

エンパワメントは,男性支配,白人支配,強者支配による政治情勢,いわゆる,もてるものは十分にそのもてる力を発揮して政治を行い,経済を独占して,支配力,攻撃力,影響力を発揮してきたことへの「異議申し立て」として登場してきた。コミュニティ・エンパワメントには,コミュニティが本来もっていた指導力や治癒力が近年減退してきたから,コミュニティ・エンパワメントによって,それらを回復させよう,という意味あいが含まれている。

女性,障害者,患者,消費者,少数民族の人たちが,自分たちのための政策決定の場に参加していくことで社会的な力をつけ,現在抱えている問題を,自分たちの手で解決していこうという動きが出てきたのである。例えば,「女性こそが,差別を受けている大多数の人である」といわれているが,1985年のナイロビの第3回世界女性会議の頃より女性たちのネットワークが主張され,1995年の北京での第4回世界女性会議で「女性のエンパワメント」が取り上げられた。これを契機に,わが国でもエンパワメントという用語が広く使われ出した。そこでは,社会的に弱者として位置づけられてきた女性たちが,力をつけて連帯して行動し,自分たちの状態や地位を,女性たち自身で向上していこうとする,きわめて行動的で,自律的な考えが盛り込まれてきたのである。

エンパワメントの概念は,コミュニティ心理学にとっては,中心的概念の1つである。まずは,歴史的なことを振り返りながら,エンパワメントについてみていくことにしよう。

1節　歴史的考察

　1960年代のアメリカにおいて，社会的に抑圧されている人々が存在するのは政策的な問題のせいであり，彼らに自由をもたらし，力を取り戻し，社会的資源を公平に再配分するにはどうしたらよいかということについて，いろいろと試みる社会運動家が散見されてはいた。1976年に，ソロモン（Solomon, B.）がエンパワメントという用語を用いて，差別や偏見を受けてきた黒人とそのコミュニティが，黒人の生活を再構築する努力をするようなソーシャルワークを報告した。ソロモンは「エンパワメントは，スティグマ（社会的烙印）化されている集団の構成メンバーであることで加えられた，否定的な評価によって引き起こされたパワーの欠如状態を減らすことを目指して，クライエントもしくはクライエント・システムに対応する一連の諸活動に，ソーシャルワーカーが関わっていく過程である。エンパワメントは，黒人への否定的な価値観の解毒剤になる」と報告している（Rudkin, 2003）。

　この動きとほぼ同じ頃に，コミュニティ心理学の分野で，援助やサービスを必要としている人たちを，弱い存在と捉えるのでなく，それに代わるモデルの必要性が提唱されてきた。1981年にラパポート（Rappaport, J.）が，「人がもともと生まれつきもっている力に目を向け，個人を変えるよりも社会を変えよう」という論文を発表した。この考えを代表する概念として，エンパワメントを取り上げ，人が自らの問題を自ら解決し，自らの生活をコントロールする力を得て，生活の意味を発見し，力を得ていくことで，コミュニティ感覚を高めていくプロセスを重視している。ラパポートは次の点を挙げて，エンパワメントを強調している。

　①欠点をなおすよりも，コンピテンス（有能さ）を打ち立てる。
　②新しいパラダイムを提唱する。それは専門家による援助ではなく，専門家は，コミュニティ・メンバーとともに社会変革を目指していく協働者である。
　③エンパワメントは，対象者を，要求をもつ貧困者としてでなく，権利をもつ市民として位置づける。
　④専門家は，貧困者，身体や精神の障害者，知的障害者，高齢者あるいはそ

の周辺の人々を,専門家による社会化の訓練や技能向上などの援助の対象者,つまり,専門家に依存すべき人たちとしてみてきたが,この視点では,生産的な援助方法はもたらされない。

こうして,エンパワメントは,1980年代にコミュニティ心理学の俎上に上り,ラパポートや,かつてラパポートの学生であったジマーマン(Zimmerman, M. A.)らを中心に,発表論文数は急増していくのである。1995年には *American Journal of Community Psychology* でエンパワメントに関する特集も組まれている(第1章16頁「調査研究」を参照)。

2節　エンパワメントの定義と発想の転換

エンパワメントには発想の転換が含まれている。すなわち,従来のヒューマン・サービスの考え方の基本には,障害者や差別を受けている人々を,弱い存在,受動的な存在として捉え,ノーマライズされるか,保護される存在として捉えてきていた。しかし,そうではなくて,彼らはもっと能動的に自分たちの生活を自分たちで統制しようとする存在として捉えなおすべきだと考えて,ラパポート(1981)は,エンパワメントの概念を「エンパワメントとは,個人,組織,コミュニティが自分自身の生活を統制できるその過程であり,メカニズムのことである」「エンパワメントは,個人が自分自身の生活全体についての統制と支配を獲得するだけでなく,コミュニティにおいても民主主義的な参加を獲得するその過程のことである」(Zimmerman & Rappaport, 1988),「エンパワメントは個人的な統制の感覚をもたらし,そして,自分自身の生活に対して自己決定を含むものである」と定義している(Rappaport, 1987)。つまり「エンパワメントとは,意思決定を統制できるという信念である」ということになる(Parker & Price, 1994)。このことから発展して,差別を受けてきた人たちだけでなく,健康な人も,組織(グループ)もコミュニティも,皆が主体性を取り戻して生きていくことが,エンパワメントということになる。

ジマーマン(1995)は,エンパワメントは,コミュニティで働く際の価値方向づけであり,人々の生活や組織の機能やコミュニティの生活の質に影響を与える決定を統制できるプロセスであり,その結果生じたものを含むとして表

7-1 を示している。

　これらをまとめるように，山本（1997）は，「エンパワーメントの概念は，自治の精神にもとづいて，受動的な存在でなく自分たちの問題を自分たちで能動的に変えていこうとし，しかも，変化させていくための資源を周りから引き出すために，自発的に参加し自己決定していくという発想をもっている。環境との適切な折り合いをつけるために，環境側に積極的に働きかけ，環境から個人に適切な影響を受けるよう，環境側の変化を求める力を個人が獲得することにある」と述べている。こういった発想の転換は，まさにコミュニティ心理学の発想そのものであり，エンパワメントはコミュニティ心理学においても重要な概念となったのである。

　学習性無力感，疎外感，自分の人生に統制感を欠いている状態，消えてなくなりたい感じ，主体的に生きている感じがもてない，などといったエンパワメントされていない，ディスエンパワメントの状態を連想すると，エンパワメントの定義しているものがよりわかりやすくなってくる。

　従来の概念との差異を比較してみると，「自己効力感，自尊心，潜在能力，自信などの自己概念をベースにした近接領域の用語と比較して，エンパワメントは，自治，自律，自己決定，参加などの意味をもっており，同時に，共同性，社会性の意味をもたせてある」「エンパワメントは治療ではなくて，政策的，社会的，心理的なリソースを備えたケアであり，再教育であり支援である」「私的で個人的なものに深入りせずに，公的，政治的なものの領域に入り

表7-1　エンパワーされていくプロセスとエンパワーされた結果（Zimmerman, 1995）

分析のレベル	エンパワーされる過程	エンパワーされた結果
個人	意思決定スキルの学習 資源の管理 他者との協働	統制感 批判的認識 参加すること
組織	意思決定に参加する機会 責任性の共有 共有されているリーダーシップ	資源を得るための効果的な競争 他の組織とのネットワーク形成 政策に影響を与えられること
コミュニティ	資源へのアクセス オープンな統治構造であること 多様性を認めること	組織的な提携 単一のリーダーシップでないこと 住民参加のスキル

込むのは，人はお互いに助け合っていくものだという相互依存性の立場に立ち，問題の根源は個人よりも社会構造にあるのではないか，と考慮するときである」とジマーマン（1995）は述べている。

地域開発に主点が置かれたものであるが，表7-2はエンパワメントの発想を明確に示してくれる（久木田，1998）。この発想は，個人よりも地域社会を，治療よりも予防や教育を，専門家中心主義よりも地域中心主義を，などといったコミュニティ心理学的発想とかなり類似している。

表7-2 開発パラダイム新旧対照表（久木田，1998）

開発プロセス・要因	新パラダイム （エンパワーメント型）	旧パラダイム （ディスエンパワーメント型）
目標	人間開発，基礎社会開発	経済成長，経済開発
イニシアチブ	住民が問題解決のため	援助側が外交政策や利益のため
オーナーシップ	住民，途上国政府	一部官僚や援助側
開発プロセスへの責任	住民の自己責任	援助側の官僚と納税者に対して
協力機関との関係性	パートナーシップ，平等	援助側と非援助側，従属
協力機関の役割	対話と自助努力の促進	一方的な計画の遂行
優先事項の決定	住民による民主的な決定	専門家による一方的な決定
計画作成	住民による発展的な決定	専門家による青写真の作成
対象へのアプローチ	統合的，相互補完的	セクター，分野別，垂直型
実施支援組織	民主的地域組織，NGO	専門家，統制的中央組織
実施形態	参加型，自主的	外部主導型
コストの負担	自己負担，小規模融資	インセンティブ，報酬
実施のペース	住民のペースで	予算の実施期間に合わせて
事業の規模・対象	小規模，広範囲	大規模，特定地域に偏在
利用する資源	地域の人材と資源	外部の資金，資材と技術者
技術の選択と使用	適正な地域技術の適用	高度な外部技術の移転
評価	住民により継続的，頻繁	専門家により短期，1回
評価指標	人間的・社会的指標	物理的・経済的指標
環境との関係	調和的	制御的
ジェンダーへの配慮	高い，主流化促進	低く表面的，全くない
形成される心理状態	自立性，自尊心の向上	依存性，無力感の増加
形成される行動類型	積極的相互作用	受動的，疎外，孤立
貧富，地域差，性差	縮小	拡大
能力構築	高い	低い
持続可能性	高い	低い

3節 3つの次元におけるエンパワメントと実践例

エンパワメント理論を展開させていくためには，個人，組織（グループ），コミュニティの3つの次元の分析が必要である（村本，2006）。

(1) 個人の次元

個人のエンパワメントは，心理的エンパワメントともいわれており，自分に関することをコントロールできるという感覚である。自分は有能であるという感じをもち，自己効力感にあふれ，自分で統制しようと努力し，自発的にボトムアップの発想でのぞみ，自分はやれるという自分の能力への確信をもつこと，さらに，社会・政治的環境について理解し，これらのことに継続的に関わることなどからなっている。個人がエンパワメントされると，自分のことを自分で統制できるという感じが高まり，周囲への批判的意識が高まり，統制を行うために必要な行動をするようになる。したがって，エンパワメントのプロセスには，自分の置かれた環境での意思決定や問題解決に自分自身が参加し，統制感を経験することが必要になってくる。

ビジネス面では，上司が部下に権限を最大限に与えることが，エンパワメントと定義されている。権限の委譲によって，部下が，やる気や生きがいをもつようになり，仕事を楽しんでやり，より大きな目標に向かって貢献するようになることが報告されている。部下の裁量を大幅にアップすることによって，動機づけや作業能力や品質管理が大幅に向上する。例えば，従業員が自分の担当する作業に関して，時間，品質，生産性の損失がどこにあるかを報告し，従業員自身が修正措置を講ずることができるようにし，それでもうまくいかない場合のみ，監督者が解決策を提案する方策をとった結果，生産性，品質管理，従業員の満足度を高め，業績を大幅に伸ばしたという報告がある。

交渉ごとにおいても，上司から大きな裁量権を与えられ，真価を認められていると思っている部下は，物事を統制しているのは自分自身であるという感覚をもち，上司を満足させる行動をとり，上司に対する満足度も高い。上司にエンパワメントされたと感じたとき部下は，次のような感情を抱くという。

①この仕事をやる能力があるな、という遂行能力面での自信がつく。
②単なる狭い範囲での自分ではなくて、より大きな仲間の一人であるという感じがする。
③より大きな目的に貢献しているな、できるな、という実感をもつ。
④仕事をすることが楽しいな、楽しめるな、という気持ちをもつ。

臨床面での取り組みでは、社会的弱者といわれている人々が対象になっている。女性、農村女性、少数民族、発展途上国の人々、スラム街の住人、ホームレス、HIV/AIDS患者、同性愛者、アルコール中毒患者、障害者、学習障害者、発達障害者、部落解放、患者運動、学生、虐待されている子ども、看護士、保健師、教師などに対しての報告がある。なお、臨床面での取り組みは、社会的弱者自身へのアプローチと、その人々を援助する側の人々へのアプローチに二分できる。

具体的な方法は、もっぱら教育が用いられている。虐待を受けている子どもに対しては、逃げることを教えている。重度の病気でICUに入っている子どもの母親は、病児との接し方を教えられたあとで、子どもへより多くの情緒的なサポートを与えるようになり、嫌な雰囲気やストレスが低くなったと感じ、PTSDもなかった。

HIV患者やホームレスの人、在宅の精神障害者へのアプローチは、一方的にサービスを提供するだけでなく、自己擁護あるいは自己効力感を高め、自己決定できるようなサービスを提供することが行われている。そこでは、「自分の生活を自分で統制するために、コミュニティへの参加を促進するのは、ソーシャルアクションである」との考えのもとでエンパワメントの教育が行われている。

発達障害児に自己擁護運動を指導した結果、差別に関心を払う、個人の権利に気づく、コミュニティ・オーガニゼーションの際に、自分も参加して主張できるようになったことや、支援者との協力体制が前よりも発展したこと、などの点で進歩がみられた、と報告されている（平川、1997）。

(2) 組織（グループ）の次元

組織（グループ）のエンパワメントでは、組織（グループ）がメンバーに提供するものと、組織（グループ）がコミュニティにおいて達成するものとに区

別する必要がある。自分の生活を統制できる機会を，メンバー自身に与えることのできる組織（グループ）は，人々をエンパワメントする組織（グループ）である。また，組織（グループ）が，政策決定によい影響を及ぼしたり，サービス提供に有効な代替案を提示できれば，コミュニティを組織（グループ）がエンパワメントしたことになる。組織（グループ）には，人々をエンパワメントすることと，組織（グループ）としてエンパワメントされることの両方が必要になる。これらを達成していくためには，対人関係スキルが豊かであり，資金やものや人を動員できることが望まれる。

　実践的には，企業，セルフヘルプ・グループ，社会的支援ネットワーク，NGO，NPOなどで展開されている。例えば，セルフヘルプ・グループを作り，なくしたり失いかけていた自治や自律を，再び自分たちのものにしていこうという運動にみることができる。個人とコミュニティをつなぐ組織（グループ）をエンパワメントしていくことで，個人もコミュニティもエンパワメントされていくことになる。ドルトンら（Dalton et al., 2001）は，同じような逆境にあるもの同士が連携し，お互いに意思決定しながら一緒にエンパワメントしていくことを**コエンパワメント**（co-empowerment）と呼んでいる。

　永井（2003）は，セルフヘルプ・グループに関わりながら在宅での生活を継続している，神経系疾患，膠原系疾患，内部臓器疾患などの難病患者15名に対して，半構成的面接を行った。その結果を，グラウンデッド・セオリーの技法で分析した。セルフヘルプ・グループづくりに参加する難病患者のエンパワメントのプロセスは，「悲嘆・混迷」「自尊感情回復」「生活行動拡大」「役割遂行」「コントロール」に分類された。それぞれの段階から次の段階へ移行していくための促進因子として，信頼できる人との出会い，心理的支援，健康管理，患者としての努力，新たな課題の発見，集う場所，新たな環境への適応支援，グループづくりの知識，楽しさを伴う活動，能力を生かす機会，反応・手応え，主体的な健康管理への動機づけ，グループ活動を活性化させる刺激，の13項目が見いだされた。

(3) コミュニティの次元

　コミュニティ・エンパワメントとは，コミュニティ全体での意識高揚と社会

的支援形成,社会的弊害要因の除去などを通して,「住民全体の主体性」「力量形成」を図ることである。例えば,レクリエーションのための公園や運動場などの**社会的資源**,警察や消防署などの安全保障のための社会的資源,救急医療体制などの健康とメンタルヘルスのための社会的資源,メディアやごみ収集,道路や上下水道整備などインフラの整備などの社会的資源の整備を図り,しかも,すべての住民がアクセスできるものでなければならない。個人や組織(グループ)の力で,コミュニティ全体がエンパワメントできたという統制感をもてるとき,コミュニティ・メンバーは,コミュニティ全体を向上させるためのさらなる努力を始め,市民参加の機会が増えていく。

実践例として,パーキンス (Perkins, 1995) は,コミュニティ・レベルでのアプローチとして,コミュニティ・ディベロプメントでの市民参加,地方の草の根組織の自発的連合,一次予防プログラム(発生予防)の形成,政策などを挙げている。

オーフォード (Orford, 1992) は,コミュニティ・エンパワメントの実践例として,精神保健運動,ノーマライゼーション,近隣ネットワーキング,コミュニティ災害への対処,町内会単位の住環境改善運動,スラム街の再生,民族教育,家族計画などを挙げている。例えば,居住地区で起きた化学廃棄物漏洩問題への対処の際,自分たちのコミュニティの問題を自分たちで統制できるかできないかは,そこの住民のその後の精神保健に大きな影響を及ぼすことになる。

平川 (1995) は,地域に根ざした電話相談体制づくりを報告している。電話で悩みを訴えてくる人を,専門家と電話相談ボランティアが協働(コラボレーション)して支えていくことで,24時間年中無休の相談体制が可能になる。たとえボランティアが足りたにしても,ボランティア養成講座を毎年継続していくことで,生涯学習の場や,病気にならないための予防教育の場や,早期発見早期治療の場にもなる。また心の健康に関する理解者を毎年地域に送り出すことになる。ボランティア養成講座の講師は,開業医や弁護士や大学の教員といった地域のキーパーソンを動員することで,専門家の意識や専門家同士の連携も高まり,地域貢献ができる。さらにこの電話相談組織を継続的に運営していくために,社会的・経済的な支援体制づくりが必要になる。地元の経済界,

宗教界，医師会などに協力を要請して支えてもらう。そして電話相談を広報していく。このように，悩める個人を援助するだけでなく，そのことを契機にボランティアを養成し，専門家のネットワークを張り巡らし，経済界などからの援助をもらいながら，地域全体の心の健康づくりを目指している。

笹尾ら（2003）は，ファカルティ・ディベロプメント，すなわち，大学教員一人ひとりが所属大学における種々の課題—教育，研究，管理，社会奉仕など—を達成するために，必要な専門的能力を維持し，改善するためのあらゆる方略や活動を，教員個人の問題とせずに大学コミュニティ全体の問題として捉えなおし，大学の文化的風土が教員のエンパワメントに与える影響を調べている。他の要因に比べて影響は小さかったが，コミュニティから人がエンパワーされることの重要性を述べている。

下山田ら（2006）は，ある町の障害児の親の会のリーダーや，ボランティア・グループのリーダー5名にインタビューして，語られたエピソードを分析し，ソーシャルサポート・ネットワーキングが形成され，発展していく過程を三段階にまとめている。参加的アクション・リサーチとして，研究者が町のリーダーと実践的関わりを共有し，保健師が黒子として機能してきたことなどが功を奏して，町全体のエンパワメントに貢献していることが示された。

以上みてきたように，大学コミュニティとか地域住民全体を対象にした取り組みはコミュニティ心理学的アプローチの醍醐味といえよう。

【実践研究】　コミュニティ・エンパワメントを意図したグループ・エンパワメントの実践

　　市町村合併によって人口29万人の津市が誕生する機会を新たなコミュニティ創造の時期と捉えて，三重県津保健所で行われた取り組み（野呂，2006）を紹介する。
　　「計画ばかり作っても仕方がない，実践活動をしていこう」という保健師の発案で，住民の健康づくりに関係している人たちの会を立ち上げた。住民代表4名，保健センター長，保健師，栄養士，調理師，保健所長，医師，歯科医，薬剤師，社会福祉協議会，学校長，養護教諭，労働組合，政策疫学者，発達心理学者からなっていて，事務局は保健所の企画調整部門と健康推進部門の6名で，企画調整部門の保健師がファシリテーターを担当した。
　　まずはお互いの活動を知り，それぞれの持ち味を発揮し協働することで，住民の健康づくりを目指そうというものであった。また，各市町村で健康づくり

の取り組みが異なるので,合併前にそれを1つにしようという狙いもあった。各界各層の関係者やリーダーがこの会のメンバーとなるように,保健師が十分な根回しをしていた。

　毎月夜間に,2時間の会議が約2年間行われた。「この地で健康で長生きできるように考えていきたい」という思いが語られ,「健康についての現状」,「課題」,「改善策」,「自分たちで取り組めること」について,KJ法を用いてまとめられた。その結果,

　現状の課題として
　①ストレスによるこころの病気の増加
　②親子のコミュニケーションの不足
　③子育てがわからない親たち
　④個食・孤食
　⑤中高生の携帯依存
　⑥不規則な生活を送る人の増加
が話し合われ,解決策としては
　①個人が努力しても解決できないことが多い
　②企業や学校,医療機関や福祉関係などが協働して,社会全体で個人の健康づくりをサポートする仕組みを作っていくことが必要である
と話し合われた。そこから,課題として
　①健康なまちづくりネットワーク構築を目指して,交流会を開く
　②一生使う健康手帳の検討
の2つに絞り込んだ。

　活動の経過とともに,住民と医師などの専門家との垣根が取れ,平場性が生まれてきた。住民全体を対象にした「健康まちづくりフォーラム」を3回開催し,健康づくりボランティアが参加して活躍した。食生活改善グループや,健康推進グループなどの活動が紹介されていった。

　このように,関係のメンバーが集まり,次に市民全体を巻き込み,住民代表は行政とさらなる交流を図っていくようになったので,いったん解散し,これまでのメンバーでまだ意欲のある人と,フォーラムを契機に参加してきた新しいメンバーで,自主的なグループを立ち上げた。保健師も加わり,新たな提案に取り組んでいる。コーディネーターとしての保健師は黒子に徹して,問題解決をメンバーに一任してきたことなども,うまくいったことの1つと思われる。

　これらの活動を通して,健康づくりのボランティア同士の交流が始まり,人材の交流が活発になり,「新しい時代の公のあり方のモデル」として,三重県が取り上げるまでになった。

出典：野呂育子　2006　実践事例①　コミュニティエンパワーメントを意図したグループエンパワーメント　ヘルピネットの活動　保健師ジャーナル, **6** (1), 16-21.

4節　エンパワメントの要因と経過

(1) エンパワメント・アプローチの3大要因

エンパワメント・アプローチを実践していくには，最終的に次の3つのことが重要である（Zimmerman, 2000）。

①**社会的資源へのアクセスのしやすさ**
②**他者との協働**
③**社会政策的な文脈の理解**

そもそも，社会的資源が公平に分配されていないから，エンパワメントが必要になってくるわけであるから，まずは，社会的資源へ誰でも公平にアクセスできる状況が作られていることが重要である。公平性が奪われて何らかの差別を受け，エンパワメントを必要としている人々は，社会的立場も弱く，必要な社会的支援も得られないことが多い。そこで，他者との協働が必要になってくる。セルフヘルプ・グループによる協働，あるいは，専門家との協働である。最終的には，専門家がいなくなったあとも，自分たちでやっていけるようにすべきである。協働こそが，持続可能な変化をもたらすことにつながってくる。社会政策的な文脈の理解とは，自分たちの置かれている健康的でない状況とか差別を受けている状況が，個人的な原因によるのではなく，実は政策的な問題によるのではないか，といった観点に思いが至るようになることである。そういった意味でも，批判的精神でものごとを見ていけるようにしておくべきである。この3つの要素が，エンパワメント・アプローチをしていくには必要である。

(2) 市民参加とエンパワメントの経過

ドルトンら（2001）は，コミュニティの構成メンバーが自分たちのコミュニティの問題に積極的に参加し，メンバーもコミュニティもエンパワメントしていく経過を，次のようにまとめている。

①市民との連携で市民が積極的に参加してくるのは，コミュニティの意思決定に加われるときである。
②**市民参加**により，大きな力を獲得し，それをコントロールできるときに，

エンパワメントが高まる。
　③自発的でボトムアップ的な市民参加のとき，エンパワメントは生じやすい。
　④コミュニティが脅かされると，市民の意識が高まる。
　⑤個人的なエンパワメントが高まるのは，問題意識をもって参加し，その結果として，参加したことが確かに意味があったと思えるときである。
　エンパワメント・アプローチがなされていたならば，たとえ取り組みの具体的な成果は得られない場合も，個人も組織（グループ）もコミュニティも，それぞれエンパワメントされていくことは間違いないと思われる。

【調査研究】　保健婦のエンパワメントの構造と規定要因の分析

　門間（1997）は，エンパワメントを測定するテストに関してオーバーレビューをしているが，その後に行った本研究（門間，2000）では，数量的方法を用いて，保健婦のエンパワメントの測定尺度を作成し，エンパワメントの構造，規定要因，および促進に関する方法を探っている。
　方法は，保健婦191名に対して，3種類の既存の尺度（働きがい度6項目，生活満足度1項目，自己充実的達成動機13項目），エンパワメントを測定するための質問45項目，年齢，勤務年数，職位などの個人変数，および，職場の規模などの組織変数から構成される，計98項目の自己記述式質問紙による調査を実施した。エンパワメントを測定する質問項目は，想定したエンパワメントの6領域を満たす質問紙を，先行研究を参考にして収集し，地域で働く保健婦数名の意見をもとに曖昧，不適切な表現や項目を見直し，①家族への励まし12項目，②コミュニティへの影響8項目，③組織内での発展的な関係6項目，④自律・自発・自己決定6項目，⑤専門的成長7項目，⑥仕事への肯定的感情6項目の計45項目とし，5段階評定法で質問した。
　看護協会に登録され，対人保健サービスに従事している保健婦に質問紙を郵送し，回答を得た。回答率は40.6％であった。
　その結果は以下のとおりであった。
　①因子分析により，保健婦のエンパワメントを構成する，家族への励まし，主体性，コミュニティへの影響，仕事への肯定的感情，以上4つの因子が抽出された。
　②各因子ごとに主成分分析を行い，家族への励まし，主体性，コミュニティへの影響の3下位尺度が，エンパワメント尺度として成立した。
　③家族への励ましを高める要因は，関連職者へよく相談する，自己充実達成動機が高いことであった。
　④主体性は，管轄人口が少ない，保健婦経験年数が長い，関連職者へよく相

談する，働きがい度・自己充実的達成動機が高いことによって高められた。
　⑤コミュニティへの影響を高める要因は，年齢，自己充実的達成動機が高いことであった。
　以上の結果より，保健婦のエンパワーメントは，年齢や経験年数を重ねることで高められる一方，働きがい度や自己充実的達成動機が高いという保健婦のパーソナリティによって，さらに，関連職者によく相談するという，保健婦自身の姿勢によっても高められていた。保健婦のエンパワーメントを高めるためには，関連職者に相談しやすい職場環境を整備する必要があることが示された。

出典：門間晶子　2000　保健婦のエンパワーメントの構造と規定要因の分析　日本看護科学会誌，**20**(2)，11-20.

5節　批判と課題

　ジマーマン（2000）は，エンパワメントはコミュニティ心理学の重要な概念に変わりはないけれども，まだ不十分で，コミュニティのすべての問題を解決する万能薬ではない，と述べている。

　日本の文化とアメリカの文化の違いを考えると，果たして，日本に定着する概念なのかという疑念も湧くが，山本（1997）は，「それだからこそ，日本人にとって必要な概念なのだ。周りとの調和に配慮しながら自己の権利を主張することは，もっと育まれてもよい。自律といっても，人と人との関係の中でサポートされていることで，自律していることをはっきり自覚して，そこでなお，環境からよい関係をさらに求めることを主張する権利をもってもよいのではなかろうか」と述べている。

　リガー（Riger, 1993）は，個の確立，個の自立がエンパワメントの背景にあり，権利の主張が突出しすぎていると，次のような点からエンパワメントを批判している。

　①エンパワメントが，現実的なことよりも感覚（sense of empowerment）の域に留まっていること。

　②現在すでに存在している力の，否定的側面を強調しすぎること，自律性を強調しすぎること。

　③概念がまだ不十分であること。

④協働・親交といった女性的な観点に対して，パワー・統制・支配といった男性的な観点に偏りすぎていること。

⑤個人・組織・コミュニティがそれぞれエンパワメントしていくと，いつか必ず三者間のコンフリクトを引き起こすようになること。

なかでも，最後の観点は，**権力のゼロサム概念**のことで，ある権力Aは，Bの犠牲の上に成り立っていて，両者の力を合計するとゼロになるという考え方である。犠牲になっていたBが力をつけてくると，Aの権力は削減されていく。そこには当然コンフリクトが生じてくる，というものである。

こういった問題点を挙げながら，リガーは，男性的なものと女性的なものとの調和を目指すべきであって，エンパワメントを唱える人たちは，支配性や権力の専制的な行使を強調しすぎているとし，また，権力を手に入れれば必ずコンフリクトが生ずるのだから，重要なことは全体のバランスである，と主張している。

少数派と多数派，官と民，力のあるものとないもの等々，それぞれがエンパワメントの考えを十分に理解しながら，お互いのバランスを目指すことになるのであろう。

キーワード

エンパワメント　個人のエンパワメント　組織（グループ）のエンパワメント　コエンパワメント　コミュニティ・エンパワメント　社会的資源　社会的資源へのアクセスのしやすさ　協働　社会政策的な文脈の理解　市民参加　権力のゼロサム概念

◆課　題

①学校での「いじめ‐自殺」の問題に対して，章頭のキューブ・モデルを参考に，生徒，先生，父母，地域住民，教育委員会などあらゆる人や機関を対象に，治療だけでなく，予防や発達やエンパワメントの考えを取り組んだ対応策を述べなさい。

②個人，組織（グループ），コミュニティの3つのレベルを網羅して，少数

派と多数派，官と民，力のあるものとないものの間で，なぜディスエンパワメントが起こるのかを，権力のゼロサム概念から述べなさい。
③エンパワメントの発想が生まれるに至った背景を述べなさい。

引用文献

Dalton, J. H., Elias, M. J., & Wandersman, A. 2001 *Community psychology: Linking individuals and communities*. Wadsworth.
平川忠敏 1995 地域社会における電話相談活動 山本和郎・原 裕視・箕口雅博・久田 満編著 臨床・コミュニティ心理学 ミネルヴァ書房 pp.206-207.
平川忠敏 1997 コミュニティ心理学におけるエンパワーメントの研究の動向 エンパワーメントの実践面から コミュニティ心理学研究, **1**(2), 161-167.
久木田純 1998 エンパワーメントとは何か 現代のエスプリ, **376**, 10-34.
村本邦子 2006 エンパワーメント 植村勝彦他編 よくわかるコミュニティ心理学 ミネルヴァ書房 pp.38-39.
永井眞由美 2003 自助グループに関わる難病患者のエンパワーメントのプロセスとその要因に関する研究 日本看護学会誌, **7**(2), 123-128.
Orford, J. 1992 *Community psychology: Theory and practice*. John Wiley & Sons.（山本和郎監訳 1997 コミュニティ心理学―理論と実践― ミネルヴァ書房）
Parker, L. E., & Price, R. H. 1994 Empowered managers and empowered workers: The effects of managerial support and managerial perceived control on workers' sense of control over decision making. *Human Relation*, **47**(8), 911-928.
Perkins, D. D. 1995 Speaking truth to power: Empowerment ideology as social intervention and policy. *American Journal of Community Psychology*, **23**. 765-794.
Rappaport, J. 1981 In praise of paradox: A social policy of empowerment over prevention. *American Journal of Community Psychology*, **9**(1), 1-25.
Rappaport, J. 1987 Terms of empowerment/exemplars of prevention: Toward a theory for community psychology. *American Journal of Community Psychology*, **15**(2), 121-148.
Riger, S. 1993 What's with empowerment. *American Journal of Community Psychology*, **21**(3), 279-292.
Rudkin, J. K. 2003 *Community psychology: Guiding principles and orienting concepts*. Prentice Hall.
笹尾敏明・小山 梓・池田 満 2003 次世代型ファカルティ・ディベロップメント（FD）・プログラムに向けて：コミュニティ心理学的視座からの検討 国際基督教大学学報 I-A 教育研究, **45**, 55-71.
下山田鮎美・吉武清實・上埜高志 2006 エンパワーされたコミュニティの創生過程に関する研究（第一報）―A県M町におけるソーシャル・サポート・ネットワーキングの過程― コミュニティ心理学研究, **9**(2), 149-163.
山本和郎 1997 エンパワーメントの概念について コミュニティ心理学研究, **1**(2),

168-169.
Zimmerman, M. A. 1995 Empowerment theory, research, and application. *American Journal of Community Psychology*, **23**(5), 569-579.
Zimmerman, M. A. 2000 Empowerment theory: Psychological, organizational and community levels of analysis. In J. Rappaport & E. Seidman (Eds.), *Handbook of community psychology: Theory and practice*. Kluwer Academic/ Plenum Publishers. pp.45-63.
Zimmerman, M. A., & Rappaport, J. 1988 Citizen participation, perceieved control, and psychological empowerment. *American Journal of Community Psychology*, **16**, 725-750.

参考文献
安梅勅江　2004　エンパワメントケアの科学：当事者主体チームワークの技法　医歯薬出版
安梅勅江編著　2005　コミュニティ・エンパワメントの技法　当事者主体の新しいシステムづくり　医歯薬出版
Duffy, K. G., & Wong, F. Y. 1996 *Community psychology*. Allyn and Bacon.（植村勝彦監訳　1999　コミュニティ心理学：社会問題への理解と援助　ナカニシヤ出版）
Gutiérrez, L. M., Parsons, R. J., & Cox, E. O. 1998 *Empowerment in social work practice: A sourcebook*. Brooks/Cole Publishing Company.（小松源助監訳　2000　ソーシャルワーク実践におけるエンパワーメント：その理論と実際の論考集　相川書房）
小松源助　1995　ソーシャルワーク実践におけるエンパワーメント・アプローチの動向と課題　ソーシャルワーク研究，**21**(2)，4-10.
村松安子・村松泰子編　1995　エンパワーメントの女性学　有斐閣
鈴木敏正　1999　エンパワーメントの教育学—ユネスコとグラムシとポスト・ポストモダン—　北樹出版
山本和郎　1986　コミュニティ心理学　地域臨床の理論と実践　東京大学出版会

第8章
コミュニティ感覚と市民参加

植村勝彦・笹尾敏明

日本人の sense of community

スティーブン・スミス（英語教育サービス業）

「西洋人の一人として日本の社会を見つめると，日本人は，同じ仲間としての意識，sense of community が強いと思われる。外からやってきて，日本に適応しようとする者にとっては，これが日本を理解する上での壁になることもある。しかも，この壁を少しずつはがしていこうとすると，日本の社会には，初め思っていたよりも，さらに何枚もの層になった壁があることに気づく。これこそが，私が日本に住みながら，日々チャレンジを感じていることである。

日本人ではない者として日本に住んでいることの楽しみの一つは，多様な文化・娯楽施設を利用することである。日本は，カナダに比べて，レジャー産業が盛んである。テーマ・パーク，カラオケ，ゲームセンター，温泉，レストラン，バーなどなど，レジャーに関するありとあらゆるものが揃っているといっても過言ではないだろう。カラオケやゲームボーイはカナダにも輸入され，日本のレジャー産業は，カナダ人のレジャーにも影響を及ぼした。

しかし，私自身は，日本にいて，個人のレジャーだけでなく，地域での触れ合いも楽しんでいる。それは，地域の人々の sense of community といえるものである。例えば，現在すんでいる名古屋に引っ越してきて，町内活動に驚いた。引っ越してきてまもなく，町内会の組長さんが家に，ごあいさつに来てくれた。そのときに，とても親切に，町内でのごみの収集日や収集場所，お祭り，防災のための道具を組長当番の家が持ちまわっていることなど，いろいろなことを

教えてくれた。カナダでも，もちろん近所の人と挨拶は交わすが，ここまでそれぞれの生活に関わることを町内で行うということはしない。ただ，引っ越した家の隣に住んでいたひとり暮しの男性のご老人は，日本人ではない私を見て，この町内に私は似合わないと思ったのか，昨年九月に亡くなるまで，彼だけは私に対し無愛想だった。とはいえ，町内の他の人は，問題なく私を受け入れてくれているようである。

　地域におけるコミュニティから，日本のクリスチャンの間のコミュニティに話を移すことにする。日本人である妻とカナダで生まれた息子と私は，クリスチャンであり，日本でも教会に行っている。日本のクリスチャンの数は，欧米に比べるととても少なく，だからこそ日本人のクリスチャンの間には，強い sense of community が築かれているように思う。特に，同じ教会に通うクリスチャン同士の絆は固い。これは，カナダにおいても同じではある。そんなことと，日本人のクリスチャンが日本においてマイノリティであるということが，私が日本にいてマイノリティであることと重なり，私はカナダ人のクリスチャンに対してよりも，日本人のクリスチャンにとても親しみを感じている。私が日本人ではないことから，時々日本の社会の中で特別扱いされることで受ける不快を，日本人のクリスチャンからは受けたことがない。それは，きっと彼らが，私をカナダ人というより，一人のクリスチャンとしてみているからだろうと思う。このように特別扱いされないということは，私にとってとても心地のよいことである。」（以下，略）

　　出典：スティーブン・スミス　2004　日本人の sense of community　コミュニティ，
　　　　133, 76-78.（財・地域社会研究所）より一部抜粋。

　わが国においても，コミュニティという用語は，社会学やコミュニティ心理学の領域に留まらず，一般社会でも頻繁に見受けられる。例えば，コミュニティセンターは「コミセン」などと略称されて，かつての「公民館」という名称に取って代わり，「コミュニティの再生」は，あらゆる地域政策や住民活動の合い言葉となっているし，新興住宅地の売り出しのために不動産業者が作成する広告の中にすら，「新たなコミュニティづくりへ」などというスローガンが打ち出されている。

　こうした現状は，コミュニティ，あるいはコミュニティ感覚が，人々の日常

生活に密着した概念であること，つまり，コミュニティへの介入に欠くことのできない要素であることを示すと同時に，コミュニティ心理学という1つの学問体系の中で，厳密な科学的方法を用いて研究を行うことの難しさをも物語っている。

本章では，まず，コミュニティ心理学におけるコミュニティ感覚とは何かについて，その概念や理論的背景を概観し，その実証的研究を紹介することを通して，人々がコミュニティ感覚をもつことの重要性を指摘しよう。そして，さらに，コミュニティ感覚をもつことの延長上にある，行動としての市民参加についても取り上げることとする。

1節　コミュニティ感覚

(1) コミュニティ感覚とは何か

第1章で紹介したように，コミュニティ心理学において，**コミュニティ**とは，「人が依存することができ，たやすく利用が可能で，お互いに支援的な，関係のネットワークである」(Sarason, 1974) という定義にみられるように，ある一定の場所に生活しているという，生活環境を共有することから生まれる**地理的コミュニティ**ばかりでなく，共通の規範や価値，関心，目標，同一視と信頼の感情を共有していることから生まれる，社会・心理的な場に基づく**関係的コミュニティ**をも含む，機能を重視する概念と位置づけられている。章頭のエッセーでいえば，町内会という地理的コミュニティと，同じ教会に通うクリスチャンという関係的コミュニティがそれである。

こうしたコミュニティに対して人々がもつ態度を，サラソン (Sarason, 1974) は，コミュニティ感覚という日常用語で表現しながらも，この概念の重要性を指摘し，**コミュニティ感覚**とは「他者との類似性の知覚，他者との相互依存関係の認知，他者が期待するものを与えたり，自分が期待するものを他者から得たりすることによって，相互依存関係を進んで維持しようとする気持ち，自分はある大きな，依存可能な安定した構造の一部であるという感情」と定義した。

サラソンによるコミュニティ感覚研究の根底には，コミュニティ心理学のも

つ価値観の基盤となる考えが反映されている。つまり、健全なコミュニティでは、個人を超えた情緒的つながりがコミュニティの集団的生活を形づくっている、という信念である。サラソンのこの概念定義は、あらゆる形のコミュニティに通用する普遍的な枠組みとして、現代でもなお重要な役割を果たしている。

　しかし、サラソンによる理論的考察の後、コミュニティ感覚に関する理論的発展や実証的研究、実践活動はほとんど行われなかった。このコミュニティ感覚が、研究・実践の対象として再び脚光を浴びるようになった大きな契機は、マクミランとチャビス（McMillan & Chavis, 1986）による再定義と、Sense of Community Index（SCI）という心理尺度の作成にある（Chavis et al., 1986）。マクミランとチャビスは、コミュニティ感覚を理解し、測定することを目的に、その構成要素として、①メンバーシップ、②影響力、③統合のニーズと充足、④情緒的結合の共有、の4つを挙げた。

　1つ目のメンバーシップには、コミュニティの境界、情緒的安全感、所属感、個人がコミュニティに対して行う「投資」などの概念が包含され、これらの概念が、「誰がコミュニティに属していて、誰が属していないか」を画定している。

　2つ目の影響力には、大きく4つの概念が包含されている。第一には、メンバーが、コミュニティに何らかの影響力をもっていると感じることができる状況である。第二に、コミュニティ自体がメンバーに大きな影響を与えているという感覚が重視される。第三に、コミュニティ、あるいはメンバー間での親密性を生むことを目的として、コミュニティへの同調、あるいはコミュニティとしての均一性・統一性を求める力が生まれる。さらに、この力はコミュニティとメンバーとの間の合意によって成立していることが重要である。第四として、コミュニティに対するメンバーの影響力、あるいはメンバーに対するコミュニティの影響力は、同時に発生することが必要である。これら4つの概念に共通することは、コミュニティあるいはメンバーどちらかが一方的に他方に貢献することを求めているのではなく、コミュニティとメンバーとの互恵的関係の重視である。

　3つ目の統合のニーズと充足は、人と環境の適合の概念と密接に結びついて

いる。メンバー間でニーズが共有され,コミュニティはそのニーズ達成のための場を提供する役割を果たす。さらに,コミュニティを通してメンバー間のニーズが統合されることから,自己のニーズ達成が他者のニーズ達成と結びついているという感覚が得られる。

最後の情緒的結合の共有は,コミュニティ感覚の中でも,特に感情,情動を強調する概念である。情緒的結合は,メンバー間のポジティブな交流,重要な出来事や問題を共有し解決すること,メンバーを称えること,コミュニティへの積極的参与と「投資」,メンバー間の精神的つながりの経験を通して培われ,さらにこれらを促進していく。

これらの構成概念から,チャビスら (Chavis et al., 1986) は,4因子12項目からなる SCI を作成した。表8-1には,彼らが作成したSCIの日本語版を示した (笹尾ら, 2003)。このSCIの因子構造は,理論と定義に基づいて先験的に作成されており,心理尺度を構成する際に一般的に用いられる,いわゆる尺度構成の手順とは異なっている。しかし,その後の一連の研究では,マクミランとチャビスの4因子構造の妥当性および信頼性が,繰り返し実証されている

表8-1 Sense of Community Index (McMillan & Chavis, 1986) の日本語版 (笹尾・小山・池田, 2003)

メンバーシップ
　　＊私はこの地域に住む多くの住人と顔見知りである。
　　　この地域は,私にとって居心地がよい。
　　＊この地域の住人のほとんどが私のことを知っている。
影響力
　　　私はこの地域の人々に私がどう思われているかが気になることがある。
　　＊私はこの地域のあり方に対して影響力を持っている。
　　　この地域で何か問題が生じた時は,住人がそれを自ら解決することができる。
統合とニーズの充足
　　　この地域は私にとって住むのに適している。
　　＊この地域に住む人々は,みな同じ価値観を共有している。
　　　私とこの地域に住む人々は,この地域に同じものを期待している。
情緒的結合の共有
　　　この地域に住むことは私にとって大切である。
　　　この地域に住む人々はお互いに良い関係を保っていると思う。
　　　私はこれからもこの地域に住み続けると思う。

注:(＊)のついた項目はオリジナルでは,否定文となっていたが,翻訳に際し,回答に当っての誤解釈を回避するため,すべて肯定文とした。

(Chipuer & Pretty, 1999)。

　コミュニティ感覚の概念定義は，サラソンと，マクミランとチャビスによるもので一定の合意が得られ，その後の多くの研究はこの2つの定義をもとにしたり，あるいは強く影響を受けている。また，研究において使用される尺度についても，チャビスらによる SCI，もしくはそれをもとに作成されたものがほとんどである（笹尾，2007）。

　とはいえ，サラソンやマクミランとチャビスから派出した研究に対する疑問も少なくないことも事実である。例えば，カイピュアとプリティ（Chipuer & Pretty, 1999）は，コミュニティ感覚の研究における問題点として，コミュニティ感覚が取り扱っているものがコミュニティにおける具体的行動であるのか，あるいは，コミュニティ・メンバーの期待も含めた認知的・情動的態度であるのかが不明瞭であり，また，マクミランとチャビスの定義は，コミュニティ感覚が個人の心理的変数（個人レベル変数）であるのか，あるいは，コミュニティの状態を記述する変数（コミュニティ・レベル変数）であるのかを明示していない，と述べている。フィッシャーら（Fisher et al., 2002）等の，多くの研究では，個人に対して行った質問紙調査の得点をコミュニティごとに合計したものを「そのコミュニティのコミュニティ感覚」として取り扱っているが，それは個人レベルの差異を過小評価する結果となり，必ずしも妥当な方法とは言いがたい。さらに，最大の問題として，コミュニティ感覚の定義にある「コミュニティ」が何を指すのかが不明瞭である，と述べている。

　サラソンは地理的コミュニティを想定して定義を行ったが，彼自身，コミュニティが地理的枠組みに留まらないことを指摘しているのを反映して，その定義も，あらゆる形式のコミュニティに適応可能となっている。さらに，チャビスらは，学校コミュニティを対象に尺度作成を行っていることからもわかるように，地理的概念を超えたコミュニティを想定して定義を行っている。これを受けて，職場コミュニティを対象とする尺度（例：山口ら，2002）なども作成されるようになってきている。しかし，あらゆるコミュニティに適用可能な定義を求めた結果，社会的集団の結束を表す包括的概念を示すにすぎないとの指摘もあり，カイピュアとプリティ（1999）は，コミュニティ感覚という用語は，地域の連携，社会的結合，コミュニティのアイデンティティ，などの用語と互

換性がある，と述べている．

(2) コミュニティ意識の研究

一方，わが国では，サラソンや，マクミランとチャビスの研究の流れとは関連なく，1970年代に，社会学を中心に「コミュニティ意識」の研究が盛んに行われるようになった．

これは，1960年代からの高度経済成長政策の影響を受けて，過疎・過密という言葉に象徴されるように，旧来の地域共同体は急速に崩壊したものの，しかし，それに代わる新しい地域社会はまだ創生されていない中で，「生活の場において，市民としての自主性と責任を自覚した個人および家庭を構成主体として，地域性と各種の共通目標をもった，開放的でしかも構成員相互に信頼感のある集団」(国民生活審議会調査部会編，1969)を，「コミュニティ」と定義して，コミュニティづくりを模索する中で生まれた概念である．

コミュニティ意識とは，この研究に先導的な役割を果たした奥田(1993)によれば，「特定のコミュニティへの帰属・一体感情」を指し，その経緯から地理的コミュニティを想定しているものの，相互の関連性なく展開されてきた，先のサラソンや，マクミランとチャビスのコミュニティ感覚の概念と大きく異なるものではない．

コミュニティ意識の研究では，社会学の立場からの，奥田(1971)のコミュニティ・モデルや鈴木(1978)のコミュニティ・モラールにみられるように，住民を類型に分ける(4類型が多い)ことを大きな特徴としている．例えば，奥田のモデルでは，意識体系としての「特殊化-普遍化」，行動体系としての「主体化-客体化」の2つの軸の組み合わせから，4つのタイプのコミュニティ意識モデル(地域共同体モデル，伝統的アノミー・モデル，個我モデル，コミュニティ・モデル)と，それを質問項目の形で簡潔に表現したものを1問用意し，4つの中から1つを選択させるものである．このうち，地域主体的・普遍価値的類型を表す，「地域社会は自分の生活上のよりどころであるから，住民がお互いに進んで協力し，住みやすくするよう心がける」という意見項目を選んだ人が，「コミュニティ・モデル」型の最も望ましい住民と措定される仕組みである．

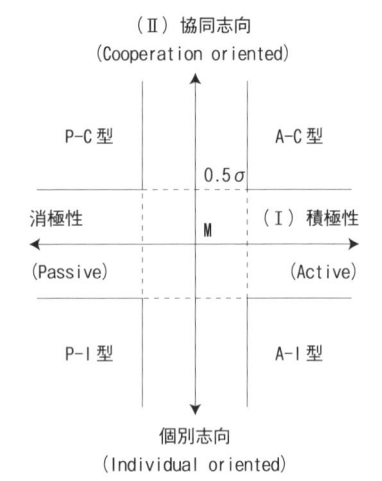

```
          (Ⅱ) 協同志向
       (Cooperation oriented)


    P-C 型         │        A-C 型
                   │ 0.5σ
───────────────────┼───────────────────
    消極性         │M      (Ⅰ) 積極性
   (Passive)      │       (Active)
                   │
    P-I 型         │        A-I 型


          個別志向
       (Individual oriented)
```

図8-1　地域社会に対する態度の4類型（田中・藤本・植村，1978）

表8-2　地域社会に対する態度尺度版（田中・藤本・植村，1978）

第Ⅰ尺度（積極性 - 消極性）
(1) 町内会（自治会）での発言は，とかくあとでいろいろいわれやすいので，なるべく発言したくない。
(2) この町をよくするための活動は，地元の熱心な人たちに任せておけばよい。
(3) 学校の整備や遊び場の確保などについては，市当局のほうでうまくやってくれるだろう，と信頼している。
(4) 自分の住んでいる地域で住民運動がおきても，できればそれに関わりたくはない。
(5) 近所の顔見知りの人とは親しくしたいが，知らない人とはそれほど親しくなりたいとは思わない。

第Ⅱ尺度（協同志向 - 個別志向）
(6) 町内会（自治会）の世話をしてくれとたのまれたら，ひき受けてもよいと思う。
(7) 地域の生活環境をよくするための公共施設の建設計画がある場合，自分の所有地や建物の供出には，できるだけ協力したい。
(8) 自分の近所に，一人暮らしの老人がいたら，その老人のために日常生活の世話をしてあげたい。
(9) 地域の皆と何かをすることで，自分の生活の豊かさを求めたい。
(10) いま住んでいる地域に，誇りとか愛着のようなものを感じている。

　こうした中で，社会心理学の立場から，社会学のモデルの恣意性を批判して，緻密な心理尺度構成を行うことで住民の地域社会に対する態度を類型化し，それを各種の場面に適用することで，この類型の意義を明らかにしたのが

田中ら（1978）である。彼らは，「積極性 - 消極性」「協同志向 - 個別志向」の2次元からなる心理尺度を作成し，コミュニティ意識の類型化を行った。4つの住民類型設定の模式図と，その尺度項目は，図8-1および表8-2のとおりであるが，この中で，A-C型と名付けられた類型が，コミュニティ・メンバーとして最も望ましい姿として措定されている。なお，これを用いた実証研究については，次の項で取り上げることとする。

(3) 実証的研究

コミュニティ感覚によってもたらされる効果については，これまで数多くの研究が行われている。例えば，コミュニティ感覚の高さと，人生への満足感や**主観的幸福感**の高さ，孤独感の低さとの間には正の相関が確認されている。さらに，心理学的概念に留まらず，より健全なコミュニティを表す社会的指標との関連も多く指摘されている。一般に，コミュニティ感覚が高い地域では，住民が地域の活動により積極的に参与している。例えば，チャビスら（1986）の研究では，コミュニティ感覚の高い住民は，地域でのボランティアに参加する割合が多いことが示されている。ほかにも，投票率などにみられるように，地域社会への積極的，主体的参与とコミュニティ感覚の高さとの関連が報告されている（Hughey et al., 1999）。章頭のエッセーにおける町内会コミュニティの例も，これに該当するだろう。

教育現場においても，高等学校における研究では，コミュニティ感覚が高い生徒は，授業妨害や早退，また高校中退をする割合が低い（Royal & Rossi, 1996）。また，プリティ（Pretty, 1990）が大学生を対象に行った調査では，高いコミュニティ感覚をもつ学生は，大学内での活動に積極的に参加する傾向があるに留まらず，薬物乱用などの犯罪行為に関わる割合が低い傾向も報告されている。さらに，職場におけるコミュニティ感覚の研究では，仕事の満足度，役割葛藤の低さなどとの関連が指摘されている（Royal & Rossi, 1996）。

コミュニティ感覚の先行要因についても，かなりの関心を集めている。比較的メンバーの数が少なく，小さなコミュニティにおいてコミュニティ感覚が高く（Obst et al., 2002），また，コミュニティでの居住年数や，関わりの長さなどの時間的要因の影響も認められている（Chavis et al., 1986; Pretty et al.,

1994)。その他には，結婚しているかどうか，コミュニティにおける人種・民族的状況，居住形態，所得レベル，年齢や教育歴，人格特性などとの関連も指摘されている。

ひるがえって，わが国においては，先に紹介したように，コミュニティ意識の研究として展開されてきたが，ここでは，田中ら（1978）のコミュニティ意識類型に基づいて行われた研究を紹介することにしよう。

植村（1984）は，地域生活において日常的に経験する社会的ストレス（近所づき合い，住み心地，しきたり，など13領域）の高低と4類型との関連性，および，地域社会のメンバーとしての規範行動（子どもが遊園地で危険な遊びをしているのを目撃した，近所の人が空き地にゴミを捨てている場面に居合わせた，など3場面）と4類型との関連を調べている。また，福祉対象者（心身障害者，高齢者）に対する住民の地域援助活動（施設維持のための請願書への署名，慰問やボランティア活動，など3場面）に対する態度や行動との関連も調べている（植村・新美，1977）。さらに，藤本（1984）は，4類型と家族エゴイズムの強さとの関連や，道路建設に対する住民運動（反対の強さ）との関連を調べている。

その結果，いずれの場合でも共通して，彼らがA-C型と名付けた類型に属する人々が，最も好ましい，すなわち，ストレスが少なく，援助的な態度や行動を示したり，また，家族のエゴイズムも低く，建設反対の度合いも低かった。そして，対極にあるP-I型が常に最も望ましくない値をとり，P-C型とA-I型は両者の中間に位置して，場面によりその望ましさが前後する関係にあった。ちなみに，彼らによれば，A-C型とは，「地域社会に生起する問題に積極的に取り組み，行動するとともに，それをほかの住民と連帯して，地域社会という全体的な集合の場の中で達成させようとする姿勢を示す類型である」とされる（植村，1984）。なお，コミュニティ意識に関する最近の研究は，石盛（2004）によって行われている（「調査研究」参照）。

一方，コミュニティ感覚については，地理的枠組みによらないコミュニティに焦点を当てた研究として，笹尾ら（2003）が大学教員に対して実施した調査がある。彼らはマクミランとチャビスによるSCIの日本語訳を使用し，大学教員が「学問共同体としてのコミュニティ」を形成するうえでコミュニティ感

【調査研究】　コミュニティ意識とまちづくりへの市民参加

　コミュニティ意識研究が盛んだった1970年代の田中ら（1978）の研究以降，わが国の心理学の領域では，長らく研究が途絶えていたが，21世紀に入って，コミュニティ心理学を中心に，再びコミュニティ意識の研究が取り上げられるようになってきた。

　石盛（2004）は，マクミランとチャビスをはじめとするいくつかのコミュニティ感覚尺度は，心理測定論的には十分な妥当性をもつが，それを単に翻訳し，日本語版を作成してわが国の研究に用いるにことには，コミュニティという概念自体についてのアメリカと日本の文化的・社会的等価性の点と，そこから派生するコミュニティ感覚という概念の日本における限定性の点で，問題があるとしている。

　そこで，彼は，コミュニティ感覚尺度ではなく，わが国の社会学や社会心理学でこれまで蓄積されてきたコミュニティ意識尺度を，現代に則したものに構成し直すことで実証的研究を行うことにこそ意義があるとして，市民参加との関連を検討しようと試みている。

　多面的にコミュニティ意識を測定することを目的として，地域での社会活動への積極性，地域への愛着，まちづくりに対する市民の主体性などに関する項目を，これまでの研究から採択したり自ら作成して，合計27項目用意し，長崎県の長与町と諫早市の15歳以上の449名（男性130名，平均年齢54.3歳；女性319名，平均年齢47.1歳）を対象に調査した。

　コミュニティ意識尺度作成にあたっては，主因子法／バリマックス回転により因子分析することで4因子を抽出し，第1因子「連帯・積極性因子」：積極的にみんなと協力しながら地域のために活動する，第2因子「自己決定因子」：地域をよくするためには市民自らが決定権をもつことが重要である，第3因子「愛着因子」：地域への誇りや愛着がある，第4因子「他者依存因子」：行政や他の熱心な人に地域の問題への取り組みは任せておいてよい，との意味を内包するものとして，4つの因子を命名した。

　4因子のうち，「連帯・積極性」「愛着」「他者依存」は，これまでの先行研究で得られたものとほぼ類似の因子であるが，「自己決定」はこれまでにない新しい因子であり，かつての，抽象的・消極的であった権利意識がさらに進んで，具体的・積極的な権利意識として，今日の時代に，少なくとも理念的には定着した結果と考えられる，としている。

　さらに，これらの因子を構成する項目の合計点を求めることで，4つのコミュニティ意識（下位）尺度を作成し，他の多様な質問項目との関連性を求めた。そして，これらの結果を総合して，石盛は，「自分の欲求を行政に反映するのは当然」と考えるにとどまっていた意識が，一歩進んで「まちづくりに関する意思決定は市民が主体的に行うことが保証されるべき」というような，より積極的な権利意識として，人々の間に定着していることが明らかとなった。そして，この権利意識が実際の地域活動の積極性にもつながっていることも示された。これは，社会状況の変化に応じて，人々のコミュニティ意識も着実に

変化していることを示している,と論じている。

出典:石盛真徳 2004 コミュニティ意識とまちづくりへの市民参加:コミュニティ意識尺度の開発を通じて コミュニティ心理学研究,7(2),87-98.

覚が重要であること,コミュニティ感覚が高いと教員としてのウェルビーイングも高いこと,などを明らかにしている。

なお,コミュニティ感覚に関する質的研究は非常に限られている。その原因は,サラソンも指摘するように,直接に検証不可能な命題は無意味であるとする論理実証主義への過度の傾倒にあるだろう。しかし,個々のコミュニティ特有の文脈の影響をみていくうえで,現象学的視点に立った質的研究の果たす役割は大きいと言わざるをえない。今後,質的研究,また,質的・量的研究を組み合わせた混在型手法による研究が,盛んになることが期待されよう。

(4) コミュニティ感覚がもたらす予防的介入への示唆

社会・心理的問題に対する予防(特に一次予防)は,コミュニティ心理学が目指す最も大きな目標の1つである。残念なことに,これまで,コミュニティ感覚を具体的**予防的介入**の実践に取り入れた例はほとんどみられない。しかし,健全なコミュニティを目指すためには,個人を超えた心の交流を通して,社会集団としての生活を作り上げることが不可欠であり,そういった意味で,コミュニティ感覚の果たす役割は大きく期待されていると同時に,その効果を疑う者はいない。サラソン(1974)は,すでに30年前に,コミュニティ感覚が多くの社会的関係性において失われていることを危惧しており,「コミュニティ感覚が失われることは,われわれの社会における人々の生活を破壊する最も強大な力となる」と警告している。さらに,われわれの社会で失われつつあるコミュニティ感覚を取り戻し,促進させることがコミュニティ心理学の使命であり,コミュニティ感覚こそコミュニティ心理学が道標とすべき価値観である,と述べている。

これまでにみてきたように,コミュニティ感覚の高さと,主観的幸福感の高さや孤独感の低さなど,心理的側面との関連が指摘されている。また,コミュニティでの活動への積極的参加や対人サポートなど,よりよいコミュニティを

表す指標となるであろう諸側面との関連も繰り返し見いだされている。さらに，パーキンスら（Perkins et al., 1990）は，コミュニティ感覚が高いコミュニティでは犯罪発生率が低い，という結果を報告している。学校においても，コミュニティ感覚が高い生徒は問題行動や学校の中退率が低く，よりよい学業成績を修めている，という研究結果が得られている。こうした研究成果からも，各種のコミュニティにおける問題の予防と，コンピテンスの促進を目指す介入には，コミュニティ感覚が果たす役割が大きいことがわかる。

しかし，問題点もある。従来の研究では，コミュニティ感覚とその他の変数との相関関係を記述しているにすぎず，変数間の因果関係を特定するメカニズムにまで踏み込んだ研究はほとんど行われていない。したがって，コミュニティ感覚の高さが，即，コミュニティにおけるポジティブな結果を生み出すのか，ある種の媒介変数が関与し，あるいは，特定の文脈の影響の下でコミュニティ感覚が望まれる効果を生み出すのか，検討の余地がある。例えば，ここ10年ほどの間，世界中で取り上げられている数々の宗教団体による犯罪などからみると，高すぎるコミュニティ感覚が，過度の集団依存や集団凝集性，外集団への攻撃を助長する可能性も想像されるからである。

こうした点をふまえると，今後のコミュニティ感覚の研究に求められる検討課題としては，コミュニティ感覚研究における文脈の影響を明らかにすることが，第一に重要であろう。第二の課題に，これまでの研究では，コミュニティ・レベル変数（例：コミュニティの規模）によるコミュニティ感覚の高低が研究対象とされ，個人レベル変数（例：人格特性）との関連はあまり注目されてこなかったことが挙げられる。これらは，これからの研究課題となってくるだろう。第三の課題として，これまで，コミュニティ感覚を高める具体的方略が見いだされていないことである。従来のコミュニティ感覚研究は，ある特定時点におけるコミュニティ感覚と他変数との関連を記述する，横断的研究がほとんどであった。マクミランとチャビスが指摘するように，コミュニティ感覚は，時間や歴史的経験を通してコミュニティで培われていくものである。コミュニティ感覚を予防的介入に取り入れるためには，実証的，理論的証拠に基づいた具体的方略が必要となる。今後，縦断的研究を行うことで，コミュニティ感覚の変化をもたらす要因を同定し，予防的介入で使用可能な方略を見い

だすことが期待されている。

2節　市民参加

(1) 市民参加とは何か

　先に，コミュニティ感覚の高さと地域社会への積極的，主体的な参与との関連性が報告されていることを紹介したが，コミュニティ感覚の高い人だから，地域活動にも積極的に関与するようになるのか，あるいは，地域活動に参加することで，コミュニティ感覚も高められるようになるのか，その因果関係は同定されないものの，両者の間には相関関係があることは確かなようである。そこで，ここでは，コミュニティ感覚という意識レベルが形をとって現れた，行動としての市民参加を取り上げることとしよう。

　市民参加は最も素朴な社会変革の形態であり，自らに直接関わる社会問題に改善を求めて協力し，関与し，参加するもので，この中には草の根運動やボランティア活動，セルフヘルプ・グループも含まれる。市民参加の例として，ダッフィとウォン (Duffy & Wong, 1996) は表8-3のようなものを挙げており，かなり多岐にわたっていることが理解できよう。

　市民参加とは，「共通の目標を達成するために個人が報酬なしで参加している，あらゆる組織化された活動への関与」(Zimmerman & Rappaport, 1988) とか，「個人が，自らに影響を及ぼす制度やプログラムや環境への意志決定に参加するプロセス」(Heller et al., 1984) と定義されるように，アメリカでは表8-3にみられるような多様な姿をもっている。一方，わが国では，「市民が政治・行政過程に対して自発的・主体的にその意志を反映させるための運動または制度。今日，特に自治体の行政過程に対する直接的な参加を指す場合が多い」(濱嶋ら，1997) とか，「市民が自治体や国の政策形成，執行過程に直接参加して影響力を行使し，その利益を実現し，また統治能力を身につけていくことをいう」(宮本，1999) などの定義のように，政治や行政過程を強く意識したものとなっている。この背景には，日本では，市民参加とは別に住民参加という概念もあり，濱嶋らは，「市民参加と住民参加は，常に同義的に用いられるわけではない」といい，住民＝特定の地域社会における特殊的な公共的利益

表8-3 市民参加の例 (Duffy & Wong, 1996)

投票
嘆願書への署名
運動のために献金したり,時間を提供する
コミュニティのニーズや変革に関するメディアの記事を読む
環境によくない製品のボイコット
コミュニティの調査のインタビューに応じる
セルフヘルプ・グループへの参加
ディベート後の質疑応答への参加
臨時委員会や,特別委員会の委員を務める
すわり込みや,デモ行進への参加
コミュニティにおける草の根運動グループの指導
コミュニティでのボランティア活動
コミュニティサービスのための募金活動
コンサルテーションサービスの提供
役所での奉仕活動

を代表する人々,市民＝特定の地域社会の枠を越えて,普遍的な公共的利益を代表する人々（松野,2004），という区分けを想定していることによると判断される。しかし,今日,特に福祉の分野では,市民参加活動と住民参加活動を峻別することの意義は見いだせず,各種の草の根グループやNPOの活動にみられるように,その内容は必ずしも政治や行政がらみのものばかりではないのも事実である。そこで,ここではより広い意味で用いることとする。

ところで,市民参加の定義が強調するように,参加は,一般に影響力を行使することでよりよい決定を生み出すための,実際的な手段として捉えられる。例えば,ある決定や計画は,それによって影響を受ける市民が,それを具体化することに参加するがゆえに,あるいは,それに対する市民の関与がその実行力をもてばもつほど,実現の可能性が大きくなるがゆえに,市民参加は手段としての価値をもつようになる。一方,市民参加は,それが技術としての実際的な利点を生むかどうかに関わりなく,参加することでメンバー間で確認されたり新たに生み出されたりする,社会的権力や連帯感や自己実現をもたらす,それ自体が目的となる1つの価値でもある。

このように,市民参加は手段と目的との両面の価値を伴っているといえ,コミュニティ心理学にとっては,とりわけ,市民参加の目的としての価値に注目

することに大きな意味が見いだされるであろう。つまり，価値としての市民参加とは，エンパワメントを意味している。第7章で詳しく紹介されているように，市民参加を通して個人がエンパワーされるとともに，組織やコミュニティ場面がエンパワーされると期待される。

(2) 実証的研究

以下に，タイプの異なる2つの市民参加の研究例を紹介する。1つは**ボランティア活動**，いま1つは**地域活性化活動**で，いずれも活動を通して，個人やコミュニティがエンパワーしていく姿を読み取ることができるものである。

環境配慮行動を多様な側面から追求している広瀬幸雄とその共同研究者たちは，その1つとして環境ボランティアの存在を取り上げ，ボランティアの活動が地域住民のリサイクルに関する認知や行動に及ぼす効果の検討（杉浦ら，1998），環境ボランティア団体の活動意図の規定因（安藤・広瀬，1999）などを検討している。こうした一連の研究の中に，ボランティア自身が活動にコミットすることで生まれる，エンパワメントの側面を扱ったものがある。リサイクル活動へのコミットメントがボランティアのエンパワメントに及ぼす効果（広瀬ら，1999）や，市の一般廃棄物処理計画への市民参加によるエンパワメントの効果（広瀬ら，2003）を，意識調査によって調べたもの，さらには，次の「事例研究」で紹介するものなどがある。こうした経緯をふまえて，広瀬（2001）は，ボランティア活動をすることでエンパワメントが実感できること，それは新しい試みをしていろいろな人とつながりができたという「連帯感」，自分たちの働きかけで地域が変わっていくという「効力感」，自分自身でもいろいろなことを学び，何かをやれる知識や能力が身につくという「有能感」を意味する，とまとめている。

一方，過疎地域の活性化問題に取り組んでいる杉万（2000）のグループは，鳥取県の智頭町をフィールドに，住民自治の社会システム作りを通して，コミュニティのエンパワメントを図ろうとしている。杉万（1997）は，現代の過疎問題はきわめてグループダイナミックス的問題であるといい，過疎地域の活性化というテーマにアプローチするうえで，グループダイナミックスと土木工学（ないし地域計画学）の学際的研究が必要であると主張する。その出会いが

【事例研究】 環境ボランティア活動参加への動機づけ

　環境保存のための運動は，市民の側から環境に対する意識を高め，身近な問題に働きかけることができる点で，大きな役割を果たすことが期待されている。しかし，ボランティアに参加することは，コストのかかる行為であるとともに，一方では，参加者だけが利益を得るわけでもない。こうした社会的ジレンマの側面をもつことから，自分は参加せずに，運動の成果だけを享受する，いわゆる「ただ乗り」が起きやすいことが指摘されている。しかし，実際には，環境運動は大きな広がりを見せている。

　ところで，参加者にとって，何が参加のメリットとして認知されているのか，の内容については，十分に明らかになっていない。そこで，安藤（2002）は，彼らが何を求めて運動に参加しているのか，その参加の動機づけを明らかにするべく，聞き取りによる質的研究を行っている。

　何らかの組織に属して環境運動を行っている男女各10名のコア・メンバーを対象（20～58歳，平均29.2歳；うち，学生9名）に，半構造化面接法によって，聞き取り調査を行った。質問内容は，①環境ボランティアを始めたきっかけ，②始める以前の環境問題への関心の程度，③始めてから環境問題への考え方が変わったか，④運動は環境問題の解決に効果があったと思うか，⑤参加することによって何を得たと思うか，であった。

　その結果は，次のようであった。まず，参加のきっかけについては，友人など身近な対人的ネットワークを通じて勧誘された，という直接的コミュニケーションによる参加が多く，これは，直接誘われることで，活動を信頼できる，また，環境問題は重要であるという規範が伝わることを意味すると考えられた。

　環境問題への関心は，必ずしも最初から関心があったわけではなく，活動を始めるなかで，認知が変化していったようである。

　活動の有効性については，グローバルなレベルでの環境問題については悲観的な見方が多いが，自分たちの活動については効果があったとする，アンビバレントな面が回答にみられた。活動への動機づけを維持するには，自分たちの行動を肯定的に評価する必要があるため，そのような認知が成立すると考えられる。

　活動によって個人として得られたものは，「ネットワークの広がり」「自己の有能感」「対処有効性」「活動に対する技能」と名付けたものにまとまった。活動に参加することのメリットは，活動の目的を達成すること以外にも，さまざまに認知されており，参加者にとっては，コストに見合うだけの肯定的な側面があることが示唆された。

　このように，参加者は，ネットワークの広がりや，自己の有能感などのエンパワメントを感じており，実際に活動している人は，他人のためにやっているのではなく，自分の楽しみとしてやっていることを強調している。活動に参加することは，コストがかかるだけではなく，参加した人のみが得られる無形のものがあることが示された。つまり，個人の利益は幅広い意味で捉える必要があることをこの研究は示唆しているといえよう。

出典：安藤香織　2002　環境ボランティアは自己犠牲的か？　―活動参加への動機づけ―　質的心理学研究, 1, 129-142.

かなえられた智頭町をフィールドとして，たった2人の住民リーダーによって創出された規範が作用圏を拡大し，一般住民さらには町行政を再編する力を獲得するプロセスを追い（森，1997），強い保守性，閉鎖性を有し，かつ少数の有力者が集落運営を支配する体制下で，「ゼロ分のイチ村おこし運動」と名付けられた新しい集落運営システムが力と地位を獲得しつつある様子を，町内14集落の全住民への住民意識調査から明らかにしている（河原・杉万，2003）。そこでは，この運動に「積極的―中間―批判的」の軸に沿って14集落が分類でき，運動に積極的な集落では新運営システムが旧システムと対等の地位を獲得しつつあること，批判的な集落では新システムが旧システムの下位システムに位置づけられていることを描いている。こうした「地域からの挑戦」（岡田ら，2000）は，市民参加が，コミュニティ感覚やコミュニティ意識を生み，コミュニティ場面のエンパワメントを引き起こすことを実証するものである。

また，近年のまちづくりNPOの存在は，さらに多様なコミュニティ・エンパワメントを実現する力となるだろうが，「平成16年版国民生活白書」は，地域で起こっている注目される活動事例として，路上生活者の自立支援や安全な子どもの食事，防犯や防災，市民演劇やサッカー応援，住民バスや食料品店開設，起業支援など，実に多様な市民のNPO活動を紹介している。

どのようなタイプの個人が社会変革を作り出す試みに積極的に活動しているかを調査した研究によれば，内的統制型のパーソナリティか，社会的不公正の信念かの，いずれか一方だけでは不十分で，両者を併せもつ人に社会活動に関与している人が多かった（O'Neill et al., 1988）。先の安藤・広瀬（1999）の研究では，活動への継続意図にはボランティア組織への帰属意識の強さや活動のコスト評価が，積極的活動意図には帰属意識と主観的規範が影響力をもっていた。先述の「事例研究」が示しているように，活動によって得られる利益（ベネフィット効果）といった狭い意味での利己的判断によるのではなく，集団や他者からの影響が大きいことが示された。活動に積極的に参加することは，コミュニティ感覚を増し，また逆に，コミュニティ感覚をもつことによって，市

民参加がより促進されることにもなるだろう。

　ただ，皆が皆市民参加したいと考えているわけではないことは，注意する必要がある。参加しない人の権利は尊重されなければならない。また，市民参加による社会変革には，結果が出るまでに相当の時間がかかることが通例であり，熱心な人ほどバーンアウトする危険をはらんでいることにも注意を要するだろう。さらにまた，活動家が一般住民を代表していなければ，提案や解決策は受け入れられないし実行できないだろう。これらネガティブな評価の部分は，先に紹介した環境ボランティアの活動では幸いにもみられなかったということであるが，過疎を含む地域活性化の活動の場合には，これまではもちろん，今後とも十分に予想されるところであろう。

―――キーワード―――
コミュニティ　地理的コミュニティ　関係的コミュニティ　コミュニティ感覚　コミュニティ意識　主観的幸福感　予防的介入　市民参加　ボランティア活動　地域活性化活動

◆課　題

　①地理的コミュニティと関係的コミュニティについて述べたが，あなたが属すると思う自分のコミュニティをリストアップしたうえで，それぞれのコミュニティについて，自分の関わりや，感じているところをまとめなさい。また，各コミュニティがあなたの生活に与えている影響を，具体的に書き出してみなさい。

　②マクミランとチャビス（1986）の，コミュニティ感覚モデルが紹介されたが，その構成要因の測定における，問題点と解決策を考えなさい。

　③コミュニティ感覚の概念が，コミュニティ心理学の中枢概念であることを学んだが，あなたが属しているコミュニティで起こっている具体的な問題を1つ取り上げ，コミュニティ感覚の概念を用いた予防的介入方法を考えなさい。

引用文献

安藤香織・広瀬幸雄 1999 環境ボランティア団体における活動継続意図・積極的活動意図の規定因 社会心理学研究, **15**(2), 90-99.

Chavis, D. M., Hogge, J. H., McMillan, D. W., & Wandersman, A. 1986 Sense of community through Brunswik's lens: A first look. *Journal of Community Psychology*, **14**, 24-40.

Chipuer, D. M., & Pretty, G. M. H. 1999 A review of the Sense of Community Index: Current uses, factor structure, reliability and future development. *Journal of Community Psychology*, **27**, 643-658.

Duffy, K. G., & Wong, F. Y. 1996 *Community psychology*. Allyn & Bacon. (植村勝彦監訳 1999 コミュニティ心理学 ナカニシヤ出版)

Fisher, A. T., Sonn, C. C., & Bishop, B. J. 2002 *Psychological sense of community: Research, applications, and implications*. Kluwer.

藤本忠明 1984 コミュニティ意識の研究 山本和郎編 コミュニティ心理学の実際 新曜社 pp.263-274.

濱嶋 朗・竹内郁郎・石川晃弘編 1997 新版 社会学小辞典 有斐閣

Heller, K., Price, R. H., Reinharz, S., Riger, S., & Wandersman, A. 1984 *Psychology and community change: Challenges of the future*. Dolsey Press.

広瀬幸雄 2001 環境ボランティアによる社会的レシピづくり 心理学ワールド, **12**, 5-8.

広瀬幸雄・杉浦淳吉・安藤香織・佐藤佳世 1999 リサイクル活動へのコミットメントとボランティアのエンパワーメント:日進市・東郷町の環境ボランティアに対する意識調査 環境社会心理学研究, **3**, 1-121.

広瀬幸雄・杉浦淳吉・大沼 進・安藤香織・前田洋枝 2003 環境計画への市民参加とボランティアのエンパワーメント:日進市の一般廃棄物処理基本計画に対するボランティアの意識調査 環境社会心理学研究, **7**, 1-136.

Hughey, J., Speer, P. W., & Peterson, N. A. 1999 Sense of community in community organizations: Structure and evidence of validity. *Journal of Community Psychology*, **27**, 93-113.

河原利和・杉万俊夫 2003 過疎地域における住民自治システムの創造―鳥取県智頭町「ゼロ分のイチ村おこし運動」に関する住民意識調査― 実験社会心理学研究, **42**(2), 101-119.

国民生活審議会調査部会編 1969 コミュニティ―生活の場における人間性の回復― コミュニティ問題小委員会報告書

松野 弘 2004 地域社会形成の思想と論理:参加・協働・自治 ミネルヴァ書房

McMillan, D. W., & Chavis, D. M. 1986 Sense of community: A definition and theory. *Journal of Community Psychology*, **14**, 6-23.

宮本太郎 1999 市民参加 庄司洋子・木下康仁・武川正吾・藤村正之編 福祉社会事典 弘文堂 p.409.

森　永壽　1997　過疎地域活性化における規範形成プロセス—鳥取県八頭郡の活性化運動13年—　実験社会心理学研究, **37**(2), 250-264.
Obst, P., Zinkiewicz, L., & Smith, A. G.　2002　An exploration of sense of community, part 3: Dimensions and predictors of psychological sense of community in geographical communities. *Journal of Community Psychology*, **30**, 119-133.
岡田憲夫・杉万俊夫・平塚伸治・河原利和　2000　地域からの挑戦　岩波ブックレット520　岩波書店
奥田道大　1971　コミュニティ形成の論理と住民意識　磯村英一・鵜飼信成・川野重任編　都市形成の論理と住民　東京大学出版会　pp.135-177.
奥田道大　1993　コミュニティ意識　森岡清美・塩原　勉・本間康平編　新社会学辞典　有斐閣　p.479.
O'Neill, P., Duffy, C., Enman, M., Blackmer, E., & Goodwin, J.　1988　Cognition and citizen perticipation in social action. *Journal of Applied Sociology*, **18**, 1067-1083.
Perkins, D. D., Florin, P., Rich, R. C., Wandersman, A., & Chavis, D. M.　1990　Participation and the social and physical environment of residential blocks: Crime and community context. *American Journal of Community Psychology*, **18**, 83-115.
Pretty, G. M. H.　1990　Relating psychological sense of community to social climate characteristics. *Journal of Community Psychology*, **18**, 60-65.
Royal, M. A., & Rossi, R. J.　1996　Individual-level correlates of sense of community: Findings from workplace and school. *Journal of Community Psychology*, **24**, 395-416.
Sarason, S. B.　1974　*The Psychological sense of community: Prospects for a community psychology*. Jossey-Bass.
笹尾敏明　2007　コミュニティ感覚　日本コミュニティ心理学会編　コミュニティ心理学ハンドブック　東京大学出版会　pp.118-132.
笹尾敏明・小山　梓・池田　満　2003　次世代型ファカルティ・ディベロップメント（FD）プログラムに向けて：コミュニティ心理学的視座からの検討　教育研究（国際基督教大学）, **45**, 55-72.
杉万俊夫　1997　過疎地域の活性化—グループ・ダイナミックスと土木計画学の出会い—　実験社会心理学研究, **37**(2), 216-222.
杉万俊夫　2000　住民自治の社会システムを目指して　杉万俊夫編　よみがえるコミュニティ　ミネルヴァ書房　pp.29-148.
杉浦淳吉・大沼　進・野波　寛・広瀬幸雄　1998　環境ボランティアの活動が地域住民のリサイクルに関する認知・行動に及ぼす効果　社会心理学研究, **13**(2), 43-151.
鈴木　広　1987　コミュニティ論の今日的状況　鈴木　広編　1987　コミュニティ・モラールと社会移動の研究　アカデミア出版会　pp.9-31.
田中國夫・藤本忠明・植村勝彦　1978　地域社会への態度の類型化について：その尺度構成と背景要因　心理学研究, **49**, 36-43.
植村勝彦　1984　地域社会に対する住民の態度の類型化尺度の構成とその適用（II）　山本和郎編　コミュニティ心理学の実際　新曜社　pp.275-288.

植村勝彦・新美明夫　1977　コミュニティ意識類型による福祉対象者への住民の地域援助活動に対する態度と行動の関係の分析　社会福祉学, **18**, 19-33.

山口桂子・服部淳子・中村菜穂・山本貴子・小林督子　2002　看護師の職場コミュニティ感覚とストレス反応―看護師用コミュニティ感覚尺度の作成を中心に―　愛知県立看護大学紀要, **8**, 17-24.

Zimmerman, M. A., & Rappaport, J.　1988　Citizen perticipation, perceived controll, and empowerment. *American Journal of Community Psychology*, **16**, 725-750.

第9章
理論と実践の協働

髙畠克子

> **ホームレスの仕事はつくれるのか？　ビッグイシューの試み**
>
> 　ビッグイシューは，ホームレスに仕事を提供し，自立を応援するビジネスであり，NPOなどの救済事業ではない。1991年にロンドンで生まれ，2003年に日本で創刊された20代から30代前半の若者を読者層にした雑誌であり，それを路上で売って収入を得るホームレス販売員のための仕事である。
> 　ところで，わが国のホームレスは，もともと地方から集団就職で都会に出てきた若者たちで，多種多様な労働力で日本の高度成長期を下支えしてきた人々だが，高齢化が進み（現在，平均年齢が56歳），無理な労働によって病気に倒れ，仕事を失い多額の借金を抱えて，ホームレスになったといわれている。イギリスで作られた雑誌を路上で売る仕事は，100％失敗するだろうといわれた大きな賭けだった。すなわち，①活字離れの若者がお金を払って雑誌を買うだろうか？　②無料の情報誌があふれる中で商売になるだろうか？　③若者対象の雑誌を世代ギャップのあるホームレス販売員から買うだろうか？　④今まで現場労働をしてきた人々が雑誌販売というサービス業に向くだろうか？　などがその理由だった。
> 　そこで，ビッグイシューは若者の興味を引き，質の高い雑誌であることを至上命令にして，雑誌のコンセプトを「引きこもりやニートのような，仕事のない若者やホームレスが，共に雑誌を販売し，その雑誌が，若者たちに時代を踏み台にする情報を伝え循環を作りだすこと」とした。①日本と世界をクロスする国際雑誌，②若者が時代を踏み台にできる情報提供誌，③多様な"普通"を表現する人

間誌，④意外性を極めるポストエンターテイメント誌であり，いわばハードな社会問題とソフトなエンターテイメント記事がミックスする誌面とした。特集テーマとして，フリーター，引きこもり，うつ病，ヤングライフ・クライシスなどを取り上げて，②を具体化してきた。そして，デメリットをメリットに変えて，19人のホームレス販売員でスタートした。

　ホームレスが新しい仕事に挑戦して，仕事に対する新しい意味や楽しみを見出したことは大きな収穫であった。雑誌の路上販売という仕事は，体力的・経験的・精神的にきつい仕事だが，体力的なきつさは，仕事時間と休む時間を自分で決めることでカバーし，客商売という未経験の仕事も，「ありがとうコミュニケーション」によって癒され，街角に一人立つ孤独な仕事も，なじみ客との「行ってらっしゃい」「お疲れ様」の言葉かけで克服された。

　最後に，ホームレスの自立のために，仕事を創出していくビッグイシューの課題は，「脱路上→アパート確保→新しい職探し」という人生のプロセスへの挑戦である。雑誌販売で得たお金を，ドヤや簡易宿泊所に泊まることに使い，アパート資金を貯めて自分の住処に移り，新しい仕事を探していく。さらに，ビッグイシューの挑戦は，①販売員の活動の場である路上，路上の文化を豊かにするために，路上清掃をしたり，路上イベントを開催したり，②雑誌販売の仕事を効率よくするために，多様な機会や資源の提供を働きかけたり，③特別企画を通して若者の立場から社会問題を取り上げ，社会的なムーブメントを創ったり，④若者の就職難，社会参加の機会不均衡の問題，ホームレス予備軍である引きこもりやニートへ働きかけたり，などである。

出典：佐野章二　2005　ホームレスの仕事はつくれるのか？　ビッグイシューの試み　都市問題研究，57(11)，3-17.

1節　新しい問題の噴出

(1) 中高年および青少年における自殺問題

　わが国の自殺死亡統計（人口動態統計特殊報告，2004）によると，自殺死亡数のピークは戦後に3期あり，1954～1960（昭和29～35）年の2万人，1983～1987（昭和58～62）年の2万3千人，そして1998（平成10）年以

降の3万人を,それぞれ超えた時期といわれている。特に3万人を超えた実態は,男女別では男性が7割,年代別では60歳代以上が34％,50歳代が25％,40歳代が14.5％と,圧倒的に中高年男性の占める割合が高い。そこで,自殺に関連する要因も,①健康問題,②経済・生活問題,③負債・事業不振・失業・倒産などが,上位3位に挙げられている。また,人口10万対自殺死亡率で諸外国と比較すると,ハンガリー,ロシアに次いで,日本は第3位を占めている。3国以外の国では,自殺死亡数（10万対）が10件前後で,年代別に見ても,高齢年代を除いて各年代で大きな差異はないが,上位3国では,45歳代以降に急激な増加を示しており,自殺死亡総数の高い国では,中高年層が自殺総数を引き上げていることが読み取れる（厚生労働省,2004）。

そこで,わが国では,中高年を対象にした自殺予防・防止のための取り組みが重要であり,精神科医（産業医）・コミュニティ心理学者・産業カウンセラーなどによって進められている。これらの取り組みは,大きく分けて,次の3点からなされている。

第一はメンタルヘルスの視点で,**自殺とうつ病**や神経症との関係を重視して,病気の治療を優先させて,自殺を防止する視点である。第二は過重労働から起こる過労死・過労自殺の視点で,これについては職場環境や職場の人間関係に対する調整が必要で,コミュニティ心理学者の出番でもある。第三は組織全体を変革する視点で,被雇用者援助プログラム（EAP）などの導入により,雇用者全体に働きかけて,組織全体の変革を志向する視点である。4節（1）で,この詳細を述べることにする。

次に,中高年の自殺に比べ件数は少ないが,現代社会の病理現象を如実に現す青少年の自殺,それもいじめ自殺やネット心中などの深刻な問題がある。人は思春期から青年期にかけて,自己のアイデンティティを求めて悩み,時に自殺への衝動と葛藤は,古今東西を問わず,人生の途上で避けて通れない課題ともいえるだろう。それでも,家族や重要な他者との関係の中で,人はこれを乗り越えていくが,わが国の現代社会状況を考えると,少子化や核家族化による家族の養育力の低下,競争原理に基づく学校やコミュニティにおける心の教育力の低下,また,IT化や物質文明の巨大化による人間関係の希薄化など,青少年の自殺を防止する力が損なわれている環境だといえる。

一方，青少年のいじめと自殺が問題になったのは，教師や同級生たちによる「葬式ごっこ」を苦にして自殺したS君（1986），複数の生徒から多額の金銭を強要されて自殺したO君（1994），そして2006年に群発した中高生の自殺など，ほぼ10年を周期に多発している。文部科学省や教育委員会そして現場の教師たちが，防止のための対策などを行ってきたが，必ずしも効を奏していないのは，現代社会のいじめが，①陰湿化，②長期化（執拗化），③巧妙化（知能犯化），④いじめ行為の正当化，⑤擬装化，などの特徴をもつ（小林，1985）ため，一筋縄で解決しないともいえる。例えば，大人や教師に話したため事態が悪化して，自殺に追い込まれたケースについて，吉田・坂賀（1998）は判例から考察し，一辺倒の生徒指導では解決しないことを強調している。また，青少年の自殺に関しては，加熱したマスコミ報道の影響が大きく，例えば，アイドル歌手の自殺の後に続出したように，青少年のもつ強い被影響性のため，詳細なマスコミ報道に触発されて群発自殺（高橋，1999）が増えたり，インターネットによる知らない若者同士の心中が起こったり，さまざまな事件が続いている。

　これらの現象は，単に子どもや中高年の世界にだけ起こるものではなく，現代社会に突きつけられた深刻な社会病理として捉える必要がある。したがって，コミュニティ心理学的な介入や予防的なプログラムの開発は，中高年や青少年だけでなく，社会全体の問題として進められていくべきであろう。これが，コミュニティ心理学が目指す社会変革という大きな課題にもつながるのである。

(2) ハラスメント問題

　自殺問題と関連して，現代社会ではハラスメント問題が看過できないテーマであり，その防止・予防対策が急がれる。なぜなら，さまざまなハラスメント被害者は，心身の健康が損なわれるばかりでなく，勉学・研究の場を失い，職場や生活の場を失うという，深刻な問題に発展することが少なくないからである。

　ところで，**ハラスメント**は，辞書では「繰り返し苦痛を与えられること」「繰り返しの攻撃に疲弊すること」と書かれているが，わが国では単に「嫌がら

せ」と訳されており，「繰り返し」の部分が落ちている。セクシュアル・ハラスメント（セクハラ）は，職場の上司や教育・研究現場の教員など，人事権・教育権・研究権などをもつ者から，もたない者への性的嫌がらせ（身体に触るなどの身体的セクハラ，言葉による性的な誘いなどの心理的セクハラなど）である。同様なことは，大学や研究機関において，教授など上の者から下の者への，研究・教育をめぐる繰り返しの嫌がらせをアカデミック・ハラスメント（アカハラ）といい，職業上あるいは教育上で権力をもつ者から，もたない者への繰り返しの嫌がらせをパワー・ハラスメント（パワハラ）といい，必ずしも権力関係がない場合を，モラル・ハラスメント（Hirigoyen, 1998）という。

　いずれにおいても，ハラスメントとは，権力関係を利用した（しない場合はまれ）自分の意思に反した相手からの接近で，それに不快感や嫌悪感を覚え，そのために身体的な不調（不眠・頭痛・心悸亢進・嘔気・心気症状など）や，うつ・パニック・意欲減退・恐怖症状・**PTSD（心的外傷後ストレス障害）**などの精神症状が出現して，仕事ができなくなったり，教育・研究・学習などが進まなくなったりすることを指す。また，セクハラやパワハラにおいては，自分の意思に反して行われた行為に対する代償といえるような，被害者への職務上あるいは研究上の便宜（昇進させる，特別に可愛がるなど）を図ったり，応じなかったため，報復的な不利益を与えたりするなどの対価型ハラスメントと，ハラスメントを行って職場や教育環境を損なう環境型ハラスメントの2種類がある。

　これらのハラスメントに対して，「男女雇用機会均等法」（1985）および「改正法」（1999），小・中・高校の教育現場で適用される「スクール・セクハラ防止法」（1998），公務員に対する「人事院規則10－10」（1998），「文部科学省におけるセクシュアル・ハラスメントの防止等に関する規程」（2001）など，法律によるセクハラ防止体制が整いつつある。このように，法律によってハラスメントが処分の対象になったことは前進であるが，一方で陰湿なモラル・ハラスメントが起こり，かえって後退したという事態も起こり，今まで以上にコミュニティ心理学者に，ハラスメント被害者への支援と防止のための啓発的な取り組みが求められている。

(3) ホームレス問題

　ホームレス問題は，現代社会の都市部において特化してみられる現象であり，2002年の「ホームレス自立の支援等に関する特別措置法」の制定によって，次のように定義された。**ホームレス**は「都市公園，河川，道路，駅舎，その他の施設を故なく起居の場所とし，日常生活を営んでいる者」としている。そしてこの法律によって，野宿者・路上生活者・住所不定者などが，一括してホームレスと呼ばれるようになった。戦後わが国では，生活保護法（旧法1946年，新法1950年）制定により，住居のある貧困者には最低生活が保障されたが，不定住貧困者であるホームレスは除外された。それでも，景気の良い高度成長下では，彼らは釜ヶ崎や山谷の，いわゆる「ドヤ街」に住み，日雇いの仕事で生計を営んできたが，1992年以降バブル経済が崩壊してからは，ホームレスとして路上生活を余儀なくされるようになった。

　さて，2003年の厚生労働省による「ホームレス全国実態調査」によれば，その数は25,296人で，大阪府（7,757人），東京都（6,361人），愛知県（2,121人）の順である。平均年齢は55.9歳（50〜60歳代76.2％）で，公園（40.5％）や河川敷（23.3％）をねぐらとしている。直近でホームレスになった期間は，1年未満（30.7％），1年から3年未満（25.7％）と，3年未満が6割近くで，それほど長い期間ホームレスであったとは限らないのがわかる。直前の仕事は，建設関係（55.2％），製造業（50.5％）で，勤務形態は，常勤（39.8％），日雇い（36.1％）で，常勤からすぐにホームレスになった人が4割という高さである。ホームレスになった理由は，仕事が減った（35.6％），倒産・失業（32.9％），高齢・病気（18.8％）などが挙げられる。現在は，64.7％の人が仕事をしているが，そのうち73.3％が廃品回収業を生業にして，月収入1万から3万円未満がほぼ3割強で一番多い。体の不調を半数の人が訴えるが，約7割の人は未治療状態である。

　ところで，明文的には憲法25条で，日本国民には「健康で文化的な最低生活」が保障されているが，これはホームレスの生活実態からは程遠い「絵に描いた餅」にすぎない。そこで，コミュニティ心理学者がこの深刻なホームレス問題に取り組むとしたら，どのようなアプローチが必要なのかを考えてみたい。高間（2006）は，次の4つの視点を挙げている。

①「半福祉・半就労」と「社会のつながり」:自立意欲のある対象者に対して，就労自立に限定するのでなく，自立支援センターなどの保護施設への入所や生活保護の受給を通して，福祉政策・住宅政策・雇用政策が一体となった官民両方の支援を受けて，社会的つながりを保つ方策である。コミュニティ心理学的には，生活者としての再生と，彼らを支えるコミュニティの再生である。

②生活保護制度の適切な運用:ホームレスの人々は健康面（生活習慣病など），精神面（アルコール依存症やうつ病など）の問題を抱える人が多い点から，最大限生活保護の受給を通して，官民のスタッフの協働（コラボレーション）によって，きめ細かな生活技術の習得や社会適応の促進を図る必要がある。これも，支援者の協働によって，最少の福祉サービスで最大の効果をもたらす，費用対効果の原則を貫くものである。

③ホームレスの予防:ホームレスを生み出さないための予防策は，心の相談窓口，生活保護申請の窓口，生活資金の貸与・貸付制度，住居・就労などのサービスの充実が必要である。さらに，コミュニティ心理学的には，社会にホームレス問題を投げかけ，社会・政治・文化の問題として訴える必要がある。

④ホームレス支援の市民意識の醸成:炊き出しなどの市民ぐるみの支援，ホームレスに対する差別・偏見意識の撤廃などがある。

2節　コミュニティ心理学が目指すもの

(1) コミュニティ心理学と伝統的臨床心理学の相違

安藤 (1979) は，コミュニティ・アプローチについて，簡潔な言葉で「（それは）コミュニティの主体性に立脚した，コミュニティを媒介とする，コミュニティ問題の解決を目指す」組織的な努力であると定義している。ここには個人アプローチとか個人臨床心理学という言葉は一切使われていないことからも，コミュニティという組織を対象にしていることがわかる。しかし，一方で安藤 (1989) は，個人の内部（パーソナリティ）の諸要因の改善だけでなく，個人を取り巻く環境的諸要因の意図的な操作・変革を通して，当の個人と環境の適合（fit）を改善すると述べて，その後に心理療法とコミュニティ・アプローチの特徴を対比させている。

また，山本（1986）は，ブルーム（Bloom, 1973）の「地域精神衛生サービスと伝統的臨床サービス」と対比させながら，「伝統的心理臨床家対地域臨床家」としてまとめている。そこで，これらの対比に基づいて，コミュニティ・アプローチの特徴を，次の5点にまとめてみる。

　第1点：コミュニティ・アプローチの究極の目標は，個人の健康・福祉とともに，その上位概念である「コミュニティ社会環境」の有効性，あるいは健康度の向上にある。すなわちコミュニティ・アプローチは，個人と組織の**ウェルビーイング**に寄与することであり，心理療法がパーソナリティの再構成または行動の修正を目指すのと比較すると，半分だけ共通性をもつと考えられる。

　第2点：変革の主な標的は，「組織か，個人か」ではなく「組織も，個人も」であるが，力点の置き方が組織に傾き，社会体系あるいは社会的環境の変革である。コミュニティ・アプローチの変革の標的が，個人の属する組織であったり，さらに大きな社会・政治的な状況であったりする点では，心理療法の標的が個人の精神的資質や行動（方略）の変化であるのとは対照的である。

　第3点：コミュニティ・アプローチの担い手は，地域住民やボランティアといった非専門家の占める比重が大きい。それに伴って，コミュニティ心理学者の役割は，次の第4点に示すように異なってくる。一方，心理療法では，セラピストなどの専門家が，あくまでも中心である。

　第4点：コミュニティ心理学者の役割は，コミュニティ問題の調査・診断（アセスメント），コンサルテーション，プログラム作成とその実施・評価などであり，このような役割をとるためには，通常の活動の場の設定が，心理療法家のような専門のオフィス内でなく，相手の生活の場であるコミュニティということになる。コミュニティ・アプローチでは，サービスを出前することもあり，そこで住民との協働が起こる。

　第5点：研究法や方法論について，コミュニティ・アプローチでは「多変数的解析・生態学的」方法が用いられるが，心理療法では「単一変数的解析・実験室的」方法が用いられる。例えば，個人および個人を取り巻く環境について，健康という視点で研究をする場合，個人的アプローチのように，単一の要因による因果関係で研究するのではなく，複数の媒介要因を考慮した生態学的な方法が必要である。これは言い換えると，心理療法では医学モデルに立脚し

た臨床研究であるのに対して、コミュニティ・アプローチでは、公衆衛生モデルあるいは成長発達モデルに準拠した実践研究であるといえる。

(2) 章頭の論文をコミュニティ・アプローチで検討する

章頭に示した論文の著者である佐野（2003）は、コミュニティ・アプローチを専門にする人ではなく、ビッグイシューの日本代表というビジネスマンであるが、発表された論文をコミュニティ・アプローチで検討すると、次のようになる。

第1点：コミュニティ・アプローチの目標である、個人と組織のウェルビーイングに関しては、多くのホームレスが、仕事を失い、家族を失い、住居を失った状態である現実を考えると、解決すべき根源的イシューは仕事である。個人的な問題としては、仕事に就くことが人生のウェルビーイングにつながるが、それは同時に、きわめて社会的・経済的・政治的問題として、仕事に就くことは社会的・経済的に認められ、人が生きていくうえでの社会生活環境的なウェルビーイングにつながる。

第2点：コミュニティ・アプローチの変革の標的は、個人であり組織であり社会である。佐野たちが、路上で雑誌を売って、生活の糧を得る仕事を創出したことは、今まで廃品回収業で暮らしを立ててきたホームレスにとって、新しい仕事への挑戦の機会が提供されたことになる。物の売買という仕事を通じて、彼らは普通の人々との人間関係が広がり、人間としての情熱と誇りを取り戻し、自分も社会の一員として貢献できるというコミュニティ感覚をもつなど、個人の内面に大きな変革をもたらす。と同時に、支援者や社会の側にも、ホームレスに対する理解や意識の変革などが起こるのである。

第3点：コミュニティ・アプローチの担い手は、非専門家といわれる一般市民やボランティアである。ここでホームレスと就労契約をするのは、ビッグイシューという出版社（メンタルヘルスの専門家でない）である。一般の企業人のセンスで出発したこの事業は、ホームレスがビックイシューの仕事に就き、お金を貯めて自分の居宅を得て、一般の会社に就職するという、一連の就労自立のプロセスを想定している。今まで、ホームレスを支援してきた人々は、施設に入って生活訓練をして作業所に通う、またはアルバイト的な仕事に

就くというプロセスしか描けなかったが，ビッグイシューのような非専門家である企業人が入ることで，さまざまな可能性が開かれ，今までと異なる支援ができるのである。なお，第4，5点については，佐野論文では言及されていないので，4節で述べる。

3節　コミュニティ心理学における研究と実践の協働

(1) アクション・リサーチ

アクション・リサーチは，コミュニティ心理学の理念に合致した重要な研究法といえる。ラポポート（Rapoport, 1970）によれば，その目的は，「現下に差し迫った問題状況に置かれている人々の，実際的な問題を解決すること」，および，「相互に受容できる倫理的枠組みのもとで共同研究を行い，社会科学の目標に貢献すること」である。このようにアクション・リサーチャーは，問題を解決するという実践家としての面と，社会科学の理論構築という研究者としての面を，併せもたなければならない。そして，アクション・リサーチの対象は，問題が起こっている個人・集団・組織・社会システムなど多様であり，その解決方法は，介入あるいはアクション（活動）である。

ところで，渡辺（2000）は，サスマンとエバード（Susman & Evered, 1978）を参考にして，介入プロセスを提示している。すなわち，①問題の発見と診断→②活動・介入計画の立案→③活動・介入の実行→④活動・介入結果の評価→⑤科学的知見の同定→①'→②'……という循環的介入プロセスである。しかも，このような介入プロセスの中でも，①に重点を置く診断的アクション・リサーチ，②③に重点を置く参加的アクション・リサーチ，④⑤に重点を置く実証的アクション・リサーチに類型化される。以上のように，アクション・リサーチは，実践家および研究者としてのコミュニティ心理学者と，問題が発生した現場にいる当事者および関係者の三者によって，協働して行われるものである。

(2) 協働的研究のプロセス

次に，協働とは，「さまざまな臨床現場で，続出している困難な問題に対し

て，その解決が一人の専門家の力量だけでは不可能である場合，さまざまな専門家，時には非専門家も交えて，積極的で生産的な相互交流や相互対話を重ねながら，共通の目標や見通しを確認し，問題解決に必要な社会資源を共有し，必要ならば新しい資源や社会システムを開発する活動」(高畠，2006, p.48) である。この協働概念をもとにした**協働的研究**と，上述のラポポートの定義をもとにしたアクション・リサーチを比較すると，両者とも問題解決が求められる点では共通しているが，前者は問題解決への技法としての意味が強く，後者は解決への介入プロセスの普遍化としての意味が強いといえよう。次に，ドルトンら (Dalton et al., 2006) を参考にして，協働的研究のプロセスを述べる。

1) **第1段階：協働的関係の前段階**　　研究者とコミュニティ（介入する場を指す）は，まずゲストとホストの関係から始まる。研究者がコミュニティのニーズによって招かれたとき，自分はどのような意図や方法やスキルをもっているかを披露して，どのようなお土産（データやプラン）を提供でき，コミュニティに貢献できるかを伝えて，参加の許可を得る段階である。

2) **第2段階：協働的パートナーシップの段階**　　協働的パートナーシップとは，第1段階を過ぎ，研究者とコミュニティとが契約を結ぶ段階である。対等な相互交流に基づいて，共通の目標や見通しをもって，専門的知識や言語やスキルや社会資源を共有して，問題解決やシステムの変革などが，協働して実践できる関係に発展する段階である。

3) **第3段階：コミュニティ・リサーチ・パネルの段階**　　これは，研究者とコミュニティ・パートナーが討論を戦わせ，交渉して研究プランを練り上げる段階である。例えば，統制群を作るか作らないか（プログラム実行群と非実行群など），観察のためにセルフヘルプ・グループに入れるか入れないか（研究者や専門家は原則としてセルフヘルプ・グループに入らない），質問紙のフォーマットや質問項目をどうするか，データをどこに保管し守秘をどう保障するかなどで，両者が交渉する段階である。

4) **第4段階：評価と解釈の段階**　　研究者は，得られたデータから結果をどう解釈するかを，コミュニティ・パートナーに提示し，そこでコミュニティ・リサーチ・パネルが活性化する段階になる。この結果は別の方法でもっとすっきりした形で出せないか，この結果はコミュニティに有用な形で利用で

きないか，この結果はコミュニティに有害にならないか，などが検討される。このような相互の対話を通じて，価値観や長期目標へと課題が発展し，次に問題が起こったときに，解決できる風土を構築することが話し合われる。

5) 第5段階：心理・政治的妥当性の段階 プリレルテンスキー（Prilleltensky, 2003）は，コミュニティ心理学的研究は，方法論的な評価だけでなく，心理・政治的妥当性によって評価されるべきだという。例えば，個人やコミュニティの生活に影響を及ぼすマクロシステムや社会的権力が，特に社会的不正に及ぼす影響などについて，研究された成果は十分に説明しているかどうかである。さらに，研究は，コミュニティ・メンバーがマクロシステムを理解したり，社会的変化に関わる能力を涵養させたりしているか，などで評価されるべきだという。

4節　研究と実践の協働の実際

(1) 中高年および青少年における自殺問題

1) 中高年の自殺　すでに，1節で述べたように，わが国の中高年の男性の自殺は，国や時代に関係なく，他に類を見ないほど高い。そして，中高年の自殺者を調査すると，その約半数がうつ病や心身症などの心の病に罹患しているといわれている。そのため，高橋（2001, 2006など）は，本人と身近に接している家族や職場の人々が，いかに早くうつ病など心のサインに気づくかが重要だと力説している。そして，高橋は，出版活動や講演活動を通して，家族，企業の管理職，医療関係者などに自殺防止を訴えている。具体的には，うつ病や心身症の見分け方を知らせることだが，うつ病の診断は専門家でも難しく，誤解や偏見に惑わされないことが必要である。つまり，①「うつ病は精神の弱い者がかかる」という偏見，②「うつ病にかかると何もできなくなる」という誤解，③「仮面うつ病」や「微笑みうつ病」などの問題があるため，早期発見が難しい（天笠, 1999）。したがって，うつ病のサインに気づけば，なるべく早く専門家につなげる必要があり，これがコミュニティ心理学でいう「早期発見・早期治療」の二次予防にあたるのである。

次に，中年期の自殺で多いのは，過労などが引き金になる場合で，パワハ

ラにより過労から自殺に発展することも少なくない。川人（1998）は，「仕事による過労・ストレスが原因となって自殺に至ることを，**『過労自殺』**と呼ぶ。過労自殺は，過労死の一種である，現代日本の職場の矛盾のあらわれである」と定義している。上畑ら（2004）は，過労自殺として，労災認定請求や企業への損害賠償請求訴訟を行っている18事例を中心に，過労自殺の実態と防止対策を探る研究を行っている。自殺前に本人が体験していたと思われるストレスは，①徹夜・深夜・休日などの長時間労働，②仕事目標が達成できない精神的ストレス，③中間管理職の板ばさみストレス，④人員削減などの解雇不安・出向などのストレス，⑤上司などによるいじめ，などである。さらに，自殺直前まで長時間労働にあったとしたものが77.8％で，いじめがあったとしたものが半数で，さらに，本人の自殺可能性を危惧していた近親者は77.8％，職場内の同僚が27.8％であったのに反して，上司や健康管理者はゼロであり，このことからも，上司や管理者への教育・研修などの啓発・予防活動が急務である。さらに，④にあるように，人員削減による過重労働に加え，リストラ不安は労働者を死に追いやるリスクが大きく，坂爪（2000），高橋・久田（2002），久田・高橋（2003）の研究は，リストラ対象者の精神的健康をアセスメントし，それをもとにした支援を扱っている。

　ところで，中高年の自殺防止に関しては，2000年に厚生労働省が「事業場における労働者の心の健康づくりのための指針について」を打ち出しており，その中で①セルフケア，②ラインによるケア，③事業場内産業保健スタッフによるケア，④事業場外資源によるケアがあり，④にはEAP（被雇用者援助プログラム）が位置づけられている。このように個人のケアを中心にした支援も必要だが，競争原理に基づく成果主義や滅私奉公的な働き方に，一石を投じるコミュニティ心理学的介入が必要である。

【事例研究】　非自発的失業者の再就職プロセスにおける課題とその支援
　　　　　　―早期退職制度による退職者の事例から―

　　最近，景気の上向きで失業率が4％を割ったとはいえ，中高年のリストラによる失業および早期退職優遇制度による非自発的失業が増えており，この人々を支援することが，中高年者の自殺防止と高齢期への生活保障の大きな柱に

なっている。
　ところで，日本では雇用対策は公的な事業とされてきたが，1997年に職業紹介法が改定され有料の職業紹介事業が認められ，アウトプレースメント市場は急速に拡大したといわれている。「アウトプレースメント型」は，クライエントの元会社からの委託料で賄われ，「一般型」と「エグゼクティブサーチ型」は，再就職先で賄われる。
　坂爪（2000）は，あるアウトプレースメント型企業のカウンセラーを訪れた39歳の男性に関して，非自発的失業者の再就職までの道のりを，著者がカウンセラーにインタビューする形でまとめている。援助プロセスは，4段階に分かれており，各段階で乗り越えるべき課題をめぐってのやり取りが記載されている。
　第1段階〈退職まで〉：早期退職勧告を受け，配偶者の反対から，会社への憤り・不満などが自覚され，「生活のためだけに，いやな思いをして会社に残りたくない。自分にとって充実感のある仕事をしたい。そうしてこの会社を見返したい」という思い。
　第2段階〈応募書類の作成〉：履歴書や職務経歴書を作成する中で，今までのキャリアの棚卸作業と，人生へのポジティブな意味づけができ，再就職へのモティベーションや自尊心の向上につながった。しかし，現実的には，別の職種や給料のダウンや多数の求職者との競争などが始まり，カウンセラーとの関係が切れる。
　第3段階〈応募から面接まで〉：求職活動の成果が得られず不安が高まり，配偶者との関係も悪化し，居場所がなくなり，カウンセラーのもとに舞い戻る。書類審査や面接試験で何回か失敗し，自分のもってきた看板を外すという作業がなされる。
　第4段階〈内定〉：再就職先が決まり，これまでのプロセスを振り返る。カウンセラーや配偶者とのコミュニケーションを通して，「自分としてやれることはやった」という認識で，全過程を終了する。この間，「再就職に対する不安」「看板外し」「生き方の再確認」「配偶者との課題の共有」などが体験され，次へのスタートが切られた。

出典：坂爪洋美　2000　非自発的失業者の再就職プロセスにおける課題とその支援
　　　コミュニティ心理学研究，**4**(1)，45-62.

---

2) 若年者の自殺　1節で述べたように，約10年おきに繰り返される「いじめと自殺」は，看過できない問題である。学校での自殺に結びつくひどいいじめに対しては，被害者・加害者・傍観者・観客（森田，1986）を含めた学校全体，さらにはコミュニティ・社会全体の問題として取り組まなければならない。ここでは，特に90年代から研究されてきた**いじめ防止プログラム**」に

ついて述べる。松尾 (2002) は,日本および諸外国でのプログラムの動向について文献レビューを行い,笹尾 (2005) はスミスら (Smith et al., 2004) の"Bullying in schools：How successful can interventions be?"を紹介しているので,これらを取り上げて説明する。

まず,笹尾 (2005) が紹介しているスミスらの研究は,オルウェーズ (Olweus, 1993) のいじめ予防プログラムの流れを汲む14の研究について,プログラムの概要が理論的に跡づけされ,実施による成果が評価されているという基準で概説している。なお,オルウェーズの予防プログラムは,個人レベル・学級レベル・学校レベルで構成され,個人レベルでは,いじめの加害者・被害者との話し合い,いじめ問題に関わる生徒と親の話し合い,個人を対象にした介入プランなどがあり,学級レベルでは,生徒と教師のクラス会議,いじめをなくす学級ルール作り,保護者との会合などがあり,学校レベルでは,学校会議,教員によるディスカッション・グループ,スーパービジョン体制,いじめを容認しない学校風土作りなどが提示されている。特に学校レベルでの予防プログラムの有効性は,①コミュニケーションの開放性,②いじめ問題に対する学校の関心,③教員同士の協働性,が強い影響を及ぼしているという。

一方,松尾 (2002) による,日本および諸外国でのプログラムの動向についての文献レビューでは,各種プログラムに共通する構成要素 (テーマ) を,次のように定めている。①いじめを認めない意識の向上：ニューマンら (Newman et al., 2000) は「いじめ非容認方針」を提唱しており,滝 (2001) も教職員が一致団結した姿勢を強調している。②社会技能訓練 (SST)：松尾 (2000) や樺澤 (2002) などが挙げられる。③社会的問題解決トレーニング：クリックとドッジ (Crick & Dodge, 1994) の社会情報モデルに基づく,問題の認識,ブレーンストーミングによる解決,解決法の評価,解決法の選択・計画・試行,解決法の評価と次への課題で構成される。④感情コントロール：ホレンホルスト (Hollenhorst, 1998) による,怒りのマネジメント・プログラム (リラクゼーション技法,認知的再構成,問題解決,コミュニケーション・スキルの改善,ユーモアの使用,環境改善) や,ドッジとコイエ (Dodge & Coie, 1987) による,共感性トレーニング (能動的攻撃と反応的攻撃に対して,自他の感情の違いを認識し,他者の視点に立ち共感的に関わる) などがある。

⑤仲間の力の使用：ピア・サポーター，ピア・カウンセラー，ピア・メディエーターなど第三者の立場の子どもが入ることで，暴力的でない解決方法を模索する。これらの研究の中で，特にコミュニティ心理学的に重要なのは，①と⑤であろう。①については，教職員や加害者・被害者・傍観者などすべての生徒が，暴力の定義や暴力が起こらないルール作りなどで徹底的に討論することで，学校コミュニティ自体を，いじめを許さない意識や学校風土に変革することができる。また⑤については，仲間の力・非専門家の力を信じて活用することが，自助グループの育成にもつながる点で重要である。

(2) ハラスメント問題

　すでに述べたように，ハラスメント問題の基本は，「力の不均衡な関係の中で，自分の意思に反して不快な言動を受けたり強いられたりすること」である。この中でもセクハラは，法的な根拠もあり，防止のための規程も備えており，裁判事例も多く積み重ねられてきた。高畠（2004）は，大学でのハラスメント相談員の立場から，大学のセクハラ防止体制の中で，被害者の訴えによって被害の実態が調査され，事実認定に基づき，一定の見解や処分が出されるプロセスが構築されてきたと述べる。しかし，一方で，①専門家でない教員が調査することの限界，②セクハラが認定されても，解雇以外の処分では，セクハラ環境の改善は難しい，③謝罪や処分によって，ある程度の実害は取り除けるが，精神的な回復は非常に困難，などが挙げられる。そこで，被害者は民事裁判に訴えることで（刑事裁判で暴行罪・傷害罪で告訴することは非常に難しい），人格権の侵害に対する損害賠償を求めるのが一般的になっている。

　なお水谷（2003）は，日本のセクハラ裁判の変遷について述べているが，セクハラ裁判においては，事実認定で「密室」で行われたことと，「意に反して」行われたことが，「経験則」に基づいて判断されてきたが，力の上下関係という前提を置くことで，被害者がいわゆる合理的行動を行えない状況が考慮されるようになってきた。さらに，セクハラの判断についても，それを受ける側にとって，不快か否かが重要な基準になり，また責任論からいっても，個人として刑事責任や民事責任が問われると同時に，組織としても使用者責任が，**職場環境配慮義務**として発生するようになった。このように，ハラスメント問題に

対して，コミュニティ心理学的なアプローチを行う場合，個人はもちろん，職場・教育・研究環境の改善という点で，企業や大学コミュニティ，さらには司法・行政体制を含むマクロレベルへの働きかけが重要である。

次に，パワハラもセクハラ同様のメカニズムで起こり，岡田（2005）は，パワハラの手段によって，攻撃型（怒鳴る，馬鹿にするなど），否定型（能力を低く評価する，人格を否定するなど），強要型（違法行為を強要する，責任をなすり付けるなど），妨害型（仕事を与えない，情報を与えないなど）の4タイプに分けている。いずれの場合にも，被害者への心身のダメージ（意欲低下，仕事上のミス，職場での孤立など），職場環境へのダメージ（士気の低下，モラルの低下，競争力の低下など），会社・組織へのダメージ（生産性の低下，人材流失，訴訟による社会的信用の喪失など）と，個人・組織・社会へ，深刻な影響が及ぶことになる。

そこで，このような深刻なパワハラを防止するために，一般社員（学生など）向けには被害者にならないプログラム，また管理者（教職員など）向けには加害者にならないプログラムなどを実施し，組織全体としてもハラスメントを許さない強い姿勢や意識もち，啓発・教育・研修活動を実施することが不可欠である。さらに，梅津（2005）が述べるように，パワハラを生み出す背景は，加害者個人の問題である以上に，日本の企業全体，さらには現代社会全体に蔓延している問題として捉え，成果主義とリストラの進行に歯止めをかけられるような，社会変革的な働きかけが重要である。成果主義と効率化を追求する職場環境を，適正人員規模に策定しなおすために，コミュニティ心理学者は，実践と研究を協働させながら，有効なデータの提供が求められている。

(3) ホームレス問題

2節の，コミュニティ心理学の目指すもので，章頭の佐野論文をもとに説明したが，第4点のアセスメントと，第5点の「多変数的・生態学的」方法論について，ここでいくつかの研究を取り上げる。

1) 健康調査から見た公衆衛生的な実態調査研究　　黒田（2005）は，ホームレスの健康調査を行うことで，いかに彼らが「健康の不平等」を受けているかを調査し，それに基づいて彼らの健康を保障する医療・保健体制（健康

診断・疾病の治療・生活習慣病からの回復・医療知識や健康教育の普及など)，および生活保障体制（安定した住居の供給・食生活の改善・生活習慣の変容・生活を支えるソーシャル・ネットワークなど）の確立・強化を提言している。逢坂ら（2003）は，大阪市内で発生したホームレスの死亡例について，検死・解剖例を分析している。日本全体の男性死亡率に比べ，死亡数 3.6 倍，結核 44.8 倍，自殺 6.0 倍，他殺 78.9 倍となっている。また，黒田（2004）は，野宿生活者対象の特別清掃事業従事者の健康状態を調査しており，全体の 4 分の 3 が要医療・要精密検査者であり，野宿からくるストレスや，受診からの疎外などで高血圧者が多く，半数以上が食事・栄養・歯の状態が不良で，3 割の人に問題飲酒・肝機能障害が認められるなど，ホームレスの人々のストレスや衛生状態不良による健康問題が深刻なことを述べている。

2) ハウジング・ファースト・アプローチ　ホームレスの問題は，「まず居住の場を確保しながら，個々人に応じた支援を行っていく」という「ハウジング・ファースト・アプローチ」が，わが国でも重視されるようになってきた（中島，2005）。具体的には，アメリカで作られたハウジング・ファースト・ネットワークによって，①危機介入，緊急サービス，審査およびニーズ・アセスメント，②一般住宅入居サービス，③入居後のケースマネジメント・サービス，などを提供している。この中から，「ハウジング・ファースト・アプローチ」の意義と効用が明らかになってきた。①野宿生活を可能な限り短くすること：なるべく早期に，安全で安心できる生活の場を確保して，心身の健康を取り戻すことである。②住居の確保と安定した雇用・福祉・医療サービスを提供すること：人間にとって住宅は，生命と生活の不可欠な基盤であり，社会生活の拠点であり，コミュニティの一員としての帰属証明（住民票）になる。岩田（1999）は，住民票を持たないことは，制度からもれてサービスを受けられないとか，地域住民から排除されるとかの**社会的排除**につながるという。③既存の施設収容型支援より，経済的・社会的に有効性をもつこと：施設建設費や運営費を削減し，その分を家賃補助や支援サービスに当て，普通の社会生活・自立生活への復帰を促すことができる。

3) 女性・子ども・若者のホームレス問題　日本では，女性や子連れのホームレスを目にすることは少なく，2003 年の全国調査でも，2 万 5 千人強のうち

女性は3％と報告されている。川原（2003）によると，ホームレス予備軍ともいえる女性は，多くが婦人相談所や生活保護施設や母子生活支援施設などに収容されているため，単身で中高年の男性と比較すると，隠されたホームレスといってもよい。そして，施設入所型の女性を調査すると，ホームレスになったきっかけは，母子施設では4分の3が夫からの暴力で，単身者の保護施設でも夫や親や子どもからの暴力で，合わせると約半数の女性が，暴力から逃れるために一時的にホームレスになっている。ホームレス予備軍，あるいは隠されたホームレスと規定できるのは，女性であればDVなどの暴力の被害者であり，若者であればひきこもりやニートと呼ばれる人であろう。これからは，この影のホームレスへの取り組みが，ホームレスへの予防的な取り組みになると考えられる。

【調査研究】 ドメスティック・バイオレンス被害者に対する援助についての研究
―「危機アセスメントモデル」の構築を目指して―

　近年，コミュニティを基盤とした女性相談室（センター）が多く開設され，相談員は，クライエントの生活上の悩みや，メンタルヘルス上の困難を聴き取ることが多くなっているが，その中で夫からの暴力（ドメスティック・バイオレンス：DV）の訴えが急増している。DV被害者の訴えをきちんと聴き取って，どのような援助をすればよいかの判断には，相談員の経験と知識とコミュニティ感覚が不可欠である。そこで，景山・石原（2001）は「危機アセスメントモデル」の構築を目指して，相談員が聴き取った96件のDV相談内容を基にして，作業仮説―実践的試行―検討―実践仮説の生成を行った。
　まず，作業仮説については，初期の相談内容から，7項目の「援助ニーズ・アセスメント」に分類したが，その中から3つの指標を抽出している。①「暴力（身体的）の危険性」：DVが繰り返される暴力という点で，生命や怪我の危険性をアセスメントする必要がある。②「暴力に関する認知と感情」：DVの被害者は暴力を過小評価し，「私が何とかすれば納まる」と認知する傾向があるので，そのときの感情も含めてアセスメントする必要がある。③「問題解決へ向けての意思」：クライエントがどうしたいのか，そのためにどうすればよいのかなどの意思をきちんと把握する必要がある。このように，援助ニーズ・アセスメントから，3つの指標を抽出する作業が，上記の第二の実践的試行段階である。
　次に，この指標を用いて，具体的な事例で検討しており，これが上記の第三の検討段階である。緊急性の高い事例などを含めて3ケースが提示されており，それぞれに事例の概略が述べられ，まとめとして「暴力（身体的）の危険

性」「暴力に関する認知と感情」「問題解決へ向けての意思」についてのアセスメントが出されている。
　最後は，事例研究を基にした各指標の３段階評価を提示して，「危機アセスメントモデル」を完成させている。すなわち，「暴力（身体的）の危険性」については，(A) 現在の危険性が高く，緊急対応が必要な「緊急状況」。(B) 過去に暴力があり，再び起こる危険性のある「予測される緊急性」。(C) 精神的・経済的暴力が主で，今までに身体的暴力はない「予測される緊急性は少ない」を分類している。次に，「暴力に関する認知と感情」については，(A) 何をされるかわからず，強い恐怖を感じ混乱している「パニック状態」。(B) 暴力を受けないように自分を抑えている「被コントロール状態」。(C) 暴力があっても安全性や暴力の不当性についての認識が薄く，切迫感がない「現実否認状態」の３分類である。最後に，「問題解決に向けての意思」については，(A) 解決に向けて行動を起こしたいと思っている「行動・決断段階」。(B) まだ決心がつかない「逡巡・準備段階」。(C) 行動を起こすのは無理だと諦めている「不決断・無力感段階」である。
　以上，「危機アセスメントモデル」を使って，相談員は，被害者の状態を３つの指標と３つの段階でアセスメントして，援助計画を被害者とともに検討し，提供するのである。このモデルを使うことで，被害者の意識や行動の変容を促すことになり，同時に，相談員自身の働きかけの変容にもつながり，相互の関係性の中で活かされるモデルである。

出典：景山ゆみ子・石隈利紀　2001　ドメスティック・バイオレンス被害者に対する援助についての研究―「危機アセスメントモデル」の構築を目指して―　コミュニティ心理学研究, **4**(2), 119-132.

キーワード

自殺とうつ病　ハラスメント　PTSD（心的外傷後ストレス障害）　ホームレス　ウェルビーイング　アクション・リサーチ　協働的研究　過労自殺　いじめ防止プログラム　職場環境配慮義務　社会的排除

◆課　題

①ビッグイシューから何らかの調査をしてほしいと依頼されたら，あなたならどのような調査研究計画を立てますか？
②もしあなたが，「いじめ防止プログラム」のプランナーなら，個人・組織・コミュニティに対して，どのような働きかけを行いますか？

③あなたの親友から，セクシュアル・ハラスメントを受けたと聴いたとき，あなたはそれに対してどのような対処をしますか？

引用文献

天笠 崇 1999 過労自殺のメカニズムとその根絶に向けて 調査時報，**444**，41-49.
安藤延男 1979 コミュニティ心理学への道 新曜社
安藤延男 1989 コミュニティ・アプローチの基礎 現代のエスプリ，**269**，8-21.
Bloom, B. L. 1973 *Community mental health: A historical and critical analysis*. General Learning Press.
Crick, N. R., & Doge, K. A. 1994 A review and reformulation of social information-processing mechanisms in children's social adjustment. *Psychological Bulletin*, **115**, 74-101.
Dalton, J. H., Elias, M. J., & Wandersman, A. 2006 *Community psychology: Linking individuals and community*. Wadworth.
Dodge, K. A., & Coie, J. D. 1987 Social-information-processing factors in reactive and proactive aggression in children's peer groups. *Journal of Personality and Social Psychology*, **53**, 1146-1158.
Duffy, K. G., & Wong, F. Y. 1996 *Community psychology*. Allyn & Bacon. （植村勝彦監訳 1999 コミュニティ心理学——社会問題への理解と援助—— ナカニシヤ出版）
Hirigoyen, M. 1998 *Le harcelement moral*. Editons La Decouverte et Syros. （高野 優訳 1999 モラル・ハラスメント——人を傷つけずにはいられない 紀伊國屋書店）
久田 満・高橋美保 2003 リストラが失業者および現役従業員の精神保健に及ぼす影響 日本労働研究，**516**，78-86.
Hollenhorst, P. S. 1998 What do we know about anger management programs in corrections. *Federal Probation*, **62**(2), 52-64.
岩田正美・川原恵子 2001 ホームレス問題と日本の生活保障システム（特集 住居支援（環境）とソーシャルワーク）ソーシャルワーク研究，**27**(3)，166-173.
樺澤徹二 2002 校内暴力の実態と対応 松原達哉編 スクールカウンセリング実践技術6——「暴力・非行」指導の手引き—— 教育研究所
川原恵子 2003 ホームレス問題から日本社会を読む (7) 女性・家族とホームレス：福祉施設の利用者から 福祉のひろば，**43**，64-68.
川人 博 1998 過労自殺 岩波書店
小林 剛 1985 いじめを克服する——教師への期待—— 有斐閣
厚生労働省 2003 ホームレスの実態調査に関する全国調査報告書
厚生労働省大臣官房統計情報部人口動態・保健統計課 2004 自殺死亡統計の概況 厚生労働省ホームページ
黒田研二 2004 ホームレス者の医療ニーズと医療保障システムのあり方に関する研究 厚生労働科学研究費補助金・政策科学推進研究事業平成15年度総括・分担研究報

告書,7-52.
黒田研二　2005　健康政策の視点からみたホームレス問題　都市問題研究, **57**(11), 55-70.
松尾直博　2000　社会的不適応児に対する支援　堀野　緑・濱口佳和・宮下一博編著　子どものパーソナリティと社会性の発達　北大路書房
松尾直博　2002　学校における暴力・いじめ防止プログラムの動向―学校・学級単位での取り組み―　教育心理学研究, **50**(4), 487-499.
水谷英夫　2003　日本の「セクハラ」裁判の変遷と特徴　労働法律旬報, **1560**, 13-23.
森田洋司・清水賢二　1986　いじめ―教室の病―　金子書房
中島明子　2005　「ホームレス」支援における住居支援:"ハウジング・ファースト"アプローチ（特集　都市におけるホームレス問題）　都市問題研究, **57**(11), 43-54.
Newman, D. A., Horne, A. M., & Bartolomucci, C. L.　2000　*Bully busters: A teacher's manual for helping bullies, victims, and bystanders.* Research Press.
Novaco, R. W., & Monahan, J.　1980　Research in community psychology: An analysis of work published in the first six years of American Journal of Psychology. *American Journal of Community Psychology*, **8**, 131-145.
岡本祥浩　2005　変化するイギリスのホームレス者像と政策（特集都市におけるホームレス問題　都市問題研究, **57**(11), 88-102.
岡田康子　2005　パワハラ予防マニュアル　人事マネジメント, **15**(10), 17-28.
Olweus, D.　1993　*Bullying at school.* Blackwell Publishers.
Orford, J.　1992　*Community psychology: Theory and practice.* John Wiley & Sons.（山本和郎監訳　1995　コミュニティ心理学―理論と実践―　ミネルヴァ書房）
逢坂隆子・坂井芳夫・黒田研二・的場梁次　2003　大阪市におけるホームレス者の死亡調査　日本公衆衛生雑誌, **50**(8), 686-696.
Prilleltensky, I.　2003　Understanding, resisting, and overcoming oppression: Toward psychopolitical validity. *American Journal of Community Psychology*, **31**, 195-202.
Rapoport, R.　1970　Three dimensions of action research. *Human Relations*, **23**, 499-513.
笹尾敏明　2005　Bullying in Schools: How Successful Can Interventions Be? に関する書評　コミュニティ心理学研究, **9**(1), 86-89.
Smith, P. K., Pepler, D., & Rigby, K.（Eds.）　2004　*Bullying in schools: How successful can interventions be?* Cambridge University Press.
Susman, G., & Evered, R.　1978　An assessment of the scientific merits of action research. *Administrative Science Quarterly*, **23**, 582-603.
高橋美保・久田　満　2002　リストラ失業が失業者の精神健康に及ぼす影響　コミュニティ心理学研究, **5**(2), 85-99.
高畠克子　2004　大学における暴力問題：セクシュアル・ハラスメントに対する支援と予防について　病院・地域精神医学, **47**(4), 457-462.
高畠克子　2006　コラボレーション　植村勝彦・高畠克子・箕口雅博・原　裕視・久田満編　よくわかるコミュニティ心理学　ミネルヴァ書房　pp.48-51.

高橋祥友　1998　群発自殺　中央公論新社
高橋祥友　1999　青少年のための自殺予防マニュアル　金剛出版
高橋祥友　2001　仕事一途人間の「中年こころ病」　講談社
高橋祥友　2006　患者と医療をつなぐ〈プライマリーケア〉シリーズ2　新水社
高間　満　2006　ホームレス問題の歴史・現状・課題　神戸学院総合リハビリテーション研究，**1**(1)，135-147.
滝　充　2001　ピア・サポートではじめる学校づくり　小学校編　金子書房
武田英樹　2003　現代のホームレス問題とホームレス自立支援法　研究紀要（賢明女子学院短期大学），**38**，67-81.
上畑鉄之丞・山崎喜比古・三戸秀樹・中山健夫・天笠　崇　2004　過労自殺事例からみた自殺防止の研究（その1）　地域における自殺防止対策と自殺防止支援に関する研究（平成14年度報告書）
梅津祐良　2005　パワーハラスメントの現状とその対応　産業訓練，**51**(6)，18-21.
渡辺直登　2000　アクション・リサーチ　下山晴彦編　臨床心理学研究の技法　福村出版　pp.111-118.
山本和郎　1986　コミュニティ心理学—地域臨床の理論と実際　東京大学出版会
吉田嘉高・坂賀正彦　1998　いじめ・自殺と実証主義生徒指導論の提唱—判例を通じて—　聖徳大学人文学部研究紀要，**9**，59-66.

あとがき

　わが国にコミュニティ心理学が紹介されたのが1969年，志を同じくする研究者が年次会合（コミュニティ心理学シンポジウム）をもつようになったのが1975年，年次会合が発展的に改組されて日本コミュニティ心理学会が誕生したのが1998年，そして，今年はその第10回の年次大会を迎えようとしている。

　この間，1986年に山本和郎氏によって『コミュニティ心理学』（東京大学出版会）の教科書が書かれて以来，単著はもとより編著さえ「教科書」は出版されないまま，今日まで20年の歳月を空しく刻んできたことになる。時に，社会心理学や臨床心理学の教科書の1章としてコミュニティ心理学が紹介されたことはあったし，研究論文集の体裁をとった書籍や，見開き2ページもしくは4ページ完結の事典的な形態の書物や，臨床的実践を紹介するものは現れたが，「教科書」とはなりえなかった。

　早い時期からコミュニティ心理学の発想に共鳴して，それに携わってきた者の一人として，この事態を打開する使命めいたものを感じてはいたが，一人で概説書一書をものするほどの力量もなく，この間隙を埋める手だてとしては，下手や未熟は承知で，コミュニティ心理学の教科書の翻訳書を刊行することしか思い浮かばなかった。

　この閉塞的な事態に一筋の光明が射してきたのが，本書とほぼ時を同じくして出版されることとなった『コミュニティ心理学ハンドブック』（東京大学出版会）の編集に携わったことであった。この大著の編集に参加しながら，今この「時」と「勢い」を逃すと，再び教科書づくりに挑戦する意欲は戻らないだろうと確信した。

　幸いにも，執筆の賛同者を得て，ここに9章よりなる「コミュニティ心理学」の「教科書」を世に問うことができることとなった。もとより，このわずかな内容で，コミュニティ心理学の全体をカバーし尽くすことはできない

が，コミュニティ心理学を学ぼうとする学生諸君や一般の読者諸氏には，本書をその学習の手がかりとして，さらなる深みに分け入ってもらうことを期待したい。それとともに，コミュニティ心理学の研究者や実践家には，同じくこの書を足がかりに，さらにたくさんの新鮮な教科書や研究書・実践書を出版してもらいたいと念じている。多種多様な書籍が現れることで，コミュニティ心理学が広く認知され，関心をもつ人や学習を志す人が増え，結果としてコミュニティ心理学の興隆につながると信じるからである。

　最後になったが，わが国へのコミュニティ心理学の紹介者であり，本書の著者らに大きな影響を与え，また，教科書の先達でもある山本和郎先生に，本書を捧げさせていただく。加えて，この教科書の企画段階から出版を強く支持し，協力を惜しまれなかった宍倉由高編集長に，感謝の微意を表するものである。

　　記念すべき日本コミュニティ心理学会第 10 回大会（福岡）を目前にして
　　　　　　　　　　　　　　　　　　　　　　　　　　　2007 年 5 月
　　　　　　　　　　　　　　　　　　　　　　　　　　　　　植村勝彦

事項索引（太字はキーワード）

あ
IOMレポート　*54*
アカデミック・ハラスメント　*187*
　——防止問題　*103*
アクション・リサーチ　**192**
EAP（被雇用者援助プログラム）　*195*
医学モデル　*11*
怒りのマネジメント・プログラム　*197*
いじめ自殺　*185*
いじめ防止プログラム　**196**
一時的ストレス反応　*85*
一次予防　**52**
イデオロギー　*136*
ウェルビーイング　*120*, **190**
うつ病予防教育プログラム　*60*
影響力　*164*
疫学　*18*, **51**
エスノグラフィ　*20*
エンパワメント　**12**, *136*, **143**
オストメイト　*29*

か
介入のレベル　**42**
学習　**41**
過疎・過密　*167*
学校災害時の危機介入　*101*
仮面うつ病　*194*
過労死　*185*
過労自殺　*185*, **195**
環境知覚　*40*
環境場面の雰囲気　*37*
環境変革　*43*
環境ボランティア　*176*
関係のコミュニティ　**163**
緩衝効果　**125**
危機　*98*
危機介入でのカウンセリング　*100*
危機介入法　**99**

危機コンサルテーション　*111*
危機状態　**85**, **97**
　——にある人の特徴　*98*
危機的出来事　*97*
危機理論　**85**, **97**
帰属証明（住民票）　*200*
喫煙予防プログラム　*59*
機能的コミュニティ　**7**
共感性トレーニング　*197*
協働（コラボレーション）　*14*, *111*, *154*, *192*
　——的研究　**193**
　——的パートナーシップ　*193*
協同志向-個別志向　*169*
草の根運動　*174*
クライエント中心のケース・コンサルテーション　**110**
群発自殺　*186*
警告反応期　*74*
ゲストとホストの関係　*193*
健康日本21　*49*
健康の不平等　*199*
権力のゼロサム概念　**157**
公衆衛生モデル　*191*
行動場面　**33**
公民権法　**4**
コエンパワメント　**150**
コーピング　**86**, *126*
　——の測定　*91*
個人と環境の適合（fit）　**189**
個人と組織のウェルビーイング　**190**
個人のエンパワメント　**148**
コミュニティ　**7**, **163**
コミュニティ・アプローチ　**189**
コミュニティ・エンパワメント　**150**
コミュニティ・リサーチ・パネル　**193**
コミュニティ意識　**167**
　——・モデル　*167*

　——類型　*170*
コミュニティ感覚　*14*, **163**
コンサルタント　*108*, *137*
コンサルティ　*108*
　——中心の管理的コンサルテーション　**110**
　——中心のケース・コンサルテーション　**110**
コンサルテーション　*107*, **109**
　——関係　**109**
コンピテンス　*11*

さ
サポート・グループ　*131*, **134**, *135*
参加観察法　*19*
参加的アクション・リサーチ　*192*
三次予防　**53**
シェルターの危機介入機能　*106*
自殺死亡数　*184*
自殺とうつ病　**185**
自殺予防　*64*
指示的予防　**55**
システム・アサインメント　*31*
システム論　*31*
事前-事後統制計画法　*18*
実験的方法　**17**
実行されたサポート　**123**
実証的アクションリサーチ　*192*
シノモルフィック（類似形態的）な関係　*33*
市民参加　**154**, **174**
社会技能訓練（SST）　*197*
社会構成主義　*41*
社会的資源　**151**
　——へのアクセスのしやすさ　*154*
社会政策的な文脈の理解　**154**

社会的交換　39
社会的再構成　*42*
社会的再適応　*76*
　——評価尺度（SRRS）　*75*
社会的統合　*123*
社会的排除　*200*
社会的文脈の中の存在　*11*
社会変革　*14*, *174*
住民参加　*174*
就労自立のプロセス　*191*
主観的幸福感　*169*
循環の介入プロセス　*192*
準実験法　*17*
順応　*43*
状況の媒介要因　*84*
情緒的結合の共有　*165*
情緒的サポート　*122*
情動焦点型　*87*
職場環境配慮義務　*198*
女性のエンパワメント　*143*
自立支援センター　*189*
事例研究　*20*
人員配置理論　*34*
人権擁護活動　*136*
心的外傷後ストレス障害（PTSD）
　101, *187*
心理・社会的適応　*39*
心理学的ストレス　*77*
　——・モデル　*77*
心理社会的ストレス　*82*
　——・モデル　*81*
　——反応　*82*
心理的エンパワメント　*148*
心理的成長　*85*
心理的媒介要因　*85*
スティグマ　*136*
ストレス　*73*
ストレス・プロセス　*82*
ストレス反応　*82*
　——の測定　*90*
ストレスフルな出来事　*83*
ストレス予防モデル　*127*
ストレッサー　*73*, *126*
　——の測定　*90*
成果主義　*199*
生活システム　*27*
生活保護施設　*201*

精神医学的リハビリテーション
　活動　*53*
精神機能障害　*81*
生態学　*33*
　——的移行　*37*
　——的視座　*8*
成長発達モデル　*11*, *191*
セクシュアル・ハラスメント
　187
積極性‐消極性　*169*
セリエの3症候　*73*
セリエのストレス学説　*75*
セルフヘルプ　*133*
　——・グループ　*134*, *150*, *174*
全コミュニティ型予防　*55*
Sense of Community Index（SCI）
　164
選択的予防　*55*
相関的方法　*17*
ソーシャルサポート（social support）　*120*
ソーシャルサポート介入　*130*
ソーシャルネットワーク　*123*
組織（グループ）のエンパワメント　*149*

た
第一次評価　*126*
体験的知識　*135*
対策中心の管理的コンサルテーション　*110*
第三の精神医学革命　*4*
第二次評価　*126*
脱施設化　*4*
多変数的解析・生態学的　*190*
多様性　*13*
男女雇用機会均等法　*187*
地域活性化活動　*176*
地域共同体　*167*
地域社会　*167*
地域精神保健　*5*
地域精神保健センター法　*4*
知覚されたソーシャルサポート
　123
直接効果　*125*
地理的コミュニティ　*163*

定期的コンサルテーション
　111
抵抗期　*74*
ディスエンパワメント　*146*
適合の良さ　*31*
電話相談　*151*
道具的サポート　*122*
統合のニーズと充足　*164*
ドヤ街　*188*

な
難問発生状況　*97*
ニーズ・アセスメント　*19*
ニート　*201*
二次予防　*53*
日常の苛立ち事　*79*
認知的評価　*77*, *126*
ネット心中　*185*

は
廃品回収業　*188*
ハイリスク型予防　*56*
ハウジング・ファースト・ネットワーク　*200*
発症数　*18*, *51*
ハラスメント　*186*
パワー・ハラスメント　*187*
汎適応症候群（GAS）　*74*
半福祉・半就労　*189*
ピア　*129*
被害者責め　*27*
ひきこもり　*2*, *201*
非予防プログラム　*60*
非専門家　*190*
ビッグイシュー　*191*
非等価事前‐事後価制計画法
　18
人と環境の適合　*11*, *25*, *49*, *96*
　——のパラダイム　*26*
被はい期　*74*
費用効果分析　*49*
ファカルティ・ディベロプメント　*152*
普遍的予防　*55*
プログラム評価　*19*

ブロンフェンブレナーのモデル
　　36
文脈の中の存在としての人間
　　30
ヘッドスタート　57
ペリー就学前プロジェクト
　　58
ヘルシーピープル計画　49
ヘルパー－セラピー原理　135
ホームレス　**188**
保護要因　**51**
母子生活支援施策　201
ボストン会議　**4**
微笑みうつ病　194
ボランティア活動　**176**

ま
マイルストーン型予防　56
まちづくり NPO　178
マッチング仮説　**127**
「ミクロ-マクロ」の階層性
　　36
メタ分析　50
メンタルヘルス　185
メンバーシップ　164
モラル・ハラスメント　187
問題焦点型　87
問題領域　31
　——とシステム・アサインメ
　　ント　**31**

や
有症数　18, **51**
予備分析　**32**
予防　12
予防的介入　50, **172**
予防の倫理　**66**
予防プログラム　50
予防方程式　**57**

ら
リスク要因　**51**
リロケーション効果　35
レヴィンの方程式　**25**

人名索引

A
阿部年晴　19
Albee, G. W.　56
天笠　崇　194
安藤香織　176-178
安藤延男　189
青木幸昌　133
浅井健史　36
Aveline, M. O.　101

B
Barker, C.　129
Barker, R. G.　33, 34
Barrera, M.　123, 124, 126, 127
Bennett, C. C.　9
Berkman, L. F.　124
Bloom, B.　55, 99, 190
Bronfenbrenner, U.　36, 42

C
Caplan, G.　52, 53, 85, 97, 99, 110, 111, 120, 121
Cassel, J.　120
Chavis, D. M.　164-167, 169, 170, 172, 174, 179
Chipuer, D. M.　166, 167
Cobb, S.　121
Cohen, S.　92, 126, 127
Coie, J. D.　197
Cowen, E.　52
Crick, N. R.　197
Cronkite, R.　37
Cutrona, C. E.　127, 128

D
Dakof, G. A.　128
Dalton, J. H.　9, 150, 154, 193
Dodge, K. A.　197
Dohrenwend, B. P.　80
Dohrenwend, B. S.　80-85, 86
Dougherty, A. M.　111, 112
Duffy, K. G.　9, 13, 14, 18, 49, 81, 174, 175
Durlak, J. A.　50

E
Elias, M. J.　9, 57
Erchul, W. P.　112
Evered, R.　192

Eysenck, H. J.　3

F
Felner, R. D.　132
Fisher, A. T.　166
Folkman, S.　77, 87
Fowlie, D. G.　101
藤本忠明　169-171

G
Gergen, K. J.　42
Gidycz, C. A.　62
Gump, P. V.　34
Gutiérrez, L. M.　12

H
濱嶋　朗　174
Hanson, K. A.　62
橋本　剛　122
Hellem, D. V.　59
Heller, K.　55, 174
逸見敏郎　37
平川忠敏　149, 151
Hirigoyen, M.　187
広瀬寛子　133

広瀬幸雄　176, 178
Hirsch, B. J.　125
久田　満　18, 20, 132, 133, 195
Hollenhorst, P. S.　197
Homes, T. H.　75-77, 79, 83, 90
Hughey, J.　169

I
五十嵐透子　113
池田忠義　103
池田　満　165
井上直美　112
石川信一　60
石隈利紀　20, 201, 202
石丸径一郎　18
石盛真徳　17, 170-172
Ittelson, W. H.　40
一鉄時江　133
岩田正美　200

K
樺澤徹二　197
門間晶子　155, 156
加賀美常美代　20
景山ゆみ子　20, 201, 202
亀口憲治　14
Kanner, A. D.　79
狩野恵美　65, 66
川畑徹朗　60
川田誉音　12
河原利я　178
川原恵子　201
川人　博　195
Kennedy, J. F.　4, 50
Kirmyeyer, S. L.　35
北島茂樹　25, 32, 39
小林　剛　186
兒玉憲一　17
小板橋喜久代　79, 80
小泉令三　59
小杉正太郎　92
小山　梓　165
久木田純　147
倉掛正弘　60
黒田研二　199, 200
黒田小百合　112

L
Lakey, B.　126
Lamb, H. R.　50
Lazarus, R. S.　77, 79, 83, 86, 87, 90, 91
Levine, M.　58, 82
Lewin, K.　8, 10, 25, 26
Lindemann, E.　99

M
Maguire, L.　130
Markman, H. J.　63
松野　弘　175
松尾直博　197
Mclanahan, S.　125
McMillan, D. W.　164, 166, 167, 170, 174, 179
Meyer, A.　75
箕口雅博　19, 35, 36, 129, 130
三島一郎　41, 137
三隅二不二　19
三浦正江　89, 90
宮本太郎　174
水谷英夫　198
Moos, R.　37, 38
森　永壽　178
森田洋司　196
宗像恒次　78, 79
村本邦子　148
村田節子　29, 30
Murrell, S. A.　31, 32, 39, 42

N
永井眞由美　150
中川哲也　73
中島明子　200
Newman, D. A.　197
新美明夫　170
西所正道　48
西岡伸紀　60
丹羽郁夫　129, 130
野呂育子　152, 153

O
Obst, P.　169
落合美貴子　20
岡田憲夫　178

岡田康子　199
岡安孝弘　60, 61
奥田道大　167
Olds, D.　63, 120, 138
Olweus, D.　197
O'Neill, P.　178
大西晶子　20
小野　元　24
大野　裕　64
Orford, J.　17, 19, 26, 55, 107, 109, 151
Orlandi, M. A.　59
逢坂隆子　200
大島啓利　112

P
Parker, L. E.　145
Patriciaj, M.　54
Perkins, D. D.　151, 173
Perkins, D. V.　58
Pistrang, N.　129
Pope, K. S.　66
Powell, T. J.　134
Pretty, G. M. H.　166, 169
Price, R. H.　145
Prilleltensky, I.　194

R
Rahe, R. H.　75-77, 83, 90
Rapoport, R.　192
Rappaport, J.　27, 144, 145, 174
Riessman, F.　135
Riger, S.　156, 157
Robert, J.　54
Rossi, R. J.　169
Royal, M. A.　169
Rudkin, J. K.　6, 15, 144
Russell, D. W.　127, 128

S
坂賀正彦　186
坂野雄二　89, 90
坂爪洋美　195, 196
佐野章二　184, 191
Sarason, I. G.　123
Sarason, S. B.　7, 13, 14, 163,

213

164, 166, 167, 172	**T**	**W**
笹尾敏明　　19, 65, 66, 152, 165,	高橋美保　　20, 195	Wandersman, A.　　9
166, 170, 197	高橋　直　　36	渡辺由己　　20
Scileppi, J. A.　　19, 58, 88, 136	高橋祥友　　186, 194	渡辺直登　　192
Selye, H.　　73, 74, 75	高畠克子　　36, 105, 106, 193,	Wells, A. M.　　50
嶋　信宏　　123, 129	198	Wicker, A. W.　　33, 35
島　悟　　113	高間　満　　188	Wills, T. A.　　126, 127
島津明人　　86	高野　明　　115	Wolff, T.　　141
下山田鮎美　　152	高山　巌　　60, 61	Wolff, H. G.　　75
Smith, P. K.　　197	武田信子　　37	Wong, F. Y.　　9, 13, 14, 18, 49,
Solomon, B.　　144	田中宏二　　133	81, 174, 175
Solomon, Z.　　101	田中國夫　　169-171	
Specter, A. S.　　8, 9	棚瀬一代　　120	**Y**
菅井裕行　　20, 111	Taylor, R. L.　　132	山口桂子　　166
杉万俊夫　　42, 176, 178	Taylor, S. E.　　128	山本和郎　　8, 9, 27, 28, 96-99,
杉岡正典　　17	Thoits, P. A.　　125	109, 111, 115, 146, 156, 190
杉浦淳吉　　176	藤後悦子　　19	山崎勝之　　60
Susman, G.　　192		吉田嘉高　　186
鈴木伸一　　91	**U**	吉武清實　　37, 114, 116
鈴木　広　　167	内野悌司　　63	
Syme, S. L.　　124	上畑鉄之丞　　195	**Z**
庄司正美　　91	植村勝彦　　17, 83, 169-171	Zax, M.　　8, 9
庄司一子　　91	梅津祐良　　199	Zimmerman, M. A.　　145-147,
	梅沢　勉　　74, 75	154, 156, 174
		Zusman, J.　　50

執筆者紹介 （執筆順，＊は編者）

＊植村勝彦（うえむら・かつひこ）
大阪大学大学院文学研究科修士課程（心理学専攻）
愛知淑徳大学名誉教授
主著・訳書：『コミュニティ心理学ハンドブック』（共編）東京大学出版会，2007.
『よくわかるコミュニティ心理学』（共編）ミネルヴァ書房，2006.
『コミュニティ心理学』（スキレッピら／単訳）ミネルヴァ書房，2005.
『コミュニティ心理学』（Duffy & Wong／監訳）ナカニシヤ出版，1999.

北島茂樹（きたじま・しげき）
九州大学大学院教育学研究科博士課程（集団力学専攻）
元日本赤十字九州国際看護大学看護学部教授
主著・訳書：『コミュニティ心理学ハンドブック』（共編）東京大学出版会，2007.
『よくわかるコミュニティ心理学』（分担執筆）ミネルヴァ書房，2006.
『生態学的心理学入門』（ウィッカー／分担訳）九州大学出版会，1994.
「効果的なチームアプローチのための視点」（単著）日本摂食・嚥下リハビリテーション学会誌，**8**(1)，2004.

山口桂子（やまぐち・けいこ）
愛知淑徳大学大学院コミュニケーション研究科博士後期課程（人間コミュニケーション専攻）　博士（学術）
日本福祉大学看護学部教授
主著・訳書：『コミュニティ心理学ハンドブック』（分担執筆）東京大学出版会，2007.
『コミュニティ心理学』（Duffy & Wong／分担訳）ナカニシヤ出版，1999.
「小児病院新卒看護師のストレス反応に関連する要因」（共著）コミュニティ心理学研究，**3**(2)，2000.

吉武清實（よしたけ・きよみ）
東北大学大学院教育学研究科博士前期課程（教育心理学専攻）　博士（教育学）
東北大学名誉教授
主著：『コミュニティ心理学ハンドブック』（分担執筆）東京大学出版会，2007.
『よくわかるコミュニティ心理学』（分担執筆）ミネルヴァ書房，2006.
「改革期の大学教育における学生相談─コミュニティ・アプローチモデル」（単著）教育心理学年報，**44**，2005.
「学生相談における逸話の活用」（共著）東北大学学生相談所紀要，**28**，2002.

丹羽郁夫（にわ・いくお）
慶應義塾大学大学院社会学研究科博士後期課程（社会学専攻）
法政大学現代福祉学部・大学院人間社会研究科教授
主著：『コミュニティ心理学ハンドブック』（分担執筆）東京大学出版会，2007.
『よくわかるコミュニティ心理学』（分担執筆）ミネルヴァ書房，2006.
『移住と適応』（分担執筆）日本評論社，1996.
『臨床・コミュニティ心理学』（分担執筆）ミネルヴァ書房，1995.

平川忠敏（ひらかわ・ただとし）
広島大学大学院教育学研究科修士課程（幼児心理学専攻）　博士（心理学）
西九州大学子ども学部教授・鹿児島大学名誉教授
主著：『コミュニティ心理学ハンドブック』（分担執筆）東京大学出版会，2007．
『よくわかるコミュニティ心理学』（分担執筆）ミネルヴァ書房，2006．
『臨床・コミュニティ心理学』（分担執筆）ミネルヴァ書房，1995
『これからのメンタルヘルス』（分担執筆）ナカニシヤ出版，1984．

笹尾敏明（ささお・としあき）
南カリフォルニア大学大学院博士課程（社会心理学／計量心理学専攻）　Ph.D.
国際基督教大学教養学部・大学院教育学研究科教授
主著・訳書：『コミュニティ心理学ハンドブック』（共編）東京大学出版会，2007．
"International community psychology: History and theories"（分担執筆）Springer-Verlag, 2007.
『コミュニティ心理学——コミュニティと個人を結ぶ人間実践科学に向けて』（Dalton ら／単訳）日本トムソンラーニング，2007．
『よくわかるコミュニティ心理学』（分担執筆）ミネルヴァ書房，2006．

高畠克子（たかばたけ・かつこ）
ハーバード大学大学院教育学研究科修士課程（カウンセリング・プロセス専攻）
元東京女子大学現代教養学部・大学院人間科学研究科教授
主著：『コミュニティ心理学ハンドブック』（共編）東京大学出版会，2007．
『よくわかるコミュニティ心理学』（共編）ミネルヴァ書房，2006．
『女性が癒すフェミニスト・セラピー』（単著）誠信書房，2004．
『臨床心理学的地域援助の展開』（分担執筆）培風館，2001．

コミュニティ心理学入門			
2007年6月15日	初版第 1 刷発行	定価はカヴァーに表示してあります	
2023年4月15日	初版第12刷発行		

編　者　植村勝彦
発行者　中西　良
発行所　株式会社ナカニシヤ出版
〠606-8161　京都市左京区一乗寺木ノ本町15番地
Telephone 075-723-0111
Facsimile 075-723-0095
Website http://www.nakanishiya.co.jp/
Email iihon-ippai@nakanishiya.co.jp
郵便振替　01030-0-13128

装幀＝白沢　正／印刷・製本＝ファインワークス
Copyright © 2007 by K. Uemura
Printed in Japan.
ISBN978-4-7795-0178-4

◎本書のコピー，スキャン，デジタル化等の無断複製は著作権法上での例外を除き禁じられています．本書を代行業者等の第三者に依頼してスキャンやデジタル化することは，たとえ個人や家庭内での利用であっても著作権法上認められておりません．

——関連書籍のご案内——

コミュニティの社会心理学
加藤潤三・石盛真徳・岡本卓也 編

災害や犯罪、子育て、インターネットなどコミュニティに関わる社会心理学のテーマ・トピックを理論から実践まで網羅して易しく解説。　　　　　　　　　　　3000 円

シリーズ　保健と健康の心理学　標準テキスト 1
保健と健康の心理学　－ポジティブヘルスの実現
大竹恵子 編著

心理社会的要因が複雑に関わる健康問題が増加した社会の中で、心身の健康と充実した人生、幸福の実現を目指す新しい健康心理学概論。　　　　　　　　　　3400 円

シリーズ　保健と健康の心理学　標準テキスト 2
保健医療・福祉領域で働く
　　　心理職のための法律と倫理
山崎久美子・津田 彰・島井哲志 編著

公認心理師法成立に伴い、幅広い活躍が期待される心理職。その社会的役割をふまえ、関連する法律や倫理を具体的に解説。　　　　　　　　　　　　　　　　2800 円

ベーシック健康心理学　－臨床への招待－
山蔦圭輔 著

心身の健康維持増進や疾病予防、あるいは治療を目指す支援者を対象に、健康心理学と臨床心理学の視点から、基礎知識と理論を解説。　　　　　　　　　　　　2000 円

リフレクティング　　－会話についての会話という方法－
矢原隆行 著

「文脈」と「間」、「場」、そして、「ことば」に対する深い洞察に裏付けられた、まったく新たなコミュニケーション空間の創出方法。　　　　　　　　　　　2000 円

看護に活かす心理尺度　－その選び方・使い方－
久田 満・北 素子・谷口千絵 著

看護の世界ではたくさんの尺度が開発されている。それらを有効に使い看護実践に，また看護研究に活かすためのノウハウを公開する。　　　　　　　　　　　1800 円

※表示は本体価格です。